戦争孤児たちの戦後史3

東日本・満洲編

浅井春夫・水野喜代志 編

吉川弘文館

刊行のことば

二〇二〇年を「戦争孤児問題」研究元年に

二〇二〇年を「戦争孤児問題」研究元年として、この課題のとりくみが全国に広がることを願っています。そして、憲法を守ることを通して、再び子どもたちを戦場に送ることのない国であり続けたいという誓いの年にしたいと思います。

二〇一六年一一月に立ち上げた「戦争孤児たちの戦後史研究会」の三年数ヵ月の集団的研究の成果として『戦争孤児たちの戦後史』（全三巻）を刊行することになりました。研究会の代表運営委員が各巻を担当し、浅井春夫・川満彰編『第一巻　総論編』、平井美津子・本庄豊編『第二巻　西日本編』、浅井春夫・水野喜代志編『第三巻　東日本・満洲編』という内容構成です。

戦後、長い闇のなかにあった戦争孤児問題に、昨年から今年にかけて、いくつもの戦争孤児に関わる書籍が出版されてきました。本書はこれまでの戦争孤児研究の到達点と課題を整理し、今後の研究を展望する転換点にしたいと考えています。現在は戦争孤児の体験者の声を聴くことのできるギリギリの時期となっています。全国各地で陽の目をみることを待っている戦争孤児関係の史資料を発掘し、聴き取り調査などのとりくみを通して、戦争孤児問題の研究が本格的に展開されることをめざしています。

「戦争孤児たちの戦後史研究会」について

私たちの研究会の名称は、「戦争孤児たちの戦後史研究会」としています。

一般的に使われることの多い「戦災孤児」ではなく、「戦争孤児」としました。各種の辞典によれば、戦災は「戦争による災害」の略語です。その点では戦争と被害の関係を明確に意識することを避け、戦争の人為性をあいまいにしている用語です。それに対して「戦争孤児」は、戦争政策による犠牲者であるという本質を表す用語として使っています。

もう一つ重要なのは、「戦後史」という観点です。戦争孤児としての人生の局面は、浮浪児状態や施設入居期間という点では一定の期間ですが、その状況から脱出したとしても戦後の社会を生きる困難は筆舌に尽くせない経験をした人たちが多いのです。そうした現実を意識しながら、敗戦直後の数年間に焦点をあてながらも、戦後史という視点を大切にして戦争孤児問題を考えています。

これまで各地の研究者や地元の団体と協同して、東京（創立総会、立教大学）、京都（テーマ＝「『駅の子』と伏見寮」、会場＝大善院《だいぜんいん》）、広島（「広島の戦争孤児と戦災児育成所」、皆賀沖《みながおき》会館〈元広島戦災児育成所跡〉）、愛媛（「戦争孤児と施設養護」、男女共同参画推進センター）、長崎（「原爆孤児と被ばく福祉」、恵みの丘原爆ホームなど）、沖縄（「戦争孤児になる瞬間と孤児の現在」、沖縄大学）、東京（「東京大空襲と戦争孤児」、東京大空襲・戦災資料センター）、京都（「海を渡った孤児院」、一燈園《いっとうえん》）で、八回の全国を巡回する研究会を開催してきました。あわせてフィールドワークも各地で行いました。歴史の事実を掘り起こし活動している仲間たちとの交流も重ねてきました。その成果が全三巻の内容となっています。

奇しくも戦後七五年の日本の針路を私たち一人ひとりが考えなければならない年に、戦後の一つの総括として戦争孤児問題を現段階で理論的に整理し、曲がりなりにも歴史研究の問題意識・方法・叙述という展開ができたことに安堵しています。

現代的課題に対する問いを持ち続け、歴史的想像力を枯渇させることなく模索していくことに、誠実でありたいと胸に刻んでいます。

戦争孤児問題を歴史教科書で学べるように

戦争の反省は戦後政治のなかでまともな総括がされないまま現在に至っており、あらためてこの時期に戦争孤児たちの戦後史を掘り起こすことは大きな意義があります。いま戦争孤児たちの戦後史に光を当てて、歴史をつなぎ、歴史をつくる研究運動を、仲間たちとすすめたいと思います。

悲しみの記憶・切なさの感情・排除の体験を私たちはどう文字として起こすことができるだろうかと逡巡することもよくあります。それでも聴き取り調査のなかで、戦争孤児の方々が最後にいわれる「戦争は絶対に繰り返してはいけません！」という一行のことばに励まされてきました。

私たちは、歴史の研究が、過去の記憶と記録の解析とともに、沈黙のなかにある声に耳を澄ませ、生きる希望を発見するとりくみでありたいと願っています。私たちは今後の研究においても歴史的想像力を子どもたちにはぐくむための本物の歴史教科書が必要であると思っています。

多くのおとなたちとともに、子どもたちが歴史の事実・現実・真実を学ぶことをこの国で伝えていきたいものです。そのために本書が役立つことを心から願っています。

戦争孤児たちの戦後史研究会　代表運営委員

浅井春夫
川満彰
平井美津子
本庄豊
水野喜代志

目次

Ⅲ部　証言者のことば

Ⅳ部　これからの戦争孤児研究のために

はじめに——戦争孤児・命の尊さ・平和への誓い——

水野喜代志

一　研究運動としての「戦争孤児たちの戦後史研究会」

本シリーズ『戦争孤児たちの戦後史』第一巻（総論編）・第二巻（西日本編）がすでに刊行され、この第三巻（東日本・満洲編）が刊行されたことで、当研究分野の全体像が明らかにされたのではないだろうか。既刊本同様、本巻も写真などを豊富に取り入れて、わかりやすく読みやすい内容となっている。

本巻は「戦争孤児たちの戦後史研究会」（以下、戦後史研究会と略）の研究成果を踏まえている。冒頭の「刊行のことば」のなかで当研究会について簡単に紹介してあり、筆者（水野）はそのうち愛媛・長崎・沖縄・東京・京都で開催された研究会に参加した。その研究会に参加したときの体験から、心に残っていることを少しだけ述べておきたい。

戦後史研究会の印象

各研究会では戦争孤児当事者の貴重な体験を聞くことができ、その研究領域に力を注いでおられる研究者の話も聞くことができた。現地で保存されている戦争遺跡などの見学も、当時を理解するうえで参考になった。長崎では、「被爆福祉ではなく、被爆者福祉なのだ」との研究者の指摘により、人間を忘れてはならないという研究視点を思いださせてもらえた。沖縄では、本土の戦争とは異なる生々しい地上戦のできごとを聞いた。「混乱のなか、目を離した一瞬に孤児は生まれるんです」との緊迫した言葉も胸に刺さった。運命は一瞬で反転するのだ。京都では、「孤児院のある奉天から京都へ引き揚げてきた距離は、京都と東京を往復してさらにもう一回東京へ行った距離なんですよ」との話に、具体的なその距離の長さにあ然とした。東京では、東京大空襲の戦争遺跡のフィールドワークを兼ねての研究会であったが、「戦争孤児だったあの生活だけは話せないのよねぇ」の言葉が心に残っている。

愛媛県でも第四回の研究会を開催したが、県内の戦争孤児を探したがなかなかみつからず、本巻に文章を寄せていただいた松山市在住で広島市出身の髙曲雅子（本稿は敬称をすべて略した）に、身内の方の原爆孤児のお話をしていただいた。開催日の翌日は、龍仙院《りゅうせんいん》に祀られている「おこり地蔵」、ロシア人墓地、水平社運動で有名な相向寺《そうこうじ》などを案内した。

戦争孤児に関しては、本巻を含む全巻に収められた論考をぜひ読んでいただきたい。そして読者のみなさんにも、あの戦争が生んだ戦争孤児について、そして彼らの戦後のあゆみについて、私たちと一緒に考えていただきたいと思っている。

なぜ「研究運動」というのか

戦後史研究会が開催地をどこにするかを選定するための条件は、当事者を含め戦争孤児問題に関心を持つ人がそこにいるかどうかが決定的なものとなる。戦争遺跡を案内したり、戦争当時の当地の様子を語るガイドがいれば、さらにその時代考察ができる。直接戦争被害があったところに孤児は生まれ、地域の人々の記憶の片隅にその姿は残されている。しかし全国的には、戦争孤児たちの戦後史はまだまだ埋もれた歴史なのである。埋もれたまま時間だけが流れてゆく。

「運動」といえば、署名を集めたり、デモをするパフォーマンス行動を思い起こす人もいるかもしれない。しかし訪問した先々で、改めて戦争孤児の存在を提起することは、地域の人々に文化や歴史あるいは住民の暮らしと戦争のかかわり、あるいは人権について問題提起する機会ともなるのだ。

事実、松山で戦後史研究会が開催されたことを新聞報道で知った一人の女性の方から、私の携帯電話に連絡をいただいた。電話で「戦争孤児は国内だけのことでしょうか」と尋ねられたのだ。また、東京の開催では、遠く北海道から参加された谷平仄子が会場で、戦争孤児であった自分の生い立ちを話されていた。戦後史研究会が開催され、その場からさまざまな出会いの場が生まれ、私たちの研究の第一歩が始まるといってもいいだろう。

テレビでも「戦争孤児―埋もれてきた〝戦後史〟を追う―」（二〇一八年一二月九日、BS1のNHKスペシャル）、「駅の子の闘い―語り始めた戦争孤児―」（同年八月一二日、NHKスペシャル）、「焼き場に立つ少年」（二〇二〇年八月九日、ETV特集）など、少しずつ戦争孤児を取り上げたドキュメント番組も目立つようになってきた。国民が忘れてはいけないことはきちんと国民に伝え、なぜ戦争孤児が生まれたのかについて考える機会を提供すべきなのだ。そのためには待つのではなく、誰かがポジティヴに語り続けてゆくことが重要だ。

一般的には戦争孤児の情報はなかなか集まりにくいという現実もあるが、体験を自分の胸にしまいきれない人々にとって、戦後史研究会がその体験を語る機会を提供できる場となりたいものである。その貴重な語りを聞いた私たちは、平和への願いのメッセージをきちんと受け止めて、今の世の中へ伝える責任があるといえよう。

二　戦争責任を問い続ける戦争孤児たち

「戦争責任者論」について

戦争孤児問題を考えるには、どうしても戦争責任問題にふれないでおくことはできない。映画監督であり映画評論家の伊丹万作《いたみまんさく》の言葉を紹介しながら、私たちの側の問題として戦争責任論を考えてみたいと思う。

彼の著書のなかで「戦争責任者の問題」という有名なエッセイがある。戦争中「全部の国民が相互にだまし合わなくては生きていけなかった事実」にもかかわらず、自分だけは人をだまさなかったと信じていることに対して、彼は次のように述べている。

「諸君は戦争中、ただの一度も自分の子にうそをつかなかつたか」と。たとえ、はつきりうそを意識しないまでも、戦争中、一度もまちがつたことを我子に教えなかつたといいきれる親がはたしているだろうか。いたいけな子供たちは何もいいはしないが、もしも彼らが批判の眼を持っていたとしたら、彼らから見た世の大人たちは、一人のこらず戦争責任者に見えるにちがいないのである。（伊丹、一九六一）

文中の「いたいけな子供たち」を戦争孤児といい換えても、彼の発言の意味するところは同じであろう。辛苦をなめ尽くし、死と隣り合わせで生きてきた戦争孤児に、私は嘘をつかなかったといい切れる人は一体どれほどいるだろう。食べ物を求めてさまよう子どもたちを野良犬と呼んだり、目を背けたことはあっても、戦争孤児を生みだした戦争の真実を、彼らにきちんと向かい合って説明できる大人がいないことが問題なのである。戦後七五年たっても自問できず、ウソが総括できないならばことは重大である。戦争孤児たちの「大人たちは何もしてくれなかった」という血を吐くような言葉を、私たち大人が骨身に応える言葉として受け止めなくてはならない。

さらに同著のなかで、伊丹は続けて次のようにも述べている。

我々は、はからずも、いま政治的には一応解放された。しかしいままで、奴隷状態を存続せしめた責任を軍や警察や官僚にのみ負担させて、かれらの跳梁《ちょうりょう》を許した自分たちの罪を真剣に反省しなかつたならば、日本の国民というものは永久に救われるときはないであろう。「だまされていた」という一語の持つ便利な効果におぼれて、一切の責任から解放された気でいる多くの人々の安易きわまる態度を見るとき、私は日本国民の将来に対して暗《あん》澹《たん》たる不安を感ぜざるを得ない。「だまされていた」といって平気《へいき》でいられる国民《こくみん》なら、おそらく今後《こんご》も何度《なんど》もだまされるであろう。いや、現在《げんざい》でもすでに別《べつ》のうそによってだまされ始めているにちがいないのである。（伊丹、一九六一）

当時は「一億総懺悔《ざんげ》」という言葉も意図的に流されていたので、戦争責任はあいまいにされてきた。戦争に反対した人々がいたことは片隅に置かれた。伊丹のこの言葉は、戦後をまともに生きようとする人々にとって、襟をたださせる訓言だ。一方で「だまされた」との認識を持つ者には、まず誰がどういう方法でだましたのかを問われなくてはいけない。それを真正面にとらえてはじめて、戦争孤児たちにも納得できる戦争責任論が生まれてくるのではないか。

戦争孤児たちに戦争責任は一切なく、彼らはその犠牲者たちである。あの戦争で両親を奪われ、身近に愛してくれる人もなく不安な毎日を過ごさざるを得なかった戦争孤児たちが、自分がそういう状況に追い込まれたことに疑問を抱き、なぜ戦争によって日常の幸せを奪われたのかを問うのはむしろ当然のことだ。

あの戦争に言及せず、戦後の社会福祉をリードしてきた理論家・研究者にも、戦争孤児の存在にしっかりふれて欲しい。そうしたならば戦争責任についてふれざるを得ないし、その追究は戦後民主主義と社会福祉の関係性への真の問いかけに通じるからである。

三　『第三巻　東日本・満洲編』の各論考にふれて

前置きが長くなったが、この第三巻は四部構成となっている。Ⅰ部は「東日本」の地域を対象としてまとめている。地域としては東京周辺の戦争孤児問題に焦点をあてている。施設・上野《うえの》・国際児などをキーワードに戦争孤児問題を編集している。各章を簡単に紹介しておこう。

第一章は「東京大空襲の実相と戦争孤児問題」（山辺昌彦）である。東京大空襲による被害は甚大で、それは無差別攻撃であり国民の戦意を喪失させるものであった。そのなかで親を失った戦争孤児が生れている。論者は『養育院月報』や東京都民生局出版の資料などを駆使し、戦争孤児たちの状況を実証的に把握する。東京の大空襲は、規模の大きさだけでなく、戦争孤児たちが戦争の犠牲者であることをもっともわかりやすい形で表現した。

第二章は「東京都養育院の戦争孤児の収容状況」（矢部広明）である。約一五〇年の歴史を持つ東京都養育院は、乳児や高齢者など幅広い貧しい人々の救済事業を展開していた施設である。社会変動に応じてその活動領域も拡大してゆく。施設の児童は救済されると同時に、やがて兵士として出征するという国策に従わねばならない厳しい側面も持ち合わせている。混乱のなかで「捨子」も増えてゆく。東京都養育院の施設のあゆみだけでなく、施設が社会に果たす役割や機能を考えるうえでも参考になる論考である。

第三章は「戦争孤児が入居を希望した「愛児の家」」（酒本知美）である。児童養護施設「愛児の家」の物語は、石《いし》綿貞代《わたさたよ》の一人の孤児救済から始まる。やがて一〇〇人を超すことになる戦争孤児たちの暮らしは、石綿家の一員のような配慮のなかで「安心」を得て、子どもたちは仲がよく、卒園後もその絆は深く確かなものになった。家財を売り払って危機を乗り越える時期もあったが、創設者の貞代の願いは今も後継者に引き継がれている。児童福祉施設で働くすべての人々にぜひ読んでいただきたい論考である。

第四章は「上野という集合地域と戦争孤児の体験」（浅井春夫）である。上野は戦争孤児たちや浮浪児たちが集まる終着の場所であり、出発の場所だった。人間の暮らしの原点である衣食住を求め、肩寄せあって生きる人々の生活の場所は「強烈な魅力」を生みだしてもいた。しかし、そこが安全・安心な場でないことは、この論考がよく示している。この上野駅は、戦後経済を支えた集団就職の人々が降り立った出発点であることを考えると、日本のなかでも特異な場所であることがわかる。

第五章は「国際児の養護にとりくんだ福生《ふっさ》ホーム」（藤井常文）である。日本にかつてこれほど多くの「混血児」が生まれた時代はなかった。福生ホームは横田《よこた》米軍基地関係者と福生町の有志たちの日米合同委員会の事業であり、当時の新聞や聴き取りなどを手がかりに特殊な「施設」の成り立ちが描かれる。「基地の町」「混血児」というテーマは、現代の社会問題にもつながる。この独特な問題を地域で柔軟に対応した民生事業は、戦後史のなかでも特筆すべきものであると思われる。読者はこの論考を読みながら、敗戦日本がかかえた問題が「福生ホーム」に凝縮されていることに気がつくであろう。

Ⅱ部は満洲（中国東北部）の孤児院・残留孤児について取り上げている。満洲国は、実質的な日本の植民地（傀儡《かいらい》政権）であった。日本に帰国できなかった戦争孤児たちは、残留孤児とも呼ばれている。満蒙開拓者たちはこの戦争をどうみるか、今でもなかなか整理がつかず重い心を引きずっている。

満洲にあった孤児院の全貌はまだ詳しくは知られていない。混乱のなかにある施設運営は、なんとしても生き抜く意思の強さが前提となる。人間としての道をあゆむための施設のあり方は、「集団自決」などではなく、なんとしても命を守ることなのだ。このⅡ部の各論考を紹介しておこう。

第一章は「奉天一燈園《ほうてんいっとうえん》の戦争孤児救済活動」（宮田昌明）である。一燈園とは西田天香《にしだてんこう》が京都で開いた修養道場であるが、私利私欲を求めず「托鉢《たくはつ》」という奉仕活動を行い、生きづらい人々を救援する独特な団体である。満洲の奉天一燈園では、この地で三上和志《みかみかずし》が孤児たちの救済活動をしている。その数が一〇〇人となったとき「孤子養育処」として、子どもたちを命がけで守っている。「孤児を守ろうとして、孤児に守られていた」（三上久月《きゅうげつ》の回想）という言葉に、その当時の一燈園の置かれた状況を知ることができる。混乱のなかでも人を守る考え方や政治的立場に翻弄されない一燈園の姿に敬意をはらいたい。

第二章は「満洲での佐竹音次郎《さたけおとじろう》のとりくみと福祉施設の運営」（瀬戸雅弘）である。現在の高知県四万十《しまんと》市で生まれた佐竹音次郎の生い立ちと事業の紹介がある。佐竹は鎌倉保育園を設立するが、資金調達をするため中国大陸の大《だい》連《れん》に渡り、慈善書画会を開催する。やがて旅順《りよじゆん》・台湾・北京など海外の支部を設立してゆく。それは日本の大陸への進出の路線とも重なってゆく。「聖愛主義」とも呼ばれ、他人の子どもと自分の子どもとを区別しない原則を持った佐竹の姿が描かれる。この論考を読みながら「佐竹の福祉のあり方、心の平和への挑戦」について、みなさんにもぜひ考えていただきたいと思う。

第三章は「中国残留孤児と日本における人権擁護」（艮香織）である。満洲からの退避行動のなかで彼らは、略奪・性暴力・集団自決・自死・飢餓・伝染病・凍死など、人間の生死を分ける試練に次々襲われていた。孤児はその過程で生れる。引揚に対する日本政府の態度の不明瞭さにくわえ、中国に残った人々には「文化大革命」の嵐も待ち受けていた。やっとの思いで帰国した人々に私たちはどう接したのだろうか。世界人権宣言を視野に入れながら、帰国後の彼らへの責任や保障を問うている。

Ⅲ部は「証言者のことば」とし、当事者たちの言葉を特集している。当事者たちの語りを一言も聞き逃してはいけない。大切にすくい取って欲しい。苦難を乗り越えた人の話を聴く態度とは、全力でその人の言葉に耳を傾ける姿勢から始まるのだ。

第一章は「被爆体験記を読む」（髙曲雅子）である。論者の夫の叔母にあたる原爆孤児、室田秀子《むろたひでこ》の生き方を取り上げている。この叔母の体験は、被爆体験者らの情景と重なる。原爆は、家族の一人ひとりに現在でも永遠に残る深い傷をつける。市民をそこまで追い込んだ原爆に対する怒りが、髙曲の文章には一貫して流れている。だからこそ家族への深い思いがあふれ、人間関係の新たな構築を求めるのだ。「今の子どもたちに戦争孤児の体験は二度とさせない」と強い決意でこの章は終わっている。

第二章は「戦争孤児体験者の証言を聴く」として、「戦後七五年を生きて」（谷平仄子・浅井春夫解説）「吉田由美子さんの話を聴いて」（良香織）「松澤弘子さんの話を聴いて」（良香織）の三つの証言を収録した。谷平仄子は、五歳までの記憶がなく、自らのルーツを探す旅が続いている。血のつながる父母への思いは、それほど深い。やっとつかんだ手がかりの行政文書にも実親の名はなく、やりきれない思いが記される。吉田由美子は、三月の東京大空襲で生まれた戦争孤児であり、終戦から「戦い」が始まった。親戚の間を流転し、そこでの立場は「お手伝い」以外の何者でもなかった。二〇〇七年には空襲被害の裁判を起こす。残念な結果になったものの、今を生きている戦争孤児たちを元気づけたことだろう。松澤弘子も引揚時に孤児となり、親戚の家で辛い体験をしている。戦中戦後の経験を聞いたインタビュアーは、「戦争は人権侵害そのもの」と喝破する。戦争の影響はその人の人生に深く長い影響を及ぼす。貴重な体験から平和を、人間を学び続けたいと、論者の決意が印象的である。

Ⅵ部は「これからの戦争孤児研究のために」を設け、本シリーズの締めくくりとした。

第一章は「戦争孤児問題の研究方法と課題をめぐって」（浅井春夫）である。戦争孤児の資料の蒐集はなかなか困難を極める。その理由を論者は何点かあげている。戦争孤児に関する記録が少ないこと、敗戦の混乱を利用した国家の証拠隠滅に公文書・行政資料が含まれていたこと、さらに当事者自らが口を開くことの困難さ、児童福祉施設の社会的な環境変化のなかでの資料焼却・処分などを指摘する。また、戦争孤児問題への追究は、他の学問領域とつながることが少なかったともいう。なお、戦争孤児にかかわった人々への聴き取り・個人史・自治体への調査・占領期の資料の発掘など、これからの研究開拓の可能性も示している。そのなかで、論者の経験を踏まえた当事者への「インタビュー調査項目（案）」をあげている。戦後七五年の年月は、時間との戦いを突きつける。貴重なこの期を逃さないためにも、この「調査項目（案）」の有効活用と、さらなる検討をとおして合理的な時間の使い方をしたい。戦争孤児問題の研究の意義は、戦争孤児を「歴史的社会的」存在として、その一人ひとりの意味を国民に問い続けることだといえる。

第二章は、「戦争孤児問題に関する文献紹介」（浅井春夫）が、戦争孤児問題に関心を持つ人々、あるいはこれから戦争孤児について研究したい人々を対象に参考文献をあげている。紙面の関係でまだ紹介できない文献、手に入りにくい文献もあるだろうが、いくつかのジャンルに分類してあるのは、読者の問題意識に応じる工夫である。この文献案内には、論者が児童福祉分野での実践と研究、運動に長く携わってきたなかで蒐集されてきたものであったり、「戦後史研究会」のメンバーの著書もいくつかある。また論者のコメントがついているものもあり、道案内としてありがたい。

最後に「戦争孤児の詩」（小林信次）が三篇掲載されている。作者は全国で開催した研究会にも参加し、当事者たちの言葉に耳を傾け、彼らの思いを詩の創作に結実させている。戦争の悲惨さ、家族を失うことの辛さ、それでも生きていくことへの共感を詩的センスでくみ取る。体中汚れ野良犬といわれた彼らが、住む場所として選んだのは駅の構内だった。その群れを詩に綴った「駅の子」。観光地とは異なる沖縄の戦争孤児たちに思いを馳せてほしいと綴った「青い海の向こうに」。「対馬丸記念館」に遺した言葉を引用して、どんな人間にも共通する平和への思いを綴った「平和への願い」の三篇の詩が、洗練された文字で表現されている。これらの詩から、なにを感じ、なにを読み取るかは、読者のみなさんの手にかかっている。戦争孤児たち一人ひとりを忘れない、沖縄の歴史を忘れない、それらが平和への道程なのだという作者の心情にふれたとき、平和への願いはゆるぎのない「真実」であることに気づくはずである。

四　戦争孤児研究のこれからの期待

この戦争孤児研究の意義は、過去のできごとから学ぶ民主主義の姿勢を現代の時代に生かすことだと思っている。福祉風にいえば、「当事者から学ぶ」とでもいうのだろうか。

次の子守歌を紹介しておきたい。

一、ねんねんねんよ　おころりよ　おころり　ころりと　なる　鈴は
　坊やの　お馬の首の鈴　お馬は　良い馬　青の馬

二、青の　お国は　麦畑　麦の畑が　十三里
　なたね畑が　十三里　山は　高山《たかやま》　かやの原

三、かやの原から　吹く風は　子　子　子とろう　良い子とろ
　良い子だ　良い子だ　ねんねしな　この子をとられて　なるものか（ルビは筆者）

グラマン（アメリカの艦上戦闘機）の機銃に怯えて震えていたとき、林繁子《しげこ》（紡績工場へ勤労動員された一四歳の少女）は必ず小さな声で不安を消すように、避難先でこの子守歌を歌っていた。静かにハーモニカで伴奏する者、一緒に小さな声で歌う者が続き、やがてふるさとの親を想ってシクシクと泣きだす子もでてきたという回想を、一緒に山へ逃げた級友が文章に残している。残念ながら「人形のような可愛い」「気持ちの優しい」林繁子は、一九四五年八月五日、竹藪めがけたグラマンの機銃掃射で二一名の級友たちとともに亡くなってしまった（旧愛媛県立松山城北高等女学校卒業生有志編、一九八一）。

この一〇代の少女たちは戦争孤児にさえなれなかった。世の中の何人の子どもたちが断絶した未来に涙をのんだことだろう。残されたものの無念さ・怒り・悔しさは推して知るべしだ。

当シリーズ第一巻の「はじめに」のなかで、戦後史研究会の代表の浅井春夫が「戦争孤児問題研究の新たな視点と課題」の項目を設けて詳しく述べている。私もその主張に共感すると同時に、これからの「戦後史研究会」の方法論

について何点か述べてみたい。

①戦争孤児問題に関心を持つ方々がもっと増えていってほしいと思う。戦後史研究会に集まった人には、社会福祉研究者・教育研究者・戦争記念館主事・マスコミ関係者など多様な分野の人々がいる。自分の研究と戦争孤児問題との接点さえ明瞭であるならば、この研究会の大きな土壌となる。社会事業史研究の分野でも戦争孤児の救済に貢献した人物に焦点をあてた研究は案外少ないのではないかと思う。

②自伝や自費出版、自治体史などの出版物、小冊子やパンフレット、リーフレットなどの宣伝物の資料蒐集は一人では限界がある。戦後史研究会として戦争孤児の情報交換するネットワークのセンター的役割を期待したい。

③地方の研究者や郷土史研究家の地域に関する豊かな知識の支援も欲しいところである。「戦争孤児」の言葉は出なくても、そこに生きている研究者はそこに暮らす人々をよく知っている。近現代史に関心のある研究団体やサークルについても同様に知恵を貸していただきたい。

④高齢化問題をかかえながらも会の継続を努力している、平和と戦争をテーマにした各地の「空襲を記録する会」「平和遺族会」など歴史の継承をつなぐ運動団体との連携も大切だ。それは戦争孤児研究の視点がぶれないためにも必要だと思う。

この戦後史研究会はこれからも、できれば全国各地で開催をしていければと思う。われわれを待ってくれている地域の人々や貴重な体験を話したい人に応えるためにも私たちの「戦後史研究会」が、不安の多い現代という時代にこそ、民主主義に新しい光を与えられるような研究や運動にしてゆきたいものである。

参考文献

伊丹万作『伊丹万作全集一』筑摩書房、一九六一年（本文引用は、『映画春秋』一九四六年八月号に発表されたもの）

旧愛媛県立松山城北高等女学校卒業生有志編、植村淑子発行『私達の太平洋戦争』一九八一年
障害者の太平洋戦争を記録する会編（代表仁木悦子）『もうひとつの太平洋戦争』立風書房、一九八一年
城陽ボランティア連絡協議会「障害者の戦争を語る会」編『障害者が語る戦争』文理閣、一九九五年
中村健二『戦争って何さ』ドメス出版、一九八二年

I部 東日本

第一章　東京大空襲の実相と戦争孤児問題

山辺昌彦

はじめに

本章では、東京空襲による民間人の被害とそれによって生じた戦争孤児問題を取り上げる。

東京空襲については、空襲を行ったアメリカ軍の爆撃記録により、爆撃のねらい・内容・規模について明らかにする。それとともに、空襲を受けた東京の都庁・警視庁・消防などの記録により、東京空襲による民間人の被害の実相を明らかにする。東京への本格的な空襲は一九四五年三月一〇日の下町への大空襲を境に区分される。初期空襲・下町大空襲・山の手大空襲などの後期空襲の三期に分けて、区部の被害の実相を具体的にみていく。補足的に三多摩《さんたま》地域・島嶼《とうしょ》部の空襲もみる。ついで空襲後にとられた行政などによる措置について明らかにしたい。

東京空襲による被害により、親を失った戦争孤児が多く生まれた。祖父母・親戚などに引き取られ育てられた者や養子縁組により育てられた者もいたが、施設に収容された者もいた。ここでは東京都庁や東京都養育院などの記録により、施設に収容された戦争孤児についてその概要をみていく。具体的には、疎開しないで東京に残留していて孤児になった者・集団疎開中に親が東京空襲で亡くなり孤児になった者・戦後に引き取り手がなく駅や盛り場で暮らしていたところを行政によって狩り込まれ施設に収容された戦争孤児、以上の三者のそれぞれについて、東京都庁や東京都養育院などの記録により、その数・施設をはじめ行政などの対策を明らかにしたい。

一　東京大空襲とその被害

東京空襲のねらい・被害の規模・内容

戦場での戦闘を有利にするために行う空襲を戦術爆撃という。それに対して戦略爆撃は空襲のみで相手を降伏させるために行う爆撃である。戦略爆撃には二つの種類がある。第一は、目標を定めてそこをねらう精密爆撃により、爆撃目標である軍需工場を破壊し、戦争遂行能力をなくさせようとするものである。第二は、目標都市地域を無差別爆撃し、民間人の住宅の焼き払い、あわせて民間人を殺戮《さつりく》することにより、相手方の国民の戦意を喪失させようというものである。東京大空襲は第二の意味の戦意喪失の戦略爆撃の典型であり、最も悲惨な被害をもたらしたものであった。

東京大空襲は、本土だけでなく日本の植民地・占領地をも含む日本全体に対する連合国の空襲の一環である。中国などにある日本の占領地や、日本の植民地である台湾、そして沖縄はすでに空襲されていた。また、日本本土のうち、九州北部は一九四四年六月より、中国の基地から飛びたったアメリカ軍のB29爆撃機による空襲を受けていた。しかし、日本本土への本格的な空襲は、アメリカ軍がマリアナ諸島を占領し、アメリカ軍機の基地をつくってからである。一九四四年一一月から本土空襲のための偵察が始まり、一一月二四日の東京空襲から日本本土への本格的空襲が開始された。

アメリカ軍は春一番のような大風の吹く一九四五年三月に焼き払い空襲を開始することを目指して、日本向けの油脂焼夷弾を開発し、Ｂ29とともに大量生産をしていた。

東京空襲の一般民間人の被害全体についてみると、東京の区部が被害を受けた空襲は六〇回を超える。確認された死者の遺体数は約一〇万五四〇〇人である。負傷者は約一三万人で、罹災者は約二九〇万人、罹災住宅戸数は約七五万戸である。焼失面積は約一四三平方キロで、これは区部の市街地の約五〇%、区部面積の約二五%にあたる。三多摩や伊豆《いず》諸島・小笠原《おがさわら》諸島を含む東京都全体では、空襲は一〇〇回を超えている。

初期空襲

アメリカ軍による日本本土への初空襲は一九四二年四月一八日に行われたが、それは空母から陸上爆撃機Ｂ25を発進させた奇襲攻撃で、東京には一三機が来襲した。東京では品川《しながわ》区の工場、荒川《あらかわ》区尾久《おぐ》の住宅などが爆撃され、尾久では一家六人が焼死するという被害を受けている。それ以外にも葛飾《かつしか》区の水元《みずもと》国民学校高等科の生徒が銃撃により死亡し、牛込《うしごめ》区の早稲田《わせだ》中学校の生徒は焼夷弾の直撃で死亡した。東京では計四一人が亡くなっている。

それ以降約二年半の間、東京の区部への空襲はなかったが、小笠原諸島には一九四四年六月一五日に空襲があり、民間人にも機銃掃射による被害が出ている。

Ｂ29爆撃機による東京への本格的な空襲は、一九四四年一一月二四日に始まった。一九四五年三月一〇日より前の空襲は、飛行機工場と産業都市を重点とする戦略爆撃であり、高高度から、多くは昼間に爆撃している。東京の場合、航空機工場の中島《なかじま》飛行機武蔵《むさし》製作所を第一目標とする精密爆撃が行われたが、その爆撃ができないときには、第二目標とした東京の市街地を無差別に爆撃している。一一月二四日からすでに荏原《えばら》区などの市街地が空襲された。一一月二七日には中島飛行機を爆撃しないで、渋谷《しぶや》区の原宿《はらじゆく》などを空襲している。一一月二九～三〇日にかけては夜間市街地への集束油脂焼夷弾を使った空襲がすでになされている。一九四五年一月二七日には繁華街の銀座《ぎんざ》や有楽町《ゆうらくちよう》が空襲され、五三〇人余が亡くなっている。二月一九日も中島飛行機は爆撃しないで、一一九機のＢ29が市街地を爆撃し、区部で三〇〇人以上が死亡している。二月二五日は、マリアナの基地を飛び立つ前に中島飛行機を爆撃できないことがわかり、第一目標を東京下町の市街地に切り替え、爆弾を焼夷弾に積み替えて一七二機のB29が空襲した。この日の空襲は、目標地域が三月一〇日の下町大空襲と同じ最も燃えやすい住宅密集地であり、後期に実施される区部の市街地に対する焼夷弾爆撃の実験的な空襲となり、一九五人が亡くなっている。三月四日も一五九機のB29が東京区部の市街地を広範囲に爆撃し、六五〇人余が死亡している。一九四四年一一月～四五年三月四日までの東京空襲により、区部で二〇〇〇人以上が亡くなっている。

一九四五年三月一〇日の下町大空襲

画期になったのは、一九四五年三月一〇日の下町大空襲である。すでにアメリカ軍は、都市のなかで住宅が密集し、人口密度が高い市街地を焼夷地区一号に指定していた。東京は当時の深川《ふかがわ》区の北部と本所《ほんじょ》区・浅草《あさくさ》区・日本橋《にほんばし》区の大部分などが焼夷地区一号であった。そこをまず焼夷弾で焼き払う絨毯《じゅうたん》爆撃が、この日から始まった。焼夷地区一号の目標地域には、軍施設や軍需工場などの明確な軍事目標はほとんどなく、アメリカ軍の目標となった大きな軍需工場は精工舎《せいこうしゃ》や大日本機械業平《なりひら》工場のみである。神田《かんだ》・江東《こうとう》などの市場、東京・上野《うえの》・両国《りょうごく》の駅、総武線隅田川《すみだがわ》鉄橋などが実際の目標であった。住民を殺戮し、それによって戦争継続の意思をそぐことが主な目的であった。また、市街地を焼き払うことで、そこにある小さな軍需工場を焼くこともあわせてねらっていた。

三月一〇日の下町大空襲は夜間に低高度から二七九機のB29爆撃機が一六六五トンにのぼる大量の焼夷弾を投下した空襲であった。目標地域に四ヵ所の爆撃照準点を設定し、そこにまず大型の五〇キロ焼夷弾を投下した。これにより大火災を起こし、日本側の消火活動をまひさせ、小型の油脂焼夷弾を投下する目印となる照明の役割も果たした。「目標地域の周囲にまず巨大な火の壁をつくって、逃げまどう人びとに焼夷弾を落とした」わけではない。

火災は北風や西風の強風もあって目標地域を越えて東や南に広がり、本所区・深川区・城東《じょうとう》区の全域、浅草区・神田区・日本橋区の大部分、下谷《したや》区東部・荒川区南部・向島《むこうじま》区南部・江戸川《えどがわ》区の荒川放水路より西の部分など、下町の大部分を焼き尽くした。罹災家屋は約二七万戸、罹災者は約一〇〇万人であった。

木造家屋の密集地に大量の焼夷弾が投下され、おりからの強風で大火災となったこと、国民学校の鉄筋校舎・地下室・公園などの避難所も火災に襲われたこと、川が縦横にあって安全な避難場所に逃げられなかったこと、空襲警報が遅れ警報よりも先に空襲が始まり奇襲となったこと、踏みとどまって消火しろとの指導が徹底されて、火たたき・バケツリレーのような非科学的な消火手段がとられ、火災を消すことができないで逃げ遅れたことなどの要因が重なり、焼死・窒息死・水死・凍死など九万五〇〇〇人を超える人が亡くなった。

後期大空襲

四・五月の山の手大空襲は、爆撃の規模や焼失面積は三月一〇日の大空襲を上回るものであり、山の手の大空襲やその他の空襲を含めて後期の東京空襲により区部では約八〇〇〇人が亡くなった。規模の割に死者が少ないのは、逃げやすい地形であったこともあるが、三月一〇日の惨状をみて、人員疎開が進んだこと、消火をしないですぐ逃げるようになったことも影響している。

四月一三〜一四日の城北《じょうほく》大空襲について、アメリカ軍は王子《おうじ》区の陸軍兵器工場をねらったとしているが、実際はそれより南の豊島《としま》区・滝野川《たきのがわ》区・荒川区などの住宅地が焼かれた。三二八機のB29が二〇三八^{トン}の焼夷弾と八二^{トン}の爆弾を投下した。被害は、罹災家屋約一七万戸、罹災者約六四万人で、死者は約二〇〇〇人である。

四月一五日の大空襲では蒲田《かまた》区などの東京南部から川崎《かわさき》にかけての工場地帯と住宅地が空襲された。東京には、一〇九機のB29が七五四^{トン}の焼夷弾と一五^{トン}の爆弾を投下した。蒲田区はほとんど全域が焼かれた。この日の東京の被害は、罹災家屋約五万戸、罹災者約二一万人で、死者は約九〇〇人である。

五月二四日の大空襲では、四月一五日の空襲地域の北側の荏原区・品川区・大森《おおもり》区・目黒《めぐろ》区・渋谷区などの住宅地が空襲された。この日の空襲では、五二〇機のB29が三六四六トンの焼夷弾を投下しており、来襲したB29の機数・焼夷弾の投下量とも最大であった。被害は罹災家屋約六万戸、罹災者約二二万人で、死者は五〇〇人以上であった。

五月二五〜二六日の大空襲では、二四日の空襲地域の北側の、政府機関、金融・商業の中枢機関が集中する都心地域と、都心から杉並《すぎなみ》区にかけての西部住宅地が空襲された。宮城《きゅうじょう》（現皇居）内の宮殿も焼失した。この地域の空襲では、高層のコンクリートの建物もあるため、油脂焼夷弾だけではなく貫通力の強い焼夷弾も使われた。四六四機のB29が三二五八トンの焼夷弾と四トンの爆弾を投下した。被害は、罹災家屋約一六万戸、罹災者約五六万人で、死者は三三五〇人以上である。

四月一〜二・四日、六月一〇日、八月八・一〇日など、四月から八月まで航空機工場などの軍需工場や飛行場に対する爆撃が続き、周辺の住宅地も被害を受けた。五月二九日には、昼間の横浜大空襲の余波で、東京の南部でも被害が出ている。原爆の模擬爆弾が、七月二〇日には東京駅八重洲《やえす》口近くの堀に、七月二九日には多摩の保谷《ほうや》に、それぞれ投下され被害が出ている。また、人の殺傷をねらった機銃掃射もなされた。

三多摩地域・島嶼部の空襲

東京の三多摩地域への空襲の数は、およそ四〇回ほどである。武蔵野《むさしの》町の中島飛行機武蔵製作所や立川《たちかわ》市などの航空機関係の工場や飛行場に対する爆撃が、一九四四年一一月〜四五年八月まで続いた。八月二日に八王子《はちおうじ》の市街地が焼き払われ、八月五日には中央線列車への機銃掃射により大きな被害を受けた。四〇回の空襲のうち三〇日間に、約一五〇〇人の民間人の死者が出ている。

伊豆諸島・小笠原諸島では三二回の空襲があり、民間人四八人が死亡している。

空襲後

三月一〇日以降の空襲では膨大な数の死者がでて、無数の死体の山ができた。「戦場掃除」と呼ばれる、戦場の前線での死体処理と同じような乱暴な扱いで遺体が片付けられた。通常の埋葬ができないので、公園や寺院の境内などに穴を掘って遺体を土葬する仮埋葬がなされた。その数は三～五月にかけての大空襲で、約九万四八〇〇人であり、そのうち約八〇〇〇人は名前がわかり個別に埋葬されたが、それ以外は合葬された。仮埋葬された遺体は三～五年後に掘り返されて、火葬された。遺骨は東京都慰霊堂に安置された。その後も、遺族などに引き取られる遺骨は少なく、今でも約八万人の遺骨が残されている。また、それとは別に焼け跡で現場火葬も行われた。

戦争中は、戦時災害保護法などにより、民間人の傷害者などの被災者と死者の遺族にも救助・給付などの援護措置がなされた。東京都独自の見舞金も支給された。しかし、戦後、軍人・軍属とともに民間人への特別の措置が廃止された。連合国諸国との講和後には、日本人の軍人・軍属への援護や恩給は復活したが、民間人や朝鮮人・台湾人への援護は復活されないままである。ただし、日本人の勤労動員学徒・女子挺身《ていしん》隊員・徴用工・被爆した国民義勇隊員・地上戦の戦闘参加者・防空監視員・警防団員などは準軍属に位置づけられ、最初は軍人・軍属と格差があったが、今は同じような援護を受けている。

二　戦争孤児

戦争中の戦争孤児

一九四五年三月一〇日の下町大空襲で東京は大きな被害を受けた。『社会事業』二九巻一号掲載の「終戦後の児童保護問題」などの記録によると、その翌日の三月一一日に被災地から現れた戦災迷子はきわめて多かったが、そのうち三一人が板橋《いたばし》にあった東京都養育院に収容保護されている。親と再会できないで戦争孤児となった者は、その後栃木県塩原《しおばら》にあった養育院塩原分院に疎開収容された。

一九四五年五月には、東京都疎開学童援護会は世田谷区瀬田町《せたがやせた》にある身延山《みのぶさん》関東別院を利用して援護学寮「二子玉川学寮《ふたこたまがわ》」を開設、学童集団疎開中または東京に残っていて戦争遺児となった者を収容し、母親がわりの援護を行った。「二子玉川学寮」は後に谷保《やほ》村へ移転し南養寺《なんようじ》学寮になり、さらに沼津《ぬまづ》市へ移転、沼津市都立養護学園内片浜《かたはま》学寮になった。

『東京大空襲・戦災誌』五巻所収の一九四五年七月一九日現在の「戦災による孤児学童調査」では、孤児学童の総数は八七九人であった。区別では、深川・本所・浅草・城東の下町の各区が一〇〇人を超え、圧倒的に多かった。学年的には当初から集団疎開の対象であった四～六年生が多い。

恩賜財団戦災援護会はすでに空襲で施設が全焼していたが、一九四五年七月に杉並区西荻窪《にしおぎくぼ》に「子どもの家」を設立し、学齢以下の乳幼児の戦争孤児を収容保護した。

学童集団疎開していた戦争孤児の戦後

戦後、集団疎開学童は疎開地から東京に復帰した。『東京都教育史稿 戦後学校教育編』などによると、一九四五年九月一六日に「東京都疎開学童復帰計画要項」が東京都から各区へ発せられた。そのなかに「戦災遺児其の他戦災に依り家庭に引取り難きものは別途学寮を設け之に収容す」とある。東京都教育局長は一九四五年一〇月二四日付「戦災孤児並に家庭引取困難なる学童等の学寮設置に関する件」を定め、「疎開先にある戦災孤児並に家庭引取困難なる学童に付ては本年九月十五日発国第一八五号文部次官依命通牒に基き左記に依り、之が学寮を設置し順次疎開先より帰還する学童を之に収容するものとす」とした。東京都の戦争孤児など、疎開学童で引き取り手のないものは一一六九人であったが、そのうち親類縁者など引き取り手のないものは三四五人であった。東京都は、三多摩地方に八ヵ所の「戦災孤児学寮」を開設し、合計三四五人を収容した。谷保村の南養寺寮・久留米《くるめ》村の大円寺《だいえんじ》寮・大和《やまと》村の蓮華寺《れんげじ》寮・七生《ななお》村の金剛寺《こんごうじ》寮・七生村忠生《ただお》地区の大泉寺《だいせんじ》寮・堺村の福生寺《ふくしょうじ》寮・東村山町の梅岸寺《ばいがんじ》寮の七ヵ所は寺院の寮であり、あとの府中町の府中東光寮《とうこう》は学校付属施設であった。

一九四五年一一月末現在では、現地の疎開学寮に残留中が二三一人、多摩の「戦災孤児学寮」八ヵ所に一一四人であった。後にすべて多摩にある「戦災孤児学寮」に収容され、区ごとの内訳は本所区が六九人、深川区が一二〇人、城東区が六二人、浅草区が三九人、江戸川区が二人、小石川区《こいしかわ》が二人、その他の区が五一人であった。本所区は府中東光寮に、深川区は南養寺寮・大円寺寮・蓮華寺寮に、城東区と江戸川区は金剛寺寮に、浅草区と小石川区は福生寺寮に、その他の区は大円寺寮と梅岸寺寮に、それぞれ収容された。

その後、社会の安定とともに引き取られる者が相次ぎ、一九四六年度はじめには多摩五学寮と沼津市都立養護学園内の片浜学寮に一七八人が収容されていた。一九四七年末には九四人となり、内訳は小学生が四二人、新制中学生が四四人、旧制中学生が八人であった。一九四八年度には七生村忠生学寮・久留米村小山《こやま》学寮・沼津市都立養護学園内の片浜学寮の三寮に統合され、八六人になった。

戦後に浮浪児となった戦争孤児

『東京都戦災誌』所収の東京都民生局「戦争終結による戦災援護事業計画」によると、「戦災により孤児となった者は下記の施設に収容保護す」としており、一九四五年一〇月九日現在で東京都養育院など七ヵ所の施設に分散して、孤児一〇四人を収容していた。そのうち養育院は六七人で、ほかに恩賜財団戦災援護会子どもの家学園・杉並学園・東星《とうせい》学園・救世軍機恵子寮《きゆうせいぐんきえこ》・愛清館《あいせい》・財団法人興望館《こうぼう》に委託して収容していた。

一九四六年九月の「東京都養育院に於ける戦災浮浪児保護経過」によると、「（終戦後本年三月頃迄の半ヶ年間）当時浮浪児童は大した数に上らず、月二、三回の狩込に毎回四、五十名を算する程度で、その大部分は養育院に収容したが、施設の不備や処遇の不慣れの為、その多くは彼等の何助なるやも判明せざる中に逃げ出し遂に浮浪児の収容効果は極めて薄いものとさるるに至った」「現在の施設（板橋本院焼跡の元育児室平屋建て建坪数一〇〇坪）が明（空）いたので同所を児童収容所にあて去る四月一日より事業を開始した」「その頃になると大人の浮浪者は漸次数を減じつつ、児童が非常な数に達し一日も放任し難い状態に立ち至った。蓋《けだ》し食糧難及闇市の隆盛に伴ひ無数の浮浪児童が蝟集《いしゅう》するに至ったからである」「月に三回位の浮浪者狩込を定期に行って同施設に収容したが、然し児童は依然として収容即日四方の窓より飛出し、何人職員が居ても到底これを阻止することが出来ず、説話も訓話も彼等の浮ずった心には一顧の反省も与へ得なかった。可成り厳重な軟禁生活の必要をかくして痛感するに至った」というのが、戦後直後の戦争孤児ら浮浪児に対する養育院対策の状況であった。

『戦争孤児と戦後児童保護の歴史』（藤井、二〇一六）などによると、狩込といわれた一斉収容は、一九四五年九月一一日が最初で、浮浪児五五人を狩り込んだ。ついで、一九四五年九月二五日に六五人の浮浪児を狩り込み、三報会《さんぽうかい》など民間施設に浮浪児を収容したが、ただちに元の場所に戻った。

すでに養育院は一九四六年四月一日に幼少年保護寮を設置していたが、四月一五日には養育院幼少年保護寮は東京都中央児童相談所付設保護寮に指定された。東京都は一九四六年五〜一一月にかけて、狩り込んだ浮浪児を一時保護収容する六ヵ所の一時保護所を設置した。上野が一九四六年五月一五日に、浅草が一〇月一二日に、京橋《きょうばし》と麹町《こうじまち》が一〇月三〇日に、淀橋《よどばし》と荒川が一一月一〇日にそれぞれ設置された。

東京都は警視庁・区役所・民間社会事業団体の協力により街頭で浮浪児の保護収容を行い、保護所に一時収容し、中央児童相談所で性能鑑別上、正常児・虚弱児および精神薄弱児に分類し、それぞれ適当な施設へ分散収容していた。『東京都政概要　昭和二一年版』によると、一九四六年七月現在の都内在住援護対象戦争孤児は一七九七人で四一ヵ所に収容中であった。そのうち都直営の戦争孤児収容所アヅサ園が二八人で、ほかは四〇ヵ所の養育院や民間施設などに委託収容していた。

『昭和二十三年版　民生局年報』所収の一九四六年一一月の東京都による浮浪者の一五地区一斉調査によると、一八

表　都立民間委託児童保護施設別収容状況（1947年1月）

施設名	所在地	収容数
都立養育院		559人
都立養育院石神井学園		390人
都立養育院八街学園		50人
生長の家社会事業団		12人
杉並学園		29人
双葉園		63人
愛清館		17人
砂町友愛館		8人
愛児の家		24人
東京育成園		54人
東京サレジオ学園		44人
福音寮		30人
愛聖園		27人
多摩大平園		4人
星美学園		105人
聖フランシスコ子供寮		44人
聖十字学園		14人
ノートルダム修道院		17人
仏教興道館	山形県米沢	18人
日本治世学園		15人
育英学院		3人
救国青年同志会	山形	16人
新世会		10人
福田会		59人
都立萩山学園		49人
都立アヅサ園		35人
東水園		15人
久留米勤労補導学園		19人
山本職業自修連盟		5人
慈生会	青森	20人
牡鹿半島	宮城県牡鹿郡	35人
東京聖労院		11人
深川寮		47人
武蔵野学院		76人
機恵子寮		43人
セントヨセフ　スイートホーム		17人
共生会		2人
合計		1986人

（出典）東京都民政局『昭和二十一年版 民生局年報』1947年

歳以下は五〇一人で、うち上野が二九六人であった。一八歳以下の内訳は係類なしが七九人、父母のいる者は一三六人、祖父母のいる者は二二人であった。一九四六年末には無数の浮浪児がヤミ市に群がっていた。

『昭和二十一年版 民生局年報』によると、浮浪児収容は一九四六年度計が三三六九人で、終戦から四六年度までの合計は四八六三人であった。

一九四七年一月の各施設の戦争孤児らの収容状況は次の表のようであった。

収容された児童には学校教育を施し、慰安、娯楽、運動設備の利用などによって、荒んだ気持ちを回復するように努力し、その後、都民生局の努力と社会状勢の安定回復とともに、児童保護施設に一応安住するようになったと東京都は書いている。

『東京都養育院に於ける戦災浮浪児保護経過』などによると、一九四六年六月二二日から占領軍当局からの口頭指令により、浮浪児を強制収容するようになった。具体的には、一九四六年一一月二七日、幼少年保護寮に竹垣をつくり、さらに守衛が昼夜監視し、上野駅に養育院職員を派遣し浮浪児童を発見次第収容するようになった。この強制措置は逃亡を防ぐのに役立ち、収容者の状況もわかるようになり、収容児童のうち「戦災孤児」が五割であることもわかった。また、一九四六年七月現在の入院者五〇〇人中、通常の出院（親元引取・就職・養子）が三割、逃亡が三割、残りが四割であった。一九四六年八月一日にヤミ市が閉鎖され、児童が再び街頭にあふれるようになり、八月いっぱいまで徹底的な収容がなされた。このころ「戦災孤児は既に終戦一年間に殆ど篤志の個人や保護施設に収容せられ、僅かに収容施設の常習逃亡児並不良少年が残され、これは今や社会事業的援護より寧《むし》ろ司法警察的な防犯の対象であることが判明した」と東京都はみていた。一九四六年六月二二日から八月末までには、養育院入院者数九五九人に対して、出院が三八％、逃亡が三五％となっている。

『養育院月報』四四二号などによると、養育院はそれまで狩込の中心であったが、一九四七年四月以降、浮浪児の直接収容をしなくなり、以後は東京都の民生局が担当するようになった。一九四七年四月、東京都は東京都中央保護所を東京都中央児童相談所に指定し、養育院から民生局に移管した。そして養育院の幼少年保護寮は廃止された。その後まず萩山《はぎやま》学園が、ついで一九四八年二月には、石神井《しゃくじい》・安房《あわ》・八街《やちまた》・那須《なす》の学園施設が養育院から独立し、東京都民生局児童課が統括するようになった。それより先の一九四七年一一月に、宇佐見《うさみ》健民保養所と箱根《はこね》健民保養所も児童学園となり、児童課所管となった。

『東京都戦災誌』所収の一九四七年七・八月の東京大学などの学生調査では、三一三人の浮浪児中、両親のない者が一五一人、片親だけの者が一二二人で、戦災による者が八六人であった。

『東京都政概要 昭和二二年版』をみると、一九四七年八月一日現在、戦争孤児・浮浪児の一斉収容により、石神井学園ほか四〇ヵ所に約二〇〇〇人を収容・保護している。終戦以来の一斉収容により、延総数八二〇〇人を収容した。

『昭和二十三年版 民生局年報』によると、街頭浮浪児収容保護人員の一九四七年度総計は六二〇七人で、中央児童相談所が一一八七人、六ヵ所の一時保護所が四三九〇人、養育院が六三〇人であった。各地の一時保護所は麴町が八二九人、京橋が四九四人、上野が一四四二人、浅草が六八四人、淀橋が四八六人、荒川が四五五人であった。一九四八年三月末、施設収容児童は三七一二人で、年度内の増加が九二〇人、逃亡が二八二人、死亡が三人、退院が四五四人であった。収容児童のうち「戦災」によるものが九五八人であった。孤児は二一〇七人で、そのなかで「戦災孤児」は六六四人であった。主な施設別にみると、東京都養護施設では石神井学園三七〇人、八街学園一一六人、萩山学園八四人、アヅサ園五一人、中央相談所は九三人で、また一時保護所全体では一六九人、内訳が麴町三二人、京橋二四人、上野二九人、浅草一九人、淀橋一三人、荒川五二人であった。

『東京都政概要 昭和二三年版』には、一九四八年一〇月一日現在で、都内を浮浪している児童は概算一二〇〇人であり、終戦以来収容保護した児童は延人数約一万二〇〇〇人、実数は約四五〇〇人とある。

『昭和二十四年版 民生局年報』によると、一九四九年三月末、施設収容児童は四五二三人で、年度内の増加が八一一人であった。収容児童のうち「戦災」によるものが一〇一八人であった。孤児は二一一五人で、そのうち「戦災孤児」が六六七人であった。

『東京都政概要 昭和二四年版』には、一九四九年九月三〇日現在の狩込児童の施設収容児童数は八七施設五二三五人とあり、この年が最高であった。そのうち孤児が二〇七六人であった。原因別収容児童数は「戦災」によるものが八九四人で、そのうち「戦災孤児」が五五九人であり、四八年三月末、四九年三月末に比べて減少している。

おわりに

一九四五年三月一〇日の下町大空襲によって、一〇万人に近い人が死亡し、約一〇〇万人が罹災した。それ以前の初期空襲とそれ以後の山の手大空襲なども含めて、東京空襲全体により区部で約一〇万五四〇〇人の死者、約二九〇万人の罹災者を出すという、大きな被害を民間人は受けた。民間人の被害に対する手当や処置は、ひどいやり方であり、十分なものではなかった。民間人空襲被害者への補償・援護は依然としてなされていないままである。

東京空襲による戦争孤児については、本章では記録により戦後初期に収容された戦争孤児の数量的な実態を明らかにすることにとどまった。戦争孤児がどのような生活・成長を強いられたかについて、関係者の体験記や調査などにより明らかにすることは、施設に収容された者だけでなく、祖父母・親戚などに引き取られた者、養子になった者についても、本章では取り上げられなかった。ほかの章のそれぞれの論文を参照されたい。

参考文献

社会事業研究所『社会事業』二九巻一号、中央社会事業協会、一九四六年
東京大空襲・戦災誌編集委員会『東京大空襲・戦災誌 三』東京空襲を記録する会、一九七三年
東京大空襲・戦災誌編集委員会『東京大空襲・戦災誌 五』東京空襲を記録する会、一九七四年
東京大空襲・戦災資料センター『決定版 東京空襲写真集』勉誠出版、二〇一五年
東京都『東京都政概要 昭和二一年版』一九四七年

東京都『東京都政概要　昭和二三年版』一九四八年
東京都『東京都政概要　昭和二三年版』一九四九年
東京都『東京都政概要　昭和二四年版』一九五〇年
東京都『東京都戦災誌』一九五三年
東京都慰霊協会『戦災殃死者改葬事業始末記』一九八五年
東京都民生局『昭和二十一年版　民生局年報』一九四七年
東京都民生局『昭和二十三年版　民生局年報』一九四九年
東京都民生局『昭和二十四年版　民生局年報』一九五〇年
東京都養育院『東京都養育院に於ける戦災浮浪児保護経過』一九四六年
東京都養育院『養育院月報』四四二、一九四八年
東京都養育院『養育院八十年史』一九五三年
東京都立教育研究所『東京都教育史稿　戦後学校教育編』一九七五年
藤井常文『戦争孤児と戦後児童保護の歴史』明石書店、二〇一六年

第二章　東京都養育院の戦争孤児の収容状況

矢部広明

はじめに

明治初期に創設された養育院は、明治政府の「富国強兵」策から一九四五年の第二次世界大戦敗戦まで約八〇年に及ぶ戦争政策推進のもとで絶えず派生する高齢者・母子などの困窮層とともに、捨て子や孤児たちを受け入れる救貧施設でもあった。さらに養育院は、受け入れてきた孤児たちを出征兵士として戦場に送り出し、多くの命を「英霊」などと称して異国の地に散らした。

以上のように養育院は戦前においても、広い意味で戦争孤児と切り離せない施設であり、第二次世界大戦終戦直後には大戦が生みだしたおびただしい数の戦争孤児を受け入れた。

本章では、養育院の若干の歴史とともに、戦争孤児をどのように受け入れたかについて、養育院年史（六十・七十・八十・百・百二十各年史）と残存する乏しい資料から明らかにする。

一　養育院その創立から廃止まで

戦前の養育院

養育院は、養育院各年史によれば、いまより約一五〇年前の一八七二年一〇月一三日、ロシア国の皇子アレクセイの来日に際し、「市内を徘徊する者の緊急対応策」、すなわち「帝都の恥かくし」として、東京市内のホームレス約二四〇人を当時の本郷加賀藩《ほんごうかがはん》の空長屋（現東京大学構内・東京都文京区本郷）に緊急仮収容したことが創始とされる（なお、『養育院月報』一九四八年八月号によれば、このときの収容者のうち、一〜一〇歳まで一五人を含み二〇歳以下は一五二人もいた）。その後、養育院は施設が移転した先々で、やがて周辺が宅地化しにぎわいをみせるようになると住民の「目障り」とされて、浅草・上野《うえの》・神田《かんだ》・本所《ほんじょ》・大塚《おおつか》・板橋《いたばし》と東京市内を転々としながら、乳児から高齢者まで困窮する市民が求める限りすべてを受け入れることをモットーに、戦前におけるわが国の一大救貧施設として運営されてきた。

高齢者施設への特化そして廃止

しかし、第二次世界大戦終戦直後の混乱が収まるにしたがい、高齢者施設（旧「養老院」、一九六三年の老人福祉法で「養護老人ホーム」に名称変更）の運営が主体となっていった。とりわけ、一九六七年四月に東京都政史上はじめて社会党（当時）や共産党などが推す美濃部亮吉《みのべりようきち》知事が誕生すると、養育院は革新都政の重点政策である高齢者福祉・医療強化策の中核を担う東京都直営施設として一転、事業大拡張の途をたどった。しかし、革新都政は一二年間で終わり、一九七九年四月から自民党を中心とした保守都政に回帰するとともに、社会福祉の「市場化」「民営化」が推進され、東京都直営の社会福祉施設の必要性は認められないとの方針のもと、養育院各施設も縮小、民営化、廃止が進められた。そして、一九九九年一二月、東京都は「養育院」を廃止。残余の施設も経過措置を経て二〇一六年度末をもってすべて廃止された。したがって、現在は養育院直営時代の施設名で民間などに引き継がれて運営されている施設はあるが、「養育院」は存在していない。

二　戦争に翻弄された養育院の子どもたち

施設から軍需工場・戦場へ

一九三七年七月、日中戦争が開始されたが、戦局の進展に伴って一般市民の軍需産業への徴用も進み、労働力不足が深刻化した。このため、養育院の入所者で労働能力のある者は軍需産業の工員として徴用されていき、年長児童も学徒動員として工場に徴用されていった。職員もつぎつぎと徴兵され、養育院の児童施設であった石神井《しゃくじい》学園（現東京都練馬《ねりま》区）・萩山《はぎやま》実務学校（現東京都東村山《ひがしむらやま》市）出身児童も兵士として出征が相次ぎ、戦死者も続出するようになった。

例えば、一九三九年に中国の戦場に送られ「壮烈なる戦死」をした養育院出身の青年九人について、養育院は「英霊」（戦死者を敬う言葉）としてその生い立ちにもふれながら、「都下の各新聞紙は一斉に薄倖《はっこう》を悼みつつその忠魂を讃」えた、その功績と名前を永久に伝えようと賞賛し（東京市養育院編、一九四三）、「戦時過程における出院児童に言及するとき、忘れがたいことは、これらの児童の多くが、その若い生命を戦場に散らしたことである」（東京都養育院編、一九七四）と養育院の多くの児童が「お国のために」戦死したことを讃えている。

一九四一年一二月八日に日本がアメリカに宣戦布告するとその翌日、東京都板橋区にあった板橋本院の施設では養育院長が全職員を大広場に集めて戦争「必勝」の檄《げき》（人々を集めて同意を求める）を飛ばし、入所者一同には詔書《しょうしょ》（天皇の名前で発表される公文書）の奉読式（読み上げ）を行い、施設をあげて戦争勝利のため天皇と国家に「滅私奉公《めっしほうこう》」（私心を捨て尽くすこと）を誓わせた。

養育院児童施設などは子どもたちを戦場で戦える兵士として鍛えあげることをめざし、虚弱児の養護施設であった安房《あわ》臨海学園（現船形《ふながた》学園、千葉県館山《たてやま》市）などではさっそく、夏期訓練を開始し、精神修養中心の教育に転換していった。

命を落としたのは出征した子どもたちばかりではなかった。社会的混乱とともに食料不足が深刻化し、養育院各施設で日々生活する年少児童や高齢者も、戦争による栄養失調で命を落とす者が少なくなかった。

際立つ乳幼児の栄養失調状態

戦争の進行とともに国民の生活も困窮化し、満足な食事も与えられず、親に捨てられる乳幼児も増えていった。その背景をうかがわせるのが養育院に収容された乳幼児の実態である。

当時の養育院本院小児科医長神前章雄《こうさきふみお》（東京大学講師）が行った「本院乳幼児栄養失調症発生原因調査」（『養育院月報』一九四七年四月号）では、一九四〇〜四四年の養育院の満三歳以下の乳幼児四一〇人について、栄養失調症の発生頻度および発生原因について、東京都および各地無医村の乳幼児との比較を行っている。全国各地からの調査総数一万五五九四例中、栄養失調乳幼児は二九四六例（一八・九％）であったのに対し、養育院に収容されている乳幼児四一〇例中、栄養失調は四〇五例（九八・八％）とその頻度が著しく高く、栄養失調の程度も深刻であることなどが「当院収容児ノ特徴」で、その原因は収容児対象が「棄子或ハ貧困階級ノ子供」であるとしている。

さらに神前章雄は「栄養失調症乳幼児に於ける肺炎の特異性」（『養育院月報』一九四七年七月号）についても分析・考察している。一九三九〜四一年までの三年間（以後は資料焼失）に養育院に収容された乳幼児総数五七七人のうち一三〇人（乳児一〇四人を含む）が肺炎に罹患している。罹患率は二二・五％で、一般小児の罹患率六・〇〜九・一％と比して著しく高率であった。この肺炎罹患乳幼児一三〇人中、一一二人（八六・二％）は栄養失調で、「栄養正調児」は一八人（一三・八％）にすぎず、肺炎にかかった場合に栄養正常児であれば治療によりほとんど治癒するのに対し、栄養失調である場合、死亡率は七八％にも及ぶこと、「栄養失調児は感冒に罹れば容易に肺炎を起こし易く」「失調状態の高度なる程慢性型に移行する傾向が著しく」、肺炎が「全治しても体重の減少は正調児に比して著明」「栄養失調の状態は罹患前より著しく高度となる」ことを指摘している。そして、養育院の乳幼児に肺炎罹患率が高い背景として、「当院の如きは棄子或いは特殊貧困家庭と云ふ悪条件にある乳幼児を無選択に収容する」こと、養育院に「入院時既に栄養失調状態にあるもの約半数を占め、殊に生後二週間以内で入院するもの二〇％を超え、生後一か月以内のものを加えれば実に七〇％に達する」ことと同時に、「斯かる保育上困難を伴ふ乳児を取り扱ふのであり、充分なる養護は勿論、感染予防即ち施設其他に完全を期さなければならぬ」が、養育院の「施設の不完全と人手不足」にも「原因を求め得る」と「養護の不良」も指摘している。

人体実験に供された乳児たち

戦時下の養育院保育室で保母長を務めていた金城芳子《きんじょうよしこ》は、養育院でも「戦争もたけなわになるとおそろしいことがまかりとおった」との書き出しで次のような事実を記述している（金城、一九七七）。

当時は、東大医学部の教授や助手たちが養育院収容者の治療や予防など医療部門の一切を引き受けていたが、ここで死んだ人々が解剖材料になるのはもちろん、多様な疾病の患者がいるため、それぞれが医師たちにとって貴重な研究材料となり、医師たちは養育院での研究で博士論文を書き昇進していった。

全国的に食料不足が深刻となるなか、養育院保育室に収容されている乳児たちの牛乳も入手困難となったため、東大の教授やその助手たちは養育院保育室の乳児を実験台にして代用乳の作成試験を始めた。医師たちは、保母たちにいったい何でできているのかわからない「代用乳」を特定の乳児に名差しで飲ませるよう指示した。それを飲んだ赤ん坊は、その夜にはたちまち下痢を起こして翌日には死んでいった。

保母たちは得体の知れない「代用乳」を飲ませることに泣いて必死に抵抗したが、教授たちもまた必死で、「これが成功すれば日本中の赤ん坊が救われる。養育院の子ども一人がなんだ」という理屈で「人体実験」を強要してきた。

金城芳子は、これらの悲惨な歴史を振り返り、「『お国のため』という大義名分で我が子を喜んで捧げる軍国の母が鳴り物入りでもてはやされたあの時代である。間にはさまれた私もほんとに辛かった。説明してやるから来いというのに聞きにもいかず、なしくずしに拒否した」と乳児の命を奪われまいと身体を張った保母たちの抵抗の記録を述懐している。

多くの子どもが犠牲になったこれらの事実を、戦後、当時の保母などから聞き取り調査を行った松本園子は、「戦争中、守ってくれる親を持たぬ養育院の子等が日本中の赤ん坊を救うという大義名分のもとに真っ先に犠牲にされたこと、それに対して、保母たちの必死の抵抗があったこと、この二つは、ともにしっかり記憶されておかなければならない」と記述している（松本、一九八八）。

三　空襲と飢餓

空襲激化のなか塩原分院へ決死の疎開

一九四二年四月から始まったアメリカ軍の日本本土空襲は次第に激しさを増してきた。このため、養育院はついに一九四三年一一月、板橋本院施設の高齢者・障害者らを疎開させ、乳幼児五〇人は全員都内にある石神井学園に移すという疎開対策を決定した。

そして、関東の各地を探した結果、戦時下、国民生活窮乏のさなかのため、客足も途絶えた栃木県塩原《しおばら》の六軒の旅館を家具・寝具など調度・備品含めて丸ごと買いとり、一九四四年八月、「養育院塩原分院」を開設した。

同年一〇月より板橋本院から高齢者および障害者などの入所者を塩原分院に順次疎開させていった。しかし、児童を疎開させたのは疎開開始八ヵ月後の翌年一九四五年二月になってからで、日本海軍航空隊に施設を強制接収され、わずか三日間で施設を退去させられた安房臨海学園の児童一四〇人が最初であった。

その翌月、一九四五年三月一〇日の東京大空襲で死者が九万人余に及んだのをみて、養育院は急きょ板橋本院の乳幼児および病児一五〇人を三月二〇日に塩原分院に疎開させた。金城芳子によれば、板橋本院の育児室の幼児二五人・乳児二五人を保母総出で一人ずつ背負い、列車で同じく疎開のため東京を脱出する一般の人々に交じって移動したという（金城、一九七七）。

図1 塩原分院入所者の食事風景（旧東京都養育院所蔵）

石神井学園では四月一二日に空襲にあい、寮舎並びに校舎に相当の被害を受けたため、学園ぐるみで塩原分院へ疎開することを決定、翌一三日に大部分の児童（二二五人）を板橋本院に一泊させた。しかし、その板橋本院は日付が変わった翌日午前一時三〇分ごろ、東京北西部市街地一帯へのB29爆撃機一六〇機による無差別爆撃の標的となった。いわゆる「城北《じょうほく》大空襲」である。石神井学園の児童が避難していた板橋本院構内の防空壕が危険となったことから児童たちがほかの防空壕に避難しようと外に出てきたところへ焼夷弾が落下しさく裂、三名の児童が犠牲となった。

板橋本院とその周辺には約二〇〇発の焼夷弾が投下され、建物七八棟（約一万九〇〇〇平方メートル《メートル》）など施設の九割が焼失した。看護婦らの必死の救援活動にもかかわらず、九八名の入院患者を中心に前記石神井学園の三名の児童を含め一〇七名の死亡者をだした。このため、二〇〇名を超える石神井学園の子どもたちはいったん石神井学園に戻り、再び四月一九日に第一陣として女児および幼児八二名が九名の職員に付き添われて、その夜は下谷《したや》区（現東京都台東《たいとう》区の一部）にある国民学校（現在の小学校）に一泊、翌朝上野駅から塩原に向かった。翌四月二二日には六九名の男児が塩原に到着した。なお、石神井学園の年長児五〇名は塩原への疎開ではなく、学徒動員されていった（東京都養育院編、一九五三）。

餓死者続出の塩原分院

塩原分院はもとが温泉旅館であったから、ふとんは絹張りの高級品、調度品も立派なものがそろい、温泉にも入り放題とされたが、空腹のため誰も入浴しようとしなかった。しかも人口三七〇〇人の山間僻地《へきち》だった温泉町に、一般市民の疎開者も含め一万人超の疎開者がひしめく状態となったため、塩原の町全体が悪夢のような食料不足にあえぐこととなり、せっかく疎開してきたここも〝地獄〟であったという。

大人も含め石神井学園の児童など健康な者はすべて「食料確保」のために動員された。三班に分けられ、第一班は畑の開墾へ、第二班は近くの川べりに水菜の採集へ、第三班は食べられる野草をとりに、と毎日出かけることが日課であった（東京都養育院編、一九七四）。しかし、配給される食料はあまりに小量で、食事は採集してきた野草を入れたお湯だけのようなうすい粥《がゆ》であった。カルシウム欠乏により子どもたちの爪が奇妙にやわらかくなるため、カルシウムの補給にカイコのさなぎを粉末にしたものが与えられた。「旅館では各部屋ごとに食糧の争奪戦」が展開された。やがて、周辺地域の食べられる野草という野草はとりつくされてしまった。そのほか、空腹を少しでも満たすため、安房臨海学園の幼児たちは川べりで小ガニをとって食べ、石神井学園の年長の子どもたちも青大将でもなんでも食べて露命をつないだ（金城、一九七七）。

このような飢餓地獄の状況のなか、「激しい下痢状態で肛門がしまらないまま衰弱死する乳児も多く、幼児は栄養失調特有の腹が大きくふくれあがるが、手足は竹の如くやせ細り、三、四歳児でもまともに歩行することが困難であった」（東京都養育院編、一九七四）という。

金城芳子もまた、次のように書いている。

いよいよなにもかも底をつき、ついに乳幼児にとうもろこしを食べさせ、よもぎ、おおばこ、うまぜりなど野草入りの水のようなおかゆを飲ませたりする事態になってしまったらもういけなかった。子どもは小さい方から順に死んで行った。筋肉が弱くなり、尿が早くなる。肛門が開いて赤い便を出すようになる。そしてまもなく死ぬ。はじめは原因がわからなくて赤痢かと思ってさわいだが、この時栄養失調という病名をはじめて知った（金城、一九七七）。

そして、「乳児はほとんど死んでしまい、三、四歳児だけ。老人も七、八十歳が死んで六十代からが助かってい」た、「子供などが死ぬと、自分たちで箱を作って山を掘って埋めました。そのうち、段ボール箱、それもなくなってそのまま連れていっては埋め、連れていっては埋め」たが、そこへまた空襲で孤児になった赤ん坊がどんどん送られてきたという（金城、一九八八）。

結局、約一〇〇〇人を受け入れた塩原分院では開院した一九四四年八月から廃止された一九五二年八月までに、五八一名の入所者が死亡してしまったが、そのうち二七一名は終戦後の餓死などによる死亡であった（『下野新聞』二〇一五年三月四日付）。

四　混乱をきわめた終戦直後の養育院

すさまじい混乱のなか施設復旧へ

一九四五年八月一五日、戦争が終結、アメリカ軍による空襲も終わり、養育院には「敗戦処理」の役割が課せられ、「養育院は、その浮浪児、浮浪者の収容施設として復活した」（東京都養育院編、一九七四）。

一面の焼土となった東京では衣食住を失った戦災者・戦争孤児らを中心に、これにアジア各地からの引揚者、母子・父子家庭、要保護女性、高齢者、身体障害者（傷痍軍人など）、知的障害者、棄子・迷子、復員軍人、徴用解除の工員にいたるまでが当時、東京都内唯一の公的施設であった養育院に殺到することになり、養育院はそれらの人々を板橋本院・石神井学園・安房臨海学園などに収容した。

在院者一人当	標準収容力	備　考	1946年9月7日現在の人員
(1.0)	380人		331人
	380人		331人
1.3帖	300人		469人
1.27帖	100人	左の原農場を含む	89人
1.30帖	(40)		
1.30帖	20人		20人
1.30帖	20人		50人
1.30帖	250人		126人
	690人(40)		754人
1.50帖	35人		37人
2.00帖	50人	余裕は昼間の保育を含む	97人
1.20帖	350人		315人
1.58帖	160人	保母室改修を含む	161人
1.30帖	150人		94人
1.27帖	50人		59人
1.50帖	130人		84人
3.74帖	50人		20人
3.00帖	50人		22人
	1025人		889人
	2095人(40)		1974人

表1　養育院在院者標準収容力（1946・47年時の施設）

	施設別	保護対象	ベット数 又は畳数
医　　療	附属病院	内・外科，結核小児科，泌尿科	(380)
	計		(380)
成人保護	恵風寮（板橋保護所）	老人・不具廃疾者	392帖
	栃木分院宮田寮	老人	128帖・病室28
	栃木分院上富士寮	皮膚病患者	56帖
	長浦更生農場	精神薄弱者	24帖
	那須農場	帰農指導	25帖
	練馬分院	老人・不具廃疾者・精神薄弱者	300帖
	計		925帖・病室28
児童保護	附属病院育児室	乳幼児	30帖(20)
	板橋保護所保護寮	一時保護児童	100帖
	石神井学園	学齢児及幼稚児	420帖
	安房臨海学園	虚弱児童	253帖
	八街学園	年長児・浮浪児	194帖
	長浦更生農場児童寮	精神薄弱児	63帖
	衛生局宇佐美健民保養所	保養を要する学齢児	200帖
	衛生局箱根健民保養所	保養を要する年長少年	187帖
	衛生局伊東健民保養所	保養を要する幼児	198帖
	計		1645帖(20)
合　　計			

(出典) 東京都養育院編『養育院百年史』1974年，450頁表より筆者作成.
(注) (　) 内はベット数.

当時の養育院各施設全体の収容力は子ども約一〇〇〇人を含む約二〇〇〇人であったが（表1）、一九四六年度の『養育院入出院状況』によれば、この一年間に養育院入所者は収容力の約五倍に及ぶ一万一四四二人となっている。一畳に四～五人を受け入れた時期もあったとされるが、何とか回転できたのは膨大な入所者数の一方で、死亡者が二〇七二人、無断出院が六七〇一人、出院者が二六六三人というすさまじい減少要素があったからでもある。収容者の半数を占める子どもたちも、この混乱した状況のもとで翻弄《ほんろう》されたであろうことはこの数字からも推測される。

塩原分院では、終戦までに乳児や二歳以下の子はあらかた死んで半減しており、残った子どもたちを保母がおぶって終戦翌月の九月半ばごろ、空襲から唯一焼け残った板橋本院の育児室に連れ帰った。そこへも連日、戦災で親を失った乳呑み子や幼児があとからあとから連れてこられ、職員は受け入れのすさまじい忙しさにも追われる状況であった（金城、一九七七）。

食糧不足に苦しんだ子どもたち

安房臨海学園は、戦争が終結した一九四五年八月には、はやばやと再開を決め、翌月九月四日には第一次として塩原分院から疎開児童二七人を復帰させ、同月二〇日には第二次一〇一人が復帰、施設を再開した。しかし、ここも食料不足は深刻で、必要量の給食代は最低一人月額一〇五円を要するにもかかわらず、予算は一食三六銭以上出せず、その結果、五～一六歳の戦争孤児一四〇人についての当時の館山《たてやま》保健所長の調査によると、栄養失調でない児童は三人のみ、歩行困難が二一人、むくみが四人、不活発が四七人、表情なしが四四人、無表情が四人、トラホームが九〇人、疥癬《かいせん》が七九人という結果であった（「終戦後の児童保護問題」全社協養護施設協議会編、一九七七）。このような食料不足は同園児童の成長にも深刻な影響を与え、一九四〇年五月に行った東京都内国民学校生徒の身体発育データと一九四七年二月に行われた安房臨海学園児童の身体検査のデータを比較した結果では、例えば九歳男子の身長は前者が一二〇・二センチに対し後者は九八・四センチ、九歳女子の体重は前者が二二・〇キログラムに対し後者は一六・六キログラムなど、全年齢にわたって安房臨海学園児童に顕著な成長の遅れがみられた（『養育院月報』一九四七年四月号）。

当時小学校一年生で安房臨海学園で過ごした杉田鈴子氏は、そのときの子どもたちの悲惨な状況と追いつめられた心情を、次のように記述している（戦争孤児を記録する会、一九九七）。「二十人くらいふとんを並べると身動きできない狭さ」の部屋で生活させられ、「お手洗いに行くと、うどんのように白くくねった回虫が何匹もはって」おり、「なぜか脱肛（痔）になる子が非常に多かった」。施設には自閉症のようになってしまった子どもが多くいた。施設には長い渡り廊下に柱が何本も建っていたが、「その前に座り込んだ子が柱に頭をぶつけ、バターン、バターンと、まるで時計の振り子のように、黙りこくったまま同じ動作を一日中くり返し」「次の日もその次の日も、毎日柱に頭をぶつけている子が七、八人」いた。子どもたちは「親を捜しに行くために脱走をはかる」、「親に会いたい、親さえ見つかればこんな場所にいなくてもいいという一心だった」と。

千葉県印旛郡八街町《いんばぐんやちまた》にあった飛行場兵舎には一九四六年五月に戦争孤児三〇人が移され、「八街学園」が開設された。一九四七年一二月には収容児数は六七名に増加しているが、何回から何十回の逃亡記録の持ち主ばかりを収容したとされ（都職労養育院支部『楽苑』一九四八年）、都心から遠く離れたこの施設に収容することで逃亡を不可能にするねらいがあったとみられる。

食料不足は終戦後三年を経た一九四八年に入っても続き、知的障害のある戦争孤児を対象にした千葉県の養育院長《なが》浦《うら》更生農場（現千葉福祉園、千葉県袖ケ浦《そでがうら》市）においても衣食住はすべて最低限のもので、当時、職員であった松野幹氏によれば、食事はほとんど少量のいも粥だけで副菜はなく、「ララ物資」と称するアメリカ軍放出物資の石のように固い板チョコやザラザラした脱脂粉乳がわずかな甘味であった（松野、一九九五）ため、充たされない子どもたちはささいなことでよく争い、特に食物の奪い合いが目立った。

「狩り込まれ」強制収容された子どもたち

東京都では都内にあふれた浮浪児・浮浪者への緊急対策として一九四五年一二月一五・一六日の両日にわたって上野地下道一帯で「浮浪者狩込」が行われ、約二五〇〇人の浮浪児・浮浪者が養育院を中心に、そのほか目黒《めぐろ》厚生寮・厚生会館・浅草本願寺《ほんがんじ》・深川《ふかがわ》寮などに収容された。警察による「一斉狩込」のほか、養育院では独自に職員が荷車で上野駅などから行き倒れ状態の病人などを一日平均十二、三人運び込み、その数延べ五〇〇人に及んだ（東京都養育院編、一九七四）。

社会的混乱のなかで、設備の不備・少ない職員配置・あらゆる物資の不足に加え、入所者に対する対応もかなり粗雑なものであったため、市民からも「取扱がどうの愛情がどうのと幾多の批判を蒙《こうむ》った」（渡邊寅八「年間回顧」『養育院月報』一九四八年四月号）という。

子どもたちは鑑別されて各施設へ

浮浪児対象の狩込も月二、三回行われたが、毎回四〇〜五〇名と「大した数に上らず」という状況であった（『養育院月報』一九四六年一一・一二月合併号）。しかし、終戦後半年を経過したころから大人の浮浪者減少の一方、食料不足と闇市の広がりに伴って浮浪児が激増し、一日も放置し難い状態になったため、養育院でも狩込を強化し始めた。

養育院に連れてこられると、「浮浪児」たちは大人の「浮浪者」と同様に体中アカだらけ、ほこりだらけのうえ、全身にシラミがたかっているため、まず身ぐるみはいでから身体中のシラミをほうきで払い、米軍から大量に譲り受けたＤＤＴ（粉末殺虫剤）を頭からふりかけ、養育院構内に繁った桜の巨木をマキにして沸かしたドラム缶風呂に入れた。しかし、ドラム缶風呂も男女一つずつしかなく、沸かした湯もすぐにアカだらけになるため、職員にとっても子どもたちを入浴させることは大変な作業であった（東京都養育院編、一九七四）。

彼らは幼少年保護寮にいったん収容されてから、「素行」などの鑑別を受け、約一ヵ月程度しつけを施された後、一般学童は石神井学園・八街学園・萩山実務学校や各地の孤児院（当時）へ、知的障害児は長浦更生農場、不良化児童は萩山実務学校、虚弱児は安房臨海学園などへ移された。

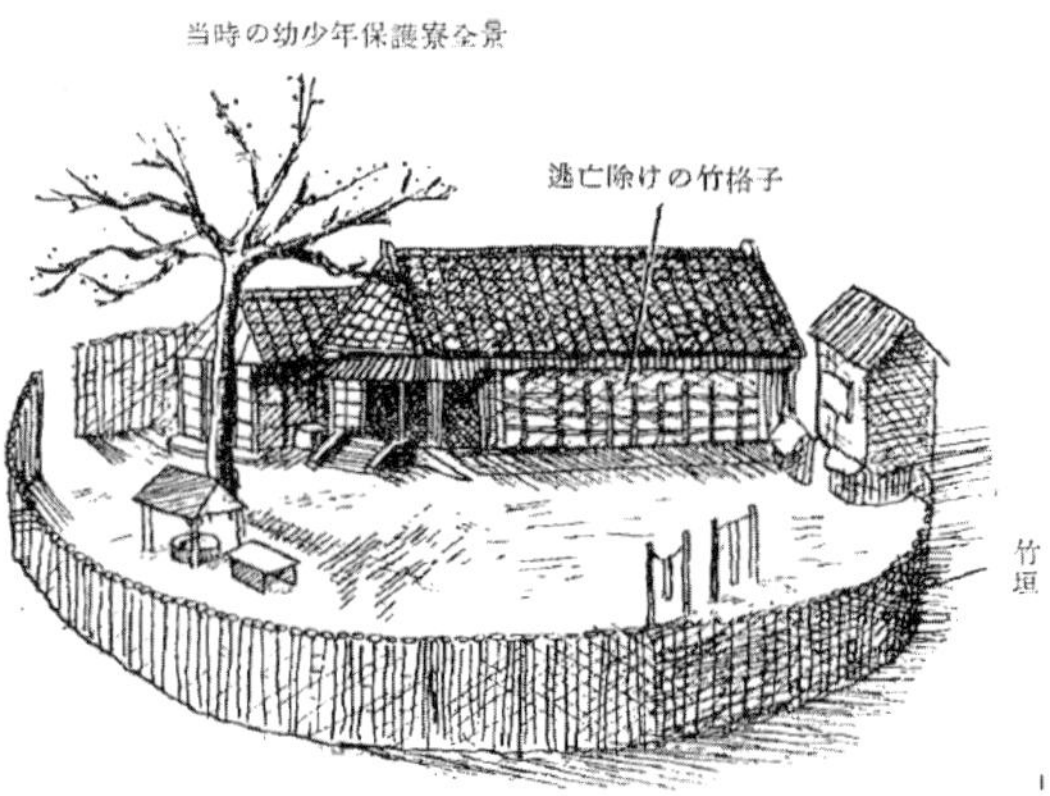

図2　幼少年保護寮全景（東京都養育院編『養育院百年史』1974年）

石神井学園に収容された子どもたちは、最年少は七歳の男子、平均年齢は一一歳、収容される前の居場所は上野、それも駅待合室が圧倒的に多く、食事は通行人などから貰っていた子どもが多かった。浮浪中に最もつらかったこととして、欠食・降雨・不眠・孤独などをあげている（「東京の浮浪児」『社会事業』一九四六年六月号）。

高学年の子どもは、主に東北信越地方の農村に労働力として「雇預け」という個人委託に出したが、全国より多数の受け入れの申し込みがあったといい、養育院はその要因として、専門の訪問婦に雇預け先へ巡回訪問させるなどアフターケアを怠らなかったこと、あるいは委託された児童の成績がよかったためであろうと自己評価している（東京都養育院編、一九七四）。

図3　竹格子でおおわれた幼少年保護寮（旧東京都養育院所蔵）

子どもたちは収容即脱走

しかし、以上は養育院に連れてこられても逃げ出さなかった子どもたちの場合である。

上野駅や有楽町《ゆうらくちょう》あたりで地方から上京してきた人々にねだり、当時の東京では世間一般の人々が口にすることもできない銀シャリ（白米）のおむすびを貰って食べたり、闇市《やみいち》（闇取引の商品を売る商店群）あたりでかっぱらった美味なものを食べている子どももおり、養育院のふすま（小麦の「外皮」の部分だけを粉にしたもの）のパンとか、ワラの混じった餅などは浮浪児たちには食べられたものではなかった。

食べ物だけではなく、孤児たちは米軍相手・闇屋の手先・闇成金（闇取引で急に金持ちになった商人など）相手の靴磨きで稼いでいる子どももいれば、やくざの使い走り・エロ写真売りなどさまざまな〝なりわい〟で稼ぐなど、大人顔負けにたくましくタフな子どもも多かった（金城、一九七七）。これらの子どもたちは自由を束縛される生活を嫌い、収容した直後は養育院の施設中にあふれ返るようになるが、あまりの環境の悪さに職員がいくら監視していてもほとんどが収容即日、四方の窓から飛び出してしまい、阻止することができなかった（東京都養育院編、一九五三）。

「収容即逃亡」という状況に対し、占領軍当局から口頭で「如何なる方法をとるも彼等児童を逃がすべからず」と厳命されたため、養育院は徹底した強制収容に転じることにし、警視庁・下谷区役所などと相談のうえ、以下の方針のもとに一九四六年六月二日から強制収容を実施することとした。

一、施設に厳重な垣を施し児童が簡単に逃げ出せない様にする（矢来垣新設工事）。

二、昼夜交替の守衛を置きて逃亡を監視する。

三、上野駅に特に本院より数人の職員を派遣し発見次第浮浪児童を毎日収容する。

四、外的に強制収容すると共に内面的には処遇を改善し真に同施設に居る事を楽しむやうにする。

五、相当の硬教育を施し浮浪習癖の矯正に努めると共に漸次院内生活に馴致せしめること（東京都養育院編、一九五三）。

子どもたちを収容した幼少年保護寮には、この方針に基づき、子どもたちが逃げ出せないようにと九五畳の畳部屋の窓に動物園のように竹格子がはめられ、寮のまわりには柵をめぐらせ、一五〇人くらいの子どもが詰め込まれた。子どもたちの見張り役に採用されたのが、養育院に収容されたやくざ上がりやスリをやっていたという若者であった。彼らを見張り番に使った結果、前歴が前歴だけにドスが効いて凄味がありボスとして統率はうまかったが、すぐにボスの力を発揮しすぎて暴力をふるい、たちまち大問題になった（金城、一九七七）。

強制収容と脱走防止の〝ハダカ戦術〟

当時、養育院に強制収容された浮浪児は、施設に連れてこられると「ばい菌のかたまり」だと冬でも頭から水をかけられ、逃げ出せないように裸にさせられたと証言している（日本テレビ系列NNNドキュメント「戦災孤児たちの遺言地獄を生きた七〇年」二〇一五年三月二三日放送）。逃げ出さないように裸にして鉄格子のなかに閉じ込める「ハダカ戦術」は、当時、どこの施設でも日常的に行われていたという（金田、二〇〇二）。

深刻な食料不足のため、養育院から他施設に送られる前に餓死する子どもも多く、「餓死した子どもたちが、廊下にまでゴロゴロしていた」状況であったから、子どもたちは「いずれ自分もあのような姿になるのか」と思ったらたまらなくなり、鉄条網を越えて逃げ出したと、当時「浮浪児」として収容されていた女性も証言している（金田、二〇〇二）。

また、当時一四歳で、上野駅周辺の路上生活をしていて「狩込」にあい養育院に収容された男性は、米粒大のシラミがわき体中に赤い発疹もできる不衛生な環境の大部屋で、ほかの孤児たちと寝起きさせられた。子どもたちはみんな飢えに苦しみ、近くの畑で農家が掘り残したイモなどを掘り出して食べたり、セミを焼いて食べたり、はては壁の漆喰《しっくい》まではがして食べていたといい、やはり自分が収容された養育院の施設のなかで多くの餓死している仲間の遺体をみて耐えきれず、鉄条網を越えて逃げ出したと証言している（TBS報道特集「戦後七〇年戦災孤児たちの悲劇」二〇一五年一二月二六日放送、『産経新聞』二〇一五年三月七日付）。

養育院が強制収容を行った結果についての調査（一九四七年六月）によると、浮浪児の浮浪原因は、戦争孤児が五〇％、家出児童が三〇％、教護院並びに育児院出院児逃亡児が一〇％、その他が一〇％であった（東京都養育院編、一九七四）。

養育院はこの強制収容措置について、前述した「外的に強制収容すると共に内面的には処遇を改善し真に同施設に居る事を楽しむやうにする」などの方針を立てたが、それは対象者の性格や施設環境の不備を考慮に入れないたんなる理念であり、事実上は何もなし得ず、ただ食べさせることに追われていたのが実態であった。

しかし、養育院の強制収容策には社会的に「種々の批判や非難も起こった」ものの、「逃亡を防ぐ効果は大いに上」がり、強制収容開始一ヵ月後の収容児童五〇〇名のうち「逃亡」は三〇％で「逃亡を相当防止し」、この結果、一時は上野駅には一人の浮浪児も見当たらなくなって、上野駅からも感謝されたという（東京都養育院編、一九七四）。

なお、幼少年保護寮は一斉収容を実施して最終的に延べ約二〇〇〇人の浮浪児を保護したが、一九四七年四月に中央児童相談所開設によってその役割を引き継ぎ幕を閉じたことから、わが国の児童相談所創設につながったとされる（東京都養育院編、一九五三）。

「闇市」閉鎖で街頭にあふれる子どもたちを強制収容

一方、一九四六年八月一日から新橋《しんばし》・上野・渋谷《しぶや》・新宿《しんじゆく》などの闇市が閉鎖されたため、闇市に生活を依存していた「浮浪児」たちは街頭にあふれ、とりわけ有楽町の進駐軍宿舎には、多くの「浮浪児」が残飯を求めて集まる姿が目立つようになった（東京都養育院編、一九五三）。

このため、一九四六年八月一日から一ヵ月間を「児童援護週間」と設定され、「全国戦災都市一斉に浮浪児童狩りをなし強制収用をなす」「都内進駐軍の残飯は任意の個人には絶対に与えず社会事業団に給付のこと」「闇市を全国的に取締ること」などの方針のもと、徹底的な収容作戦が行われた（東京都養育院編、一九五三）。

このとりくみで収容した子どもたちの大半は施設からの逃亡常習児や旅客の荷物荒らし、進駐軍の倉庫荒らし、ジープ荒らしなどの「不良少年」であったとされ、従来の収容児童を「悪化教唆する事甚だしいものがあった」ため、一部は少年審判所に送ったが、その多くはそのまま同所から逃亡してしまうありさまで、一九四六年六月～八月末に収容された児童九五九人のうち三五％が逃亡という結果であった（東京都養育院編、一九五三）。

なお、養育院が戦後はじめて実施した一九四七年九月三〇日現在の「在院者実態調査」によると、養育院への送院元は「狩込」を反映して上野駅地下道・浅草公園など、浮浪児・浮浪者の参集している地域を有する台東区が五六％

で突出している。入所者二一一五人中、一斉収容による「浮浪児」（二〇歳以下）は一～三歳までの乳児五一人、四～七歳の一四七人、八～二〇歳の八四八人の計一〇四六人、入所者の四九％で全体の約半数を占めている（東京都養育院編、一九七四）。

終戦直前から増え始めた「捨子」受け入れ

全国的には終戦直後から親に遺棄された乳幼児の受け入れが大きな社会問題となったが、養育院にはそれより以前、終戦直前から捨子の受け入れが増加しており、養育院の『事業現況調書』（一九四四年五月五日現在）にはすでに「乳幼児面に現はれたる新現象として入院乳幼児中に捨子の数が激増しつつあるは注意すべき事項と思料す」と記述されている。

そして終戦後しばらくすると、板橋本院内の付属病院育児室には、ドブなどに捨てられていた乳児・アメリカ進駐軍の米兵と日本人女性との間に産まれた乳児などが連日のように七、八人連れてこられた。養育院が受け入れた当時の捨子の乳児の状況について、前述の神前章雄小児科医長がその一端を記述している（『養育院月報』一九四八年八月号）。一九四七年九月～四八年二月の半年間に受け入れた乳児一〇七名のうち、生後二週間以内三七人を含め生後三ヵ月未満が七六％、混血児は二一人で、「臍《へそ》の緒も取れぬ内に入ってくるようなことは従来ほとんどみられなかったことである」と記している。

養育院育児室に収容された乳児については、当時付属病院育児室の看護婦長を務めた矢島ゑつ子氏から筆者が聴き取ったところによると、当時は養育院でもミルクを入手できなかったため、看護婦たちの懸命の保育・看護にもかかわらず、ほとんどの乳児が受け入れ後ほぼ一ヵ月程度で次々に死亡してしまった。しかし、その欠員を埋めるようにあとからあとから乳児が送られてきたという。

1946.1	2	3	4	5	6	7	8	9	小計	合計
										1 2
2 3	3		3 2	2	2 2			 1	12 8	29 39
17 16	10 10	12 14	14 18	8 19	7 13	8 15	6 6	1 1	83 112	164 253
35 24	38 18	31 18	44 27	36 20	20 11	13 15	10 3	3 3	230 139	363 275
33 12	27 11	39 12	44 11	32 9	16 10	13 9	11 3	6 3	221 80	304 118
30 7	18 13	20 14	34 7	32 7	9 8	7 6	6 2	2	158 64	216 87
11 6	26 8	27 12	31 6	9 5	11 2	3 3	6 6		124 48	158 72
17 4	20 6	13 4	21 3	20 2	11 4	12	7 3	1 1	122 27	143 40
5 5	4 1	10 2	11 6	4	3 1	7 1	3	2 1	49 17	61 24
14 7	16 13	8 7	16 5	13 8	17 14	42 28	25 15	8 3	159 100	202 146
	1		1						2	4
164 84	163 80	160 83	219 85	156 70	96 65	105 77	74 38	23 13	1160 595	1645 1056
248	243	243	304	226	161	182	112	36	1755	2701

連日に及ぶ遺体の構内土葬作業

養育院では入所者の死亡があいつぐなか、火葬場から燃料不足により火葬ができないとして遺体引き取りを拒否されたため、板橋警察署長から埋火葬に関する戦時特例の適用の許可を受け、一九四五年三月二〇日以降、養育院構内

表2　養育院月別土葬者数

年代	性	1945.3	4	5	6	7	8	小計	9	10	11	12	小計
90代	男											1	1
	女		1	1				2					
80代	男		1	4	2	3	1	11		3	2	1	6
	女	1	5	7	5	2	4	24	3	1	2	1	7
70代	男		5	11	5	5	6	32	9	13	12	15	49
	女	2	19	10	10	21	14	76	10	19	18	18	65
60代	男		16	12	11	8	8	55	12	17	23	26	78
	女		24	12	9	9	9	63	9	22	16	26	73
50代	男		8	5	4	4	4	25	9	12	13	24	58
	女		7	3	1		3	14		8	8	8	24
40代	男		6	2	1	5	2	16	1	8	11	22	42
	女			1	3	1	2	7		3	9	4	16
30代	男		2	2		1	2	7	5	5	4	13	27
	女		3	1			1	5	1	6	3	9	19
20代	男		1	1				2	1	6	2	10	19
	女		1	1		1		3			4	6	10
10代	男		6			1		7		4	1		5
	女		2	1				3				4	4
10歳未満	男		4	1			5	10	10	10	4	9	33
	女		3	3			3	9	3	6	7	21	37
不明	男						1	1		1			1
合計	男		49	38	23	27	29	166	47	79	72	121	319
	女	3	65	40	28	34	36	206	26	65	67	97	255
	計	3	114	78	51	61	65	372	73	144	139	218	574

（出典）大山公園に戦争受難者の慰霊碑をつくる会資料.

東端（現東京都板橋区立大山《おおやま》公園）に仮埋葬することとした。遺体を寝かせて入る大きさの深さ二《メートル》ほどの穴を掘り、七、八体の遺体を埋め、土をかけるという作業が職員によって連日行われた。土葬は翌一九四六年九月八日まで続けられ、終戦直後、「狩込」で板橋本院に収容された「浮浪児・浮浪者」も、栄養失調で入所後に死亡する者が続出、土葬の対象となった。埋められた遺体の数は養育院土葬者月別集計表（表2）では二七〇一体となっている。しかし、筆者が当時の土葬作業を行った職員から聴き取ったところでは、現在は都道となっている土地も含め、「実際には当時の敷地内のかなり広域に埋められたはず」と証言している。なお、これらの土葬遺体は土葬後十二、三年も経た一九五八年に掘り起こし、火葬のうえ多摩墓地（東京都府中市）に納骨されたという（東京都養育院編、一九七四）。

社会的大混乱のもと、まさに「ごみのように埋めざるを得なかった」（TBS報道特集「戦後七〇年戦災孤児たちの悲劇」二〇一五年一二月二六日放送）。事実、養育院各年史にも一切ふれられていないが、養育院入所者以外に一九四五年三月の東京大空襲による戦争孤児の遺体、四月の城北大空襲による遺体、その後の病死者、浮浪児・浮浪者の餓死者などや養育院施設周辺地域住民の膨大な遺体も養育院構内に土葬されたと推測されている（金田、二〇〇二）。

養育院土葬者月別集計表（表2）でみると、板橋本院が空襲を受け、近隣住民とともに多数の死者を出した一九四五年四月に一一四人が土葬されて以降、八月の終戦を経て九月までは二桁台の土葬者数であったが、一九四五年一二月〜四六年五月は毎月二〇〇人以上、六〜八月も一〇〇人以上が土葬されており、戦争中よりも終戦後の方が土葬者が増えたこと、すなわち餓死者・病死者などが増加したとみられることにも注目しなければならない。土葬者のなかには一〇歳未満の子ども三四八人も含まれており、餓死した浮浪児・捨子なども含まれていることは明らかであろう。

おわりに

冒頭にふれたように養育院は戦前戦後の一世紀以上にわたりわが国の社会福祉事業に貴重な足跡を残した。また、新一万円札の顔ともなった渋沢栄一《しぶさわえいいち》が、生涯にわたって事業を担ったという歴史を持つ。

本章で明らかにしたとおり、終戦前後の養育院における戦争孤児の実態を解明するだけでも、わが国の社会福祉事業の歴史や教訓ばかりではなく、戦禍がもたらす悲惨さと平和の尊さを十二分に明らかにすることができる。今後のさらなる研究が求められている。

参考文献

金田茉莉『東京大空襲と戦争孤児』影書房、二〇〇二年

金城芳子『なはをんな一代記』沖縄タイムス社、一九七七年

金城芳子『沖縄を語る―金城芳子対談集―』ニライ社、一九八八年

全社協養護施設協議会編『養護施設三〇年』一九七七年

戦争孤児を記録する会『焼け跡の子どもたち』クリエイティブ21、一九九七年

東京市養育院編『養育院七十年史』一九四三年

東京都養育院編『養育院八十年史』一九五三年

東京都養育院編『養育院百年史』一九七四年

松野　幹『五〇年の思い出』東京都千葉福祉ホーム、一九九五年

松本園子「東京都養育院育児室における児童処遇」『社会福祉実践史の総合的分析・昭和六三年度科学研究費補助金研究成果報告書』（研究代表者宇都栄子）一九八八年

第三章　戦争孤児が入居を希望した「愛児の家」

酒本知美

はじめに

愛児《あいじ》の家は、東京都中野《なかの》区にある児童養護施設である。愛児の家の活動が始まったのは、戦後間もない一九四五年九月二四日である。その日、愛児の家の創始者である石綿貞代《いしわたさだよ》（石綿家では、父と母のことを「パパ」「ママ」と呼んでいたため、戦後愛児の家に来た子どもたちも「ママ」と呼んだ。以下、貞代のことは、ママと表記する）の友人が、一人で電車のなかにいた男の子を石綿家に連れてきて「育て始めた」ことからその活動が開始された。戦後、子どもを含む多くの被災者たちが上野《うえの》駅の地下道で雨風をしのぎながら暮らしていた。こうした状況を目の当たりにしたママは、過酷な状況に置かれていた子どもたちに対して「何かをしたい」という思いを抱き、実践したのである。一人目の子どもを受け入れたときの様子をママの三女である石綿裕《ひろ》氏は二〇一九年一〇月二一日に実施した「愛児の家インタビュー調査（第一回）」において、次のように語っている（インタビューについては、語りをそのまま文字にしている）。

「名前は」って聞いたら「A」って言ったんで名前だけはわかる。「お年は？」って言ったけどなんにも言わないし、「どっから来たの」も言わなかったっていうの。私が自分で聞いたんだから覚えてるんですけどね。

はじめて石綿家にやってきた子どもは、自分の名前以外わからないほど幼かった。そして、一人の子どもを自宅で養育することから愛児の家の活動は始まり、後に多くの子どもたちが暮らし始める。この章では、戦争孤児たちが愛児の家での生活をなぜ望んだのかを探っていく。

終戦後に行われた「狩込」で多くの子どもたちが強制的に施設に収容されたが、そこから逃亡して、愛児の家での暮らしを求める子どもたちが後を絶たなかった。そのなかには、それまで、施設入所（収容）と逃亡を繰り返していた子どもたちのなかで、最終的に愛児の家で中学を卒業して就職したり、親元に戻ったという例をみることができる。他の施設では生活が安定しなかった子どもたちが、愛児の家では落ち着きを取り戻し、安心して暮らすことができたのである。

石綿家で養育した子どもの数が一番多いとされている一九四六年の夏には、一〇七名になっていた。石綿家は大きな家だったが、それでも一〇七名の子どもが生活する空間としては十分なスペースはなく、廊下に毛布を敷いて雑魚寝し、また十分な食事もない生活だったが、そのような状況でも愛児の家での生活を望む子どもたちが多かった。このように、終戦後に浮浪児たちを受け入れ、養育をしていた愛児の家の活動と理念、そして実際にこの時期愛児の家で生活した子どもたちの暮らしについて紹介を行う。

愛児の家の当時の活動について、二〇一九年にママの三女の裕と法人理事長の神戸澄雄《かんべすみお》（次女純子《すみこ》の夫）の両氏（以下敬称略）、そして開設初期に愛児の家で暮らしていた卒園生たち複数名にインタビュー調査を実施し、当時の貴重な生活について語っていただいている。

一　愛児の家の活動を開始するまで

石綿ママ（ママ）の略歴

愛児の家の創始者、石綿ママは一八九七年に山形県で生まれている。母は三歳のときに亡くなっていて、武士であった祖父に育てられている。祖父の教えは、現在の「愛児の家のママの教訓」にもなっている。

一九一四年ごろにキリスト教系の宮城《みやぎ》女学校を卒業後、ナイチンゲールに憧れ、浅草《あさくさ》の叔父の世話で神田《かんだ》の病院で看護師の見習いとして働いているときに、後の夫となる石綿金太郎《きんたろう》と出会っている。結婚後は、商売をしていた夫と神田に住んでいた。一九三五年ごろ、ママは浅草の観音様と上野の弁天様に日参していて、上野駅に多くの路上生活者がいることを目にしていたという。そして、このころすでに上野駅で生活をしている女性と子どもに限定して、夕食が残るときれいに紙に包んで届けるというボランティア活動を始めていたという。女性と子どもに限定して食事を届けていたのは、

女の人が賢い国じゃなかったら国は滅びるっていうのはうちの母の（いつも口にしていたこと—筆者注）。女の人が賢くなくちゃだめだっていうんで、かなり戦後も女子教育のことを言ってましたね。

という女性支援に対する思いがあったからではないかと裕は語る（第一回インタビュー）。

弱者へのまなざし

ママは戦時中から、傷病兵への慰問活動を行っていた。この慰問活動もママの姿勢が現れていると考えられるが、召集令状（赤紙）で徴兵された人たちのみを対象としていた。このように、ホームレスの女性や子どもたちへの支援、徴兵により傷病者となった人たちへの慰問活動などをしていたママにとって、戦争孤児たちを「自宅で養育する」と

いうのは自然なことであったようだ。

二　どのように子どもたちを受け入れていったか

子どもの受け入れと活動の開始

開戦前の一九四〇年ごろに石綿家は、神田から現在の中野へ住まいを移している。石綿家がはじめて浮浪児を受け入れたのは、一九四五年九月二四日である。日ごろからママは「何かしないといけない」と語っていたため、ママの友人が、電車に一人で乗っていた五、六歳の子どもを石綿家に連れてきたところから始まる。前述のように、その子どもは、自分の名前以外は何もわからなかったという。はじめての子どもの養育を始めてからおよそ一ヵ月後の一九四五年一一月一日には戦争孤児救護婦人同志会を設立し、子どもたちを受け入れる体制を整えている。

しかし、すぐにママが多くの子どもの養育を始めたわけではなかった。次の子どもたちが石綿家にやってくるのは、年が明けた一九四六年一月である。戦後も中野の自宅から上野や浅草に参拝を続けていたママは、上野駅にいる子どもたちを自宅に連れて帰るようになる。上野駅で気になった子どもに「一緒に来る？」と声をかけ、「うん」と答えた子どもたちを連れて帰って、養育し始めたという。当時の様子をB氏は、

B：結局、私のあれしてんのは、結局ちょうど五つか六つですね。そのころだったんですけど、一応、橋の下だと思ってたら、上野のガード下っていうことで、地下であれして、そこでずっと泣いてててやってたらしいんですけど。それでそこで拾われて愛児の家に伺いました。

＊（インタビュアー、以下同）：ママさん、ママさんが連れてきたっていう感じですかね。

B：そう、ママ、ママがね、そうだと思いますけど。一人だったかなどうだったかな、その時、ママとそうだな、

一人だったんだな、推定で。

あと電車に乗っかってきたのだけはあれしてわかってて、そして一応、愛児の家に着いた時には表札が今となれば読めなかったんですけど、石綿ママさんって書いてあったところの家に着いて、そしたらその時にはだいたい十人か十二、三人いたんですか、もうわたしより先にね。それでやってて。

と愛児の家にやってきたときの様子を語っている（二〇一九年八月二三日、B氏へのインタビュー）。ママに声をかけられ、電車に乗ったこと、石綿家に着いたときの記憶は鮮明なようだ。B氏が石綿家で生活を始めたころ、石綿家で養育されていた子どもたちは、「石綿さんちの子」と呼ばれていた。同年一月に「愛児の家」と名称が決まったことから、まだ看板の付け替えは行われなかった時期に愛児の家での生活が開始されたことがわかる。

愛児の家の活動が始まったころは、このように徐々に自宅に子どもたちが増えていった。こうした状況を「弟が増えた」と裕は表現していて、小さいころからママのボランティア活動を見て育ったこと、また商売をやっており、人の出入りがあったこと、家に書生《しょせい》やお手伝いがいたことから、とまどうことなく子どもたちを受け入れていったという。また、ママも「施設」という意識はなく、自分の家に子どもを受け入れているという感覚であったようで、「私たちを育ててくれたのと同じ」というのが裕の感想である。

愛児の家にやってくる子どもたち

一九四六年一月に上野駅でママが子どもたちに声をかけて自宅に連れ帰ったことをきっかけとして、子どもたちの数は徐々に増えていく。同年二月には十五、六名になっていた。子どもの数の増加に伴い、同年一月には平和日本建設教団団長の協力があり、世田谷《せたがや》区下馬《しもうま》の旧兵舎を愛児の家の支部（分院）として置いた。しかし、分院に子どもたちは定着せず、同年三月には返還することになる。その後、同年秋に東京都が新宿区中落合《なかおちあい》の村林《むらばやし》邸（現児童養護施設あけの星〈あけのほし〉学園）を買い上げ、愛児の家の分院をつくり高齢児を入所させたが、下馬の分院と同様に子どもたちはそこで生活することを嫌がり、一九四七年のはじめに東京都に返却している。分院での生活を子どもたちが嫌がった理由の一つは、生活の場にママがいなかったためであろう。子どもたちにとって衣食住は必要なことであったが、それ以上に「ママがいる」ということが重要であったと考えられる。

子どもたちが愛児の家に集まるようになったことの要因の一つに、子どもたちの噂があった。上野駅の子どもたちにママが声をかけて石綿家に連れて帰るということは続けていたが、愛児の家に保護された子どものなかに逃亡する子どもが一定数いた。逃亡した子どもたちが愛児の家での生活をほかの子どもたちに話すことで、ほかの施設との違いを知った子どもや、野宿生活の継続を望まない子どもたちが愛児の家に集まり始めたのである。当時の様子をC氏は次のように語っている（二〇一九年六月六日、C氏へのインタビュー）。

よそから遁走《とんそう》して、逃げてきてママんところへ来るまでの間に、格子戸のない施設があると。なんでその男が知っていたかいうのは私も知りませんけども。

当時の隔離収容を目的とする施設のなかには、管理が厳しく格子戸があるものがあった。戦争によりそれまでの生活を奪われた子どもたちはもちろん、すでに放浪癖がついた子どもたちにとって、格子のある施設の隔離収容による、まるで犯罪者を取り締まるような生活を送ることを拒否するのは当然のことであったと考えられる。当時の利用者であるD氏も繰り返し愛児の家から逃亡しているが、そのたびに自主的に愛児の家に戻っていて、最終的には愛児の家から就職をしている（二〇一九年六月六日、D氏へのインタビュー）。子どもたちは、「逃亡」と「戻る」ことの両方が許されることで、自分にとってどのような生活を送ることがよいかを自然に判断し、落ち着いた生活を取り戻すきっかけになっていったと考えられる。

さらに、子どもを大切に育てるという点では、裕は母や姉たちからも名前を呼びつけされたことがなく、「さん」づけで呼ばれていたという。石綿家では当たり前であった、こうした子育ては、戦後にやってきた子どもたちにも適用され、「さん」や「君」をつけて名前を呼んでいたという。こうした日々のかかわりは、子どもたちにとって、自分が大切にされていると感じ、自己肯定感を伸ばす一つになっていたといえよう。

逃亡する子どもたちと施設運営の苦悩

子どもが増えるなかで、愛児の家を繰り返し逃亡しても戻ってくる子どもと、一度逃亡して二度と戻らない子どもがいた。その違いについて裕は「ほんとにごった返しているから、落ち着かない子は落ち着かない」「最初からね、落ち着かない子は落ち着かないし」と語っている（第二回愛児の家インタビュー調査、二〇一九年一一月二五日）。逃亡を繰り返す子どもは、何にも縛られない「自由」を一時求めるが、「自由」を経験すると衣食住、そして何よりもママを求めて愛児の家に自主的に戻ってくるのだ。子どもたちの間でも東京都養育院と比較をされ、「（愛児の家は）施設ではない」と噂されていたという。こうした噂の一つを神戸は以下のように語る（第二回インタビュー）。

要するに狩込にあったお子さん方が逃げて来て、愛児の家へ。いわゆる施設のほうにマイナス部分の話はちゃんとしっかり聞くから、それじゃあここにいれば安心だという。

こうした「安心」を得られる愛児の家の土台となっているのは、ママが「ここは石綿家です」と表現するように、愛児の家が施設ではなく「家」であるという意識にあったといえる。一方で、逃亡する子どもたちのなかには愛児の家から現金や高価な時計などを持ち去ってしまうこともあった。特に一九四六年二月の新円切りかえ後に、ある姉弟に新円で四、五千円を持ち逃げされたことのダメージは大きかったようだ。また、このとき、知人に借金をお願いに行ったがすべて断られたという（神戸編、一九八五）。資金繰りに困り、石綿家の私財を切り崩しながら運営していた当時の様子を、裕は以下のように語っている（第一回インタビュー）。

裕：お金がなければね。かなりいろんなもの売り食いが多かったんじゃないですか、どうしてもね。かなり贅沢なもの持ってたみたいよ、彼女（ママ—筆者注）。着物でもなんでも手書きの素晴らしい着物いっぱい持ってましたもんね。和服しか着ない人でしたから、帯もいっぱい立派なのがあったしね。それ一生懸命古道具屋がきては売ってましたからね。

＊：結構ほんとに子どもたち、当時の子どもたち誰に聞いても、すごく立派な応接室のあれが消えたこれが消えたみたいな。

裕：そうそう、立派な螺鈿《らでん》の、立派な応接セットがあった。あれも売っちゃって、いくらで売ったんだか知らないですけどね。かなりの値段で売れたんじゃないかな。一つ知ってるのはアメリカ人がきてるとき、なにしろ自分が欲しいっていうんで、その当時で一〇万出すからって言ったけど売らなかったですね。だからかなりのお金ですよ、その当時の一〇万っていったら。でも売らなかったけど、最終的にはどこへ売ったんだか、よくわからないですけどね。

応接室にあった家具がなくなっていく様子などを当時の子どもたちは覚えていて、インタビューのなかでも多くの人たちが物がなくなっていく様子を語っている。印象的なできごとであったようだ。また、児童福祉法が施行され、養護施設になった後も措置費の遅配が起きていて、経済的に苦しい状況は続いていたようである。

そうしたなか、一九四五年には、永代橋《えいたいばし》の海軍ＥＭ（下士官）クラブのリーダー、チーフ・フレームとの交流からアメリカ海軍とのかかわりが始まり、その後もアメリカ海軍との関係は継続されていく。また、一九四六年冬には「ララ物資」、一九四七年の春には、連合国軍最高司令官総司令部（General Headquarters：以下、ＧＨＱ）参謀第二部管轄の民事検閲部（Civil Censorship Detachment：以下、ＣＣＤ）東京中央郵便局人事課長のミス・グレース・リードのアメリカへの呼びかけもあり、愛児の家は救援物資を受け取ることができるようになった。

三　児童福祉法の制定とママの葛藤

法律の施行による変化

児童福祉法は一九四七年一二月に公布された（施行は一九四八年一月）。それまで愛児の家に措置されていた子どもたちは、旧生活保護法（一九四六年五月公布、同年一〇月施行）による措置であった。法律が整備されるなかで、措置機関が変化している。こうした措置機関の変化は、愛児の家に保管されている『児童名簿』から読み取ることができる。

一九四五年九月に一人の子どもを受け入れることから始まった愛児の家の活動は、一九四六年二月には十五、六人に増え、一九四六年一二月には六〇人とその数は大幅に増加している。子どもの増加に伴い、分院を一九四六年一月と秋に二度開設しているが、どちらも子どもたちがママのいない生活を望まなかったため閉鎖している。そして、一九四七年夏、受け入れ人数が最大の一〇七名となっていた愛児の家で暮らす子どもたちに、児童福祉法の施行が影響を及ぼす。愛児の家が養護施設になったことで、入所可能な子どもの上限が決められたのである。

愛児の家で保管されている『里子関係書綴』には、一九四六年四月一五日の東京都民生児童課の依頼（民児発五四七号）を受け、里子適格児童調査に回答している。しかし、裕は「（里子は）やたらと出さなかったんじゃないんですか、母が、たぶん」と認識しており、「すぐに人柄をみる人だから」とも答えていて、子どもたちのことを第一に考え、積極的に手放さない姿勢がうかがえる（第二回インタビュー）。

定員数の確定と入所者削減の苦悩

児童福祉法の施行により定員が決められたため、子どもたちの数を減らさなければならなくなったことがママにとっては一番辛いことであったようだ。「子どもの数を減らすため、親探しや他の施設に措置変更したりした。他の施設に行った子どもからの手紙に、ママはどれ程心を痛めたことか」(神戸編、一九八五)と記述があるように、本人が望まないなかで愛児の家を去って行った子どもたちに対する思いをみることができる。

親探し・里親委託・他の施設への措置変更のほかにも就職斡旋《あっせん》で自立を促す支援も行っていた。実際には愛児の家に親が自分の子どもを探しにくることは少なかったという。また、実親がみつかり、実親の元に戻す場合でもママは慎重で、親の人柄をみるために親が愛児の家を訪れて子どもと会う様子をうかがっていたという。前出のC氏は実母がみつかり、愛児の家からの「卒業」をお願いされている(C氏インタビュー)。

＊：愛児の家は、昭和二〇年の暮れぐらいに行かれて、いつまでおられたんですか?

C：二四年の七月。うちのおやじが生きているうちは警察官やった。それでわしは行方不明になったもんやから、あっちこっち頼みに行ったんやろな、昔の警察官に。それで、わしが東京におるいうことをなんで知ったんかしらんけども、ママは知っていたらしいんですわ。私は知りませんのやで。ほいで二四年の七月で、大きい子やから東京都から援助は下りんということになって、卒業してほしいと。Cさんが前に住んでおった〇〇で、お母さんが元気にいてはる、という連絡はママは聞いてあると。初めて聞いたわけですわ。

＊：ママさんは結構手紙のやり取りとか。

C：そう。横の連絡をしてたらしいですね。それを早うから聞いていたらな、わしも家のほうに連絡すんねんけども。それやったら行くとこもないのやから帰りましょうかということで、帰ったんですわ。

C氏の場合、一〇代後半であったこと、母がC氏を探していたこと、事前にママがC氏の母と連絡を取り合い親元に戻すための調整をしっかりと行い「卒業」をした事例である。

実際、この時期に子どもを迎えたいという里親は多かった。現在と同様に低年齢の子どもを希望する里親が多かったが、愛児の家に自分でたどり着ける子どもたちはある程度年齢が高く、里親の希望とうまくマッチングされていない現状もあったようだ。また、この時期、農業従事や女中という形の「労働力」として子どもを必要とした里親も一定数いた。子どもたちの将来を考え、その子どもにとって一番よい環境を考え、判断していたママは里親委託にはより慎重であったようである。また、実際に里子として愛児の家を去った子どものなかには、里親宅になじむことができず、不調で再び愛児の家に戻ることもあり、そうした子どもたちが傷ついていたことを他の子どもたちは記憶している。

裕が繰り返し語っている「私たちを育ててくれたのと同じ」（第一回インタビュー）という分け隔てなく一貫性を持って「子育て」をしてきたママにとって、愛児の家よりも子どもたちにとってよい環境ではないことが推測されたとしても法律の規定により手放さなければならない子どもたちがいたことの辛さは、非常に大きかったと思われる。

就職支援の意義

児童福祉法の施行は愛児の家を去らなければならなかった子どもたちすべてにマイナスの影響があったわけではない。入所できる子どもの枠組みがつくられた際にママが実施したもう一つの支援は、年齢の高い子どもたちの就職支援であった。その一つは、GHQとのつながりから始まる支援である。一九四六年夏に民間情報教育局のウェッド中尉が視察に訪れたことから、交流が開始されている。一九四七年一月に、GHQ軍属のミス・マジョリー・M・フェア（一九四六年秋から交流、結婚して後はスコット夫人）の紹介で愛児の家の子どもたち一一名がCCDの東京中央郵便局で給仕として仕事を始めている。一九四九年に解散されるまでCCDでの仕事は続いていた。CCD解散時に子どもたちは退職金を受け取り、その退職金を元にそれぞれ自立している。C氏もCCDで勤務していた一人であり、こうした仕事の紹介がその後の愛児の家の就労支援の先駆けとなっていった。

先述のB氏をはじめとして、当時は中学卒業まで愛児の家にいた子どもの多くが、その後の進路について、ママの判断が大きく影響している。それぞれの子どもに対して、適性を見極め、高校進学や就職先の紹介をしていたようである。

E氏はビルの窓拭きを事業としている会社に就職した。ビルの清掃会社をはじめとして、いくつかの仕事を転々としたが最終的には、ハウスクリーニングの会社を自分で立ち上げたという。

だから自分としては思ってるのは、ペンキ屋さんっていうのは塗ればきれいになっていくでしょう。掃除屋さんっていうのは掃除すればまたきれいになっていくでしょ。そういうきれいになる仕事は、ああいいなっていう。自分でそう思ってますよね。だからこのハウスクリーニングやってても、それは自分にあっていたなっていうのを今ね、そう思って。

と語っている（二〇一九年八月三日、E氏インタビュー）。愛児の家ホームページに掲載されている『ママの教訓』にある「労働をいとわず、愛されなくてもよいから、人に嫌われない人になってほしい」を実践することができたのは、愛児の家で育った経験とママによるそれぞれの子どもの適性を見極めた就職先の紹介の意義が大きいようである。E氏がとても辛い窓拭きの仕事をがんばれたのは、手先が器用であることや、コツコツと仕事を続けることができることをママが評価したことにあったと考えられる。

もう一つ、注目すべき点として、愛児の家では、活動当初から男女分け隔てなく、個々の子どもの能力や、やる気に応じた進学を含めた自立支援を行っていたことである。先述したように、ママの「女の人が賢い国」という価値観は、就労支援でもいかされていたのである。

四　愛児の家の暮らし

愛児の家の生活

愛児の家の朝、ママの朝は早い。ママが子どもたちの食事をつくっていたため、一九五四年の記録によると、朝は四時に起床している。料理が好きで、とても上手だったという。「とにかく子どもにお腹いっぱい食べさせるっていうところがママの基本的な考え方で」とF氏は語っている（二〇一九年五月二〇日、F氏へのインタビュー）。食事とともに大切にしていたのが礼儀作法だった。食事の食べ方は特に厳しかったが、礼儀作法を教えてもらったことで、社会に出て生活を始めてから困ることがなかったという。また、子どもたちは朝、起きて自分たちの担当している場所を掃除することから一日が始まったという。また、石綿家は子どもたちを受け入れる以前から一日に二回掃除をしていたが、そのルールは変わらなかったため、学校から戻ると子どもたちは夕方の掃除をする決まりになった。愛児の家では、この掃除は現在も引き継がれている。

一人ひとりが自覚を持ち、生活することを求められた愛児の家の雰囲気はとてもよく、子ども同士のいじめなどがなかったとインタビューを受けた卒園生たちが語っている。小さなケンカは子ども同士のことなので起きていたが、翌日には仲直りできる程度だったという。愛児の家ではなく、学校で辛い目にあうことはあったようで、学校の先生の差別があったとE氏は語っている。

このころ愛児の家で暮らしていた卒園生たちは、現在でも連絡を取り合って年に数回会ったりしている。また、連絡が取れなくなってしまった卒園生たちを心配するなど、当時の子どもたち同士のつながりの強さを知ることができる。二〇一九年にインタビューを実施したのは、神戸の紹介による卒園生であり、現在も愛児の家と交流があるため、愛児の家に対してよいイメージを持っている人たちではあった。しかし、インタビューの度に「嫌なことはなかったか」と聞いてもネガティブな発言はなく、ママや娘たちとの関係はもちろん、子どもたちの間でも大きなトラブルはなく生活が続いていたことがうかがえる。

暮らしのなかの楽しみ

一九四六年一二月にYWCAの二人のアメリカ人女性が突然来園し、クリスマスツリーを飾り、子どもたちにプレゼントを贈るという盛大なクリスマスパーティが開催された。こうしたクリスマスパーティや、一九五〇年のイースターのお祝いなど、さまざまな経験をする機会があったという。こうした機会は、卒園生たちのなかに大切に育まれている。E氏は当時の感謝の思いから、愛児の家にりんごの木を一本買い上げ、毎年愛児の家の子どもたちをりんご狩りに招待して、子どもたちの日々の暮らしを彩るお手伝いをしている。

一九四七年秋に東京都養育院で開催された施設対抗の運動会に愛児の家が参加した際、鮮やかな幕の内弁当を子どもたちに持たせたことで、後日集団で子どもたちが愛児の家にやってきて、愛児の家で生活をしたいと訴えるという事件も起きている（神戸編、一九八五）。この後、愛児の家に子どもたちがやってきてしまった件をめぐり、ママとほかの施設長の間でトラブル解消のための協議がもたれたようである。子どもたちを大切に思うママの実践が、ほかの施設との違いとして表れており、こうしたママの姿勢こそが、戦争孤児たちが求めるものだったのである。

また、当時の子どもたちが大切にしているのは、ママとの個別の経験である。常に集団のなかに置かれるのではなく、ママが声をかけて「お出かけ」する機会が設けられていた。買い物に出かけたついでに食事をしたり、お墓参りに同行したり、おつかいを頼まれたりしていた。こうした個別の対応を通して、子どもたちは自分たちが大切にされていると感じたり、外の世界に関心を持つきっかけになったと考えられる。

アメリカンスクールとの交流

時代は、少し下がるが、一九六一年に宮城文子《みやぎふみこ》（一九五二年国際栄養食協会日本支部会長として来訪）が、大学の後輩であるアメリカンスクール（小学校）のジミー先生を伴って来園した。

それ以降、ジミー先生が中心となって、学校をあげて愛児の家を支援するという活動が始まった。以来、今日まで横田基地のメンデル小学校との濃密な交流が続いている。アメリカ海軍やメンデル小学校との交流により、一般家庭では経験できないような大きなクリスマス会などに参加したことは、当時の子どもたちからも思い出として多く語られていた。こうした人脈を最大限にいかすことができたことが、愛児の家の、そしてママの活動の特徴の一つであろう。

子どもたちからの恩返し

一つは、子どもたちから地域への恩返しである。一九五〇年の夏ごろから、愛児の家にほど近い西武新宿線の都立家政駅の無人踏切での事故を防ぐために、小学校五年生以上の子どもたちが四人一組になって、朝夕のラッシュ時に一時間ほど踏切番をする活動を始めた。活動を始めておよそ六年後、残念なことに子どもたちが踏切番を終えて登校した後に踏切を渡っていた女子高校生が事故に遭い、死亡してしまった。子どもたちはこのことをきっかけに署名運動を行い、その後その踏切には遮断機が設置された。

自主的に踏切番をしたという経験は、当時の子どもたちにとって社会貢献をしたという自信につながることだったようだ。多くの卒園生たちは、この経験を誇らしく語り、クリスマスのイベントと同様に愛児の家での経験での一番の思い出として語っている。子どもたちの社会のために何かをしたという思いは、愛児の家での生活のなかで自然に育っていて、ママの「なんとかしなきゃいけない」という思いをつなぐものであったといえる。

もう一つは、子どもたちからママたち家族に対する恩返しである。愛児の家では、現在も続く「反省会」の元になった「希設会《きせつかい》」という自治会を一九四八年の秋に子どもたちが自主的につくった。これは、ＣＣＤで働いている子どもや、すでに就職している子どもが中心となり、会費を徴収して愛児の家に毎月寄付する活動であった。子どもたちが、ママが私財を切り崩しながら自分たちを育ててくれていたことに感謝し、始めたものである。ママから注がれた愛情や思いは、子どもたちからもママや三人の娘たちにも届けられていたのである。

おわりに

愛児の家の一番の特徴は「施設化」をしないというママの思いだったといえる。「なんとかしなきゃいけない」という思いから始まる愛児の家の活動は、個々の子どものことを思い、自分の子どもを育てるのと同じ愛情を持って育てることであった。戦争により親をなくしたり、家に居場所がなく逃げてきたり、ほかの施設から逃亡してきたりした子どもにとって、「愛情を受ける」ことのできる愛児の家での生活を望むのは当然であったといえよう。

裕は当時を振り返り、

そうなんでしょうね、きっとね。なんとかしなきゃっていう気持ちはあったみたいですね。ただ言われたのは、私が覚えてるのは、とにかく日本国中が大変なんだっていうことを私は言われてたのを覚えてる。かわいそうな子がいっぱいいて、日本国中が今大変なんだから、みんなで助け合わなきゃだめだっていうようなことを私に一生懸命言ったのは覚えてますがね。

と語っている（第一回インタビュー）。ママのまっすぐな思い、そして子どもたちへの愛情が愛児の家の土台となっていた。Ｂ氏はインタビューのなかで「大切にしてきたものは愛児の家である」と答えていて、人生に大きな影響を与えたことがわかる。インタビューを受けた人たちの多くは「現在が一番幸せ」と語っていて、愛児の家で育ったことが現在の生活つながっていることを心から感謝していた。子どもであるその瞬間だけではなく、未来を生きる一人の人として子どもたちを育てたママの思いは、次の世代につながっている。

参考文献

神戸澄雄編『愛児の家―四十周年とママの米寿記念誌―』一九八五年

第四章　上野という集合地域と戦争孤児の体験

――上野・地下道からの再出発――

浅井春夫

はじめに――ノガミ・上野駅・地下道という居場所――

上野《うえの》は「地下道隠語」（浮浪児・浮浪者が広く使用していた）で、当時「ノガミ」といわれた。そこは戦争孤児・浮浪児・浮浪者が集まってくることで残酷な現実が集約された空間となり、とりわけ上野地下道は貧困と犯罪にまみれた地獄への通り道ともなっていた。ノガミは日本の戦争孤児たちがたどり着いた地域であり、戦争孤児たちが命をつなぐ一縷《いちる》の希望を見出すことのできる暮らしの拠点ともなっていたのである。上野には、戦争孤児が全国に移動し、また集結することができる上野駅と、千人単位の人々が雨露をしのぐことのできる上野地下道があった。くわえて、敗戦直後から巨大なヤミ市が立ち、〝しごと〟と〝食〟にありつくことのできる場所であった。戦後を生き抜くうえで、戦争孤児が通過するさまざまな体験を重ねた空間でもある。

「上野という集合地域」の意味について補足的に説明しておきたい。ある条件を満たすもの、全体の集まりを「集合」という。上野は、上野駅、居住空間としての地下道・ガード下、商業空間のヤミ市、交流の場としての上野公園などの諸要素によって形成され、さらに地上と地下を含めた集合地域であった。戦争孤児問題を研究し学ぼうとする者にとっては、上野という集合地域は誰もが研究の過程で避けては通れない場所である。しかし、地下道を含めた上野における戦争孤児・浮浪児の実態に関して論究された研究は、意外なほど少ないと感じている。そうした問題を意識し、本章をたてることとした。

上野駅は、戦前より北関東・東北・信越《しんえつ》・常磐《じょうばん》地方への玄関口である国鉄（現ＪＲ）駅を中心に、千葉県成田《なりた》へ直結する京成《けいせい》電鉄や、浅草《あさくさ》と渋谷《しぶや》方面に伸びる地下鉄と連結する都内有数のターミナルであった。

上野地区を抱える台東《たいとう》区は、戦前の下谷《したや》区と浅草区が合併して、一九四七年に誕生した。アジア・太平洋戦争の末期には米軍の焼夷弾空襲によりそれらの二区の大部分が焼失している。焼失を免れた住宅地は、上野駅周辺に集中した。当時の国鉄上野駅周辺には広い建物疎開地があった影響とみられている。「建物強制疎開」とは、空襲による延焼を食い止めるために、都市の道路幅を広げたり、重要な建物を残すために周囲に空き地をつくったりすることをいう。上野の場合、おそらく上野駅の南側、御徒町《おかちまち》方面に伸びる鉄道高架のガード下に設置された変電施設を火災被害から守るためだった（藤木ＴＤＣ、二〇一六、一四頁）。

一九四五年、上野駅周辺の住宅地を除いて戦災で一面焼け野原となっていた。雨露をしのげる場所は上野駅しかなく、行き場を失った被災者や浮浪者がここに集まり住みつくこととなった。現在の地下鉄銀座《ぎんざ》線の上野駅を降りて上野公園方向に向かうとすぐに、ＪＲ上野駅不忍口《しのばずぐち》までコインロッカーが並ぶ地下道が続いている。この不忍口と地下鉄銀座線の駅を結ぶ地下道は、家なき人々が暮らし、ヤミ市と直結することで生計を得る空間になっていたのである。

敗戦直後の状況を知る人々にとって上野周辺のイメージは地下道とヤミ市そして浮浪児、一九五〇年代後半～六〇年代前半（昭和三〇年代）では地方からの集団就職列車で「金の卵」といわれた中高生が夜行列車で到着した場面を想い出し、また体験した人も少なくないであろう。いまは常磐線ホームとなっている一八番線ホームは、集団就職列車が発着する専用ホームであった。余談だが、私の世代（一九六〇年代中ごろに中学生）で上野という地名から思い浮かぶのは、「あ、上野駅」という一九六四年に発表された井沢八郎が歌う演歌である。なお現在においては、買い物客でにぎわう「アメ横」の街として印象を持つ人が多いことであろう。

本章では、戦争孤児と浮浪児の区分について、「戦争孤児になった経路別の類型化」（①空襲被害孤児、②引揚孤児、③中国等残留孤児、④学童疎開孤児、⑤国際孤児、⑥遺棄孤児、⑦その他の孤児）に即して考えている（浅井、二〇二〇、二六〜二七頁）。それに対して「浮浪児」には「戦争孤児」だけではなく、「家出児童」なども含めた暮らしの実態を表した用語として使っている。浮浪児のなかに戦争孤児たちが多く含まれていることもいうまでもない。

浮浪児の名称が一般的に使用されることになった意味に少しふれておきたい。一九四五年一二月一五日に閣議決定された「生活困窮者緊急生活援護要綱」においては戦争孤児も生活困窮者に含まれることとなり、独自施策としての位置づけは後退した。続いて一九四六年四月一五日に「浮浪児その他の児童保護等の応急措置実施に関する件」、同年九月一九日に「主要地方浮浪児等保護要綱」が発表され、戦中の「国児」「遺児」の位置づけと名称から、「戦災孤児」「戦争孤児」の名称も使わずに、「浮浪児」と総称することになっている。そこには、定住をせず悪行を重ねる存在と印象づけることによって、保護とケアの対象から取締り対象へという児童観の転換があり、社会防衛的視点から児童保護施設・収容施設・一時保護施設などへの強制的収容が政策の中心に据えられていくことになるのである。だが実態としては、政策的に生みだされた戦争孤児たちの〝浮浪児化〟こそが問題の本質である。

一　上野に集まった戦争孤児の実態

アジア・太平洋戦争で日本の損失家屋は、二二三四万二四四七家屋（うち東京は七七万九〇家屋）を数えている（『週

刊朝日百科　日本の歴史一二二』朝日新聞社、一九八八年八月二一・二八日号、一六〜一七頁）。空襲で住居を焼失し焼け出された人々は、焼け野原にバラック家屋を建てて生活の再スタートを図った。バラック家屋の建設もできない人々は、焼け残ったコンクリートの建物などに身を寄せることも多かった。そのコンクリート造の最大級の建物といえるものが上野地下道であり、暗闇のコミュニティという空間であった。この地下道では、毎日、数人の餓死者がでていたといわれる。それでも、夜になると大勢の浮浪児や浮浪者が集まり、人恋しさを紛らわせてくれる場所だった。

「何を」食べて生き抜いていたのか

「一九四五年の敗戦時において、当時の食糧不足は深刻をきわめているが、同年産米は前年の約七割の五八七万トンで、明治末期以来の大減収を記録していた。一九四六年になると、食糧事情はさらに悪化し、代用品さえ間に合わず遅配・欠配が始まり、五月には北海道の遅配七四日を最高に、六月には東京の遅配が二〇日を超えた。国民の体重はおしなべて、平時の一割方減っている」（藤澤、二〇〇八、一〇頁）のが実状であった。

食料難は深刻をきわめ、一九四五年の東京の上野駅付近での餓死者は一日平均二・五人、最高六人。大阪でも毎月六〇人以上の栄養失調による死亡者をだした。一九四五年一一月一日に「餓死対策国民大会」が東京・日比谷《ひびや》公園で開催されている。翌年の一九四六年五月一九日の食糧メーデーには、二五万人の労働者が参加して「飯米《はんまい》獲得人民大会」が開催されたのである。秋葉原《あきはばら》・新橋《しんばし》・池袋《いけぶくろ》・溝口《みぞのくち》・船橋《ふなばし》、関西では梅田《うめだ》・阿倍野《あべの》・天王寺《てんのうじ》・三宮《さんのみや》など、鉄道駅を中心に大規模な闇市があった（江原ほか、二〇〇九、三〇〇〜三一一頁）。

こうした社会の現実のなかで、浮浪児たちは食べられる物はなんでも食べるのが当たり前であった。人間も犬も猫も、みんなゴミを漁っていた。だから、ほとんど食べられる物は残っていなかった。雑草も食べた。野良犬も人間の食料となっていた。食べ物を売る店にはいつも人だかりがしていた。だんご汁・スイトン・雑炊・蒸しパン・芋飴《いもあめ》・焼き飯・イカ焼き・蒸し芋などなど。なかでも絶大な人気があったのが「残飯シチュー」だった。

「ヤミ市」は、統制経済で締めつけられていた日本の社会に自然発生した「資本主義経済」だった。ヤミ市が興隆していくなかで、商売を覚えて日銭を稼ぐ浮浪児もでてきた。

まさに多数の餓死者がでることが予想されるこのような現実のもとで、ＧＨＱ（連合国軍最高司令官総司令部）は、携帯口糧（兵士の携帯に便利なようにつくられた食糧）の緊急放出をするとともに、ガリオア資金（占領地救済資金）の創設、さらにアメリカ本国へ食料の緊急輸出を要請するなどの措置をとったのである。こうした措置によって都市部の食料援助は一定の効果があった。しかしこうした措置は、その後の状況をみると、国民生活を安定させることに本気でとりくんだものではなく、世界に〝よい占領〟を演出するための対応であったとみるべきであろう。

二　なぜ上野は「強烈な魅力」を持っていたのか

上野と地下道について「多くの少年保護所や、養育院とかその他の厚生機関から逃亡して再びここに舞い戻る人達が如何に多いかということは、この地下道生活が如何に彼らにとって強烈な魅力を持っているかということの証左でもある」（大谷、一九四八、七頁。傍点は引用者）とある。ここでは、その「魅力」の内実を以降の各項で探っていく。

ヤミ市という戦後の繁栄

本章は「闇市」ではなく、「ヤミ市」というカタカナを使用する。「闇」には否定的で非合法を意味する響きが持たされてきたが、「ヤミ」にはそうした側面が軽減される。慣用句化し、多用されるようになってきたことも踏まえている。

敗戦により、経済面では天上知らずのインフレに見舞われ、一九四五年一一月二〇日に政府が生鮮食料品の公定価格を撤廃したために食糧品はさらに暴騰し、食糧問題はいっそう深刻な社会問題となっていた。さらに同年度産米は大凶作となり、農民の供出は割当量に対して、同年一二月末で二三％という低調さであった。そうした状況のなかでの生活は、「闇市だけがたよりだった。カネさえ出せばここには、何でも売られていた」（猪野編、一九七八、一三頁）といわれる。

「東京闇市興亡史・年表」（猪野編、一九七八、二七六〜三三八頁）によれば、戦後のヤミ市は早くも敗戦から五日目の八月二〇日に、〝光は新宿より〟のキャッチフレーズで露天再開第一号として〝新宿マーケット〟が開店した。そしてその一週間後には「東京各地に露店がひろがる」といった具合に急速に広がっていくのである。九月四日には「新宿マーケットに一一七灯の裸電灯ともる」というように急速に露店が集まってきている。

戦後復興の兆しがヤミ市という自由市場の形で広がることに伴って、引揚者・復員者・家出人・戦争孤児などが街頭にあふれ、上野・新橋・有楽町《ゆうらくちょう》・新宿などの盛り場に集まることとなった。特に上野駅地下道と高架ガード下は浮浪児・浮浪者の溜まり場であり、寝床でもあった。コロナ禍の現在で使われている用語でいえば、究極の「三密」（密閉・密集・密接）状態であった。それでも上野に行けば仕事があり、お金さえあれば衣食を確保することができる空間であった。九月一二日には、浮浪者のうち「三〇歳以上が半数、戦災児は少ない上野の浮浪児二三二名検挙」という状況もみられるようになってきた。

そうした現実を、行政側は「社会上、衛生上見すておき難い状況にあった」（東京都、一九五三、五一七頁）と認識しており、東京都は「これらの住居なき人々の収容保護を計画し、関係方面と協力して昭和二〇年一二月一五・一六日の両日にわたって、その集団寝所とも云うべき上野地下道一帯にわたって一斉調査を行い、養育院をはじめ他数カ所に保護を加えた。この一回の狩り込みで保護収容されたものは約二五〇〇人に及び、当時の社会人の関心を呼び起した」（東京都、一九五三、五一七頁）のである。「当時の社会人の関心を呼び起した」という点で補足的に書いておくと、「狩込」による強制〝捕獲〟（生きたまま捕らえる）方法や檻の中に収容している子どもの姿を写真などで公表することで、戦争孤児に対する社会の集団的記憶と視線を形成してきた面がある。その集団的記憶は、こうした子どもたちを社会で徘徊させるのではなく、強制的な隔離と管理のもとに置くべきという雰囲気を醸成したといえよう。しかし、施設収容によって子どもたちを囲い込むことはできなかったのである。

一九四九年四月に野菜の統制撤廃、一九五〇年四月に水産物の統制撤廃、翌一九五一年一〇月二五日に麦の統制撤廃が閣議決定されたことによって、米以外の食品はすべて自由販売となり、ヤミ物資ではなくなった。同年一二月、東京都内の常設露店は廃止となり、一九五二年には露店撤去（整理）令（GHQが一九四九年八月四日に発令、一九五〇年三月末までに東京都内の六〇〇〇軒の露店の撤去を命ずる）によって「ヤミ市」は完全に姿を消すことになったのである（江原ほか、二〇〇九、三〇〇〜三一一頁）。

ヤミ市の消滅と地下道の浮浪児・浮浪者の排除による上野地区の整備が進むことは、戦争孤児・浮浪児たちの稼ぎの場がなくなっていくことを意味していた。それは子どもたちが社会に〝吸収〟されていくプロセスでもあった。具体的には、①親戚筋に引き取られて仕事・作業・家事を手伝うことで同居する、②養護施設等に入所し多くは中卒で、まれに高校を卒業して就労する、③施設入所から「里子」として里親のもとで生活する、④浮浪中に人身売買のブローカーに声をかけられ暮らしをともにするようになる、などである。④については、「浮浪児は、一たん手なずけてから売り飛ばす」（小林、一九五三、一四六頁）のが常套手段とされ、「昭和二十三年の十二月に明るみに出された、上野の地下道にいた戦災浮浪児を、周旋人が栃木県の農村に売りとばした事件」（本庄、一九五四、二二四頁）なども発覚している。また特記されるケースとして、⑤売られる女子の問題も深刻である。戦争孤児を対象にした調査ではないが、労働省の第四回人身売買調査で全体の八九・一％は女子であり、男子は一〇・九％であった。売られた女子の「第一位は売春婦、接客婦で四二％、第二位は酌婦の一三・九％、第三位は（中略）女中で一一・一％」（小林、一九五三、一二八頁）などとなっている。社会への吸収のプロセスは、多くの場合、戦争孤児・浮浪児にとって苦難の道そのものでもあった。

協同関係としての子ども集団

上野には戦争孤児・浮浪児の〝群れ〟が形づくられており、そこで所属感を持って生き抜いてきた現実がある。

ある戦争孤児は、支援を続ける信頼する青年・清水康彦《しみずやすひこ》（清水康彦は「友愛クラブ」〈一九四六年四月二九日に、青少年団体「純叫社」として結成、一九五二年一一月に「青少年愛護団体友愛クラブ」と称するようになった〉で、浮浪児救済運動、「浮浪児実態調査及び補導」〈上野地下道・浅草・新宿〉や「青少年の生活の健全化」「青少年の相談、補導」「保護少年の更生援助（少年院などの慰問・激励）」などを行ってきた。その団体は青少年への支援活動が中心的な内容であった）にこんなことばを吐いた。

おれたちが、今日まで聞いてきた大人どもの言葉を言ってみようか―〝お前みてえな奴あいい人間になれっこねえぞ〟―〝お前は泥棒じゃねえか〟―〝お前なんか早く死んじまえ〟―〝人間のクズだぞ〟―〝カンゴクに行っちまえ〟―ざっとこんなもんだ。これじゃあ、ええ人間になりたくもなれねえじゃねえか（宮本、一九五七、二八頁）。

他の孤児は自らの体験を次のようにいう。

世間の人はみなおれを見るとすぐ、〝死んじまえ〟といった。〝宿なし！〟だとか、〝野良犬〟だなんて言いました。でも、ときどき、ほんとに時たま、親切に言葉をかけてくれる人にあいました。人にやさしくされると、それが、どんなに小さな親切でも、なんだか、真っ闇な心の中で、ポウッと灯がともったような気がしました（宮本、一九五七、四九～五〇頁）。

こうした社会の視線と仕打ちのなかで、戦争孤児・浮浪児たち一人ひとりは脆弱《ぜいじゃく》な存在であったが、生きるためにお互いが身を寄せ合って〝仲間集団〟ができるのは必然的であった。上野に集まる戦争孤児・浮浪児たちの遊びは、

「メンコ」や「ベイゴマ」だ。地下道の隅のコンクリートの上や公園の石畳で数人ひとかたまりになって、「メンコ」や「ベイゴマ」に興じる。浮浪児の状態でいる子どもたちのほとんどはタバコを吸う。そして飲酒をする子どもたちも少なくない。仕事を手配する兄貴が一日の働きのごほうびに「カストリ」（粗悪な密造焼酎の俗称）を飲ませてくれることもあるし、自らが露店で買って飲むときもある。喧嘩も年中起こっている（大谷、一九四八、一〇六頁）。

こうした現実があるが、その反面で「彼らの仲間意識は強固に団結している。特に世間の冷たい眼に対抗するために、彼等は彼等同志をかばいあうために、団結を壊さないのだ。そしてそこに仁義が生まれてくる」（大谷、一九四八、一〇七頁）という。仁義とは、「他人に対して欠かせない礼儀上の務め」という意味である。

同時に、このような生活環境のなかで「悪の道に染まってゆくものが多い」（大谷、一九四八、一〇六頁）ことも否めない事実であった。だが、敗戦で荒廃した社会に一人残されて、国家もおとなたちも救済の手立てをこまねいている現実において、これらの行動は〝生きるための正当防衛〟であったといわざるを得ないのである。誰が彼らの行動を非難し責めることができるのであろうか。上野を出発点にして、子どもたちは戦後を生き延びてきたのである。

三　集約点としての上野――「希望」としての地下道、「地獄」としての地下道――

なぜ上野に集まったのか

戦争孤児・浮浪児たちはなぜ上野の地下道に吸い寄せられ、この空間で生きるようになったのだろうか。上野地下道は、米軍による全国津々浦々への空襲によって家を失った人々・故郷に帰るべき家を持たない復員者（軍務を解かれた兵士）・引揚者が塒《ねぐら》とするようになっていた。

戦時中、米軍の日本への空襲は、戦術爆撃（軍事上の目標を明確にして行う爆撃であり、戦場またはその周辺に目標が限定される爆撃）ではなく、戦略爆撃（敵国の生産施設・交通・一般市民などに対して大量爆撃を加え、戦力と国民の戦意を破砕して屈服をはかる爆撃）である。例えば、米軍が空爆後にまとめた『空襲損害評価報告書』一六八号の「損害の要約」によれば、一九四五年八月二日の富山市への空爆では破壊率は九九・五％となっており、民間人を標的にした無差別爆撃となっている。ちなみに、大都市部の破壊率は神戸が五六％、東京が五一％、横浜が四四％、大阪が三七％、名古屋が三一％、仙台が二七％、福岡が二二％などとなっている。中小都市のほうが破壊率は高くなっている。

戦略爆撃の攻撃方法をとり民間人を標的とすることで、市民の家屋は破壊され、住む家を失った人々が巷にあふれることになった。そうして行き場をなくした人々が一九四六年秋から地下道に住みつくようになり、浮浪児・浮浪者は急速に増加し、毎夜千数百名にのぼるようになった（東京都養育院編、一九五三、五一八頁）。汚れた空気・悪臭・極度の栄養失調と疲労が蔓延しているのが、地下道の実態であった。戦後になると、大陸からの「引揚孤児」も加わるようになった。「日本陸海軍の移動に第一優先を、民間人の移動に第二優先を附与すべし」（若槻、一九九一、二五五頁）とのＧＨＱの指示により、軍人・軍属の帰還より始められた。引揚事業が一九四五年から開始され、一九四九年一二月末までに、軍人・軍属を含む六二四万人が帰還した（河原、二〇一一、四頁）。このように多くの復員者・引揚者が短期間のうちに帰還したことで住居と仕事を確保することは困難をきわめた。

中国や朝鮮で親を亡くした彼らを、見ず知らずの人が日本まで連れ帰ってきてはくれたが、祖国に着くや捨てられて「浮浪児」になるケースも多かった。一般の人々は、浮浪児というだけで彼らを蔑んだ。救いの手を差しのべる者もなく、浮浪児は盗みや恐喝を働く「犯罪者」としかみられない状況があった。そうした状況下で自殺してこの世から去っていく浮浪児もいた。『浮浪児の栄光』の著者・佐野《さの》美津男《みつお》も手首を切って自死を企図している。

敗戦直後の上野地下道とその周辺の人間の姿を描いた報告、『上野地下道の実態　生きてゐる』（大谷、一九四八）から当時の現実を紹介してみよう。

凡《およ》そ戦後の生んだ社会現象の中で、上野地下道位、我国戦後の悲惨さを強烈に象徴している存在はあるまい。あの地下道とその周辺の凄惨な情景を一瞥《いちべつ》して戦慄を禁じ得ず、ひそかに我身の平穏を省みてホッと安堵の吐息を漏らした目撃者の数は甚だ多数に上るだろう。この悲惨な現状を生んだ最大の原因は勿論戦禍による住居の焼失ということであり、地下道はつまり、期せずして、これら住居を失った戦災者、引揚者、復員者たちを収容する無料の大住宅となった訳である（大谷、一九四八、五頁）。

この「無料の大住宅（木賃ホテル）」に関する情報が新聞やラジオで取り上げられることで、家のない困窮者たちが「この格好の宿泊所めざして上野地下道へ！地下道へと行進をはじめた。こうして地下道に集まってくる人々の数は冬季は約二千人、春から秋にかけての比較的暖かい時期には千人から千五百人位とみられている」（大谷、一九四八、五頁）と記述されている。

図　上野地下道を塒にしている家なき人々（毎日新聞社提供）

地下道利用者の数に関しては、多いときで一〇〇〇〜二〇〇〇人超と文献による記述の幅があるが、行政が調査をした正確な統計はない。地下道が飲み込んだ人数は、①季節（冬と夏では相当な違いがあったであろう）、②昼と夜、③雨天と晴天、④狩込の情報が流れている日時と日常的な状況など、条件と時間帯によって変動していたことは想像に難くない。

「危険」と隣り合わせ

多くの人たちが狭い上野地下道に寄せ集まってきたが、毎日、数人の餓死者がでていたといわれている。それでも、夜になると大勢の浮浪児や浮浪者が集まり、人恋しさを紛らわせてくれる場所であった。稼いできたお金を持って地下道で一晩明かすと、お金だけでなく衣類や持ち物一式を盗まれて裸になっていたというような「危険」と隣り合わせの場所でもあった。

前述の佐野は、上野地下道について「アカまみれの体臭と草生きれに似た精液の匂いとＤＤＴと地下道特有の湿気との混合であって、対するに国会周辺は、汗と小便の匂いがよどんでいただけだった。わたしは鼻をつまむようにして地下道を抜けた。地下道の暗い両わき、ということは壁と通路との九〇度の内角のところであるが、そこにゴロゴロと横たわっている人びとが、いまにも生命を失う栄養失調というよりも、生死を超越してしまっている存在に想えたことは確かで、わたしはまだまだこのひとたちの足元にも及ばないと考えたのだった」（佐野、一九九〇、二三頁）と記している。

とくに夜になると、「昼間の地下道に比べて、人口は数十倍にふえていた」（佐野、一九九〇、二九頁）のである。まさに夜のねぐら（寝座、塒）である。「塒」という漢字は、「ねぐら」「トグロ」といった読み方がある。トグロとは、「蛇などが、からだを渦巻き状に巻いた状態でいること」であり、地下道はそうした状況であった。

「警視庁、東京都、上野駅、地下鉄、上野署などで地下道処理の問題で数次に亘る協議の結果、愈々《いよいよ》その恒久的な措置として上野駅を中心とする地下道、公園の一部にもわたる約五万坪の地域から浮浪者群を一掃、クツ磨き、キャンディ、新聞雑誌の闇売り、夜の女に至るまで一切立入を禁止することに決定し、この強力なる取締はいよいよ六月中旬から実施」（大谷、一九四八、八〜九頁）されることとなったのである。かくして塒としての地下道は、一九四八年六月には完全閉鎖となったのである。

四　ＧＨＱは戦争孤児・浮浪児をどうみていたのか

ＧＨＱは戦争孤児・浮浪児をどうみていたのか

戦争は終わった後にどうなったのかが重要である。特に戦勝国が敗戦国をどのように扱ったかが問われる。戦後処理に関して、ＧＨＱ（実質的には米軍）はどのように具体的な対応をしたのかは、実際の占領状況をみなければならない。その点でいえば、戦争孤児への施策はきわめて貧弱であったことは明らかである。

「浮浪児の収容保護については、収容された浮浪児の『収容即逃亡』という状況を見た占領軍当局は、昭和二一（一九四六）年六月に『いかなる方法をとるも彼等児童を逃がすべからず』という厳しい口頭命令を出した」のである（藤田、二〇一三、一三四頁）。例えば公立の東京都養育院では、施設を厳重な垣で囲み、昼夜交代の守衛を置くことで逃亡への管理的な対応をした。幼少年保護寮では、窓に竹格子をはめ、周りには柵をめぐらし、逃亡監視に長い鞭を持ってあたったということである（東京都養育院編、一九五三、二六九～二七〇頁）。社会防衛的発想で戦争孤児・浮浪児対策は考えられてきたのであり、彼らの強制的な囲い込み政策は一貫していた。

日本の戦後占領のあり方は、アメリカ国内でも不評を買っていた。「『史上最悪の戦争』が『良い戦争』に変化するためには、人々の想像力に訴えかけるフィクションの大量生産が必要であった。同様に占領も、しかるべき〔戦争の〕続編としての『良い占領』になるため、事実の省略と選択を必要とした」（スーザン・Ｌ・カラザース、二〇一九、一三頁）のである。そして兵士たちは「第二次世界大戦中から戦争直後のアメリカ人は、自国の『軍政』の試みを高潔で必須の事業とは思えずにいた」（スーザン・Ｌ・カラザース、二〇一九、一三～一四頁）という状況でもあった。

米国側の史料の検証が必要な事項であるが、戦争後の占領の実態は敗戦国の悲惨な状況に適切に対応されたとは言い難い。そのことは戦争孤児たちの敗戦直後の暮らしが物語っている。

繰り返される「狩込」と「施設逃亡」

一九四八年ごろまで、上野近辺には都内の浮浪者のほぼ五七％が集まっていたといわれており、六、七～六〇歳の老幼婦女を含め、都内にあふれた浮浪児・浮浪者への緊急対策として実施された狩込は、浮浪児に対しては一九四五年一〇月、浮浪者に対しては同年一二月から、主に上野地下道一帯において行われた。一二月一五・一六日に実施された第一回の浮浪児・浮浪者狩込では、二五〇〇人を強制収容・保護したのである（藤田、二〇一三、一三三頁）。この狩込の実行はかなり強権的な行動であり、社会防衛的な施策としての本質を持った浮浪児の囲い込み政策であった。これは一八七二年の養育院設立の直接的な契機が、ロシア皇太子来日に際して浮浪児・浮浪者を「帝都の恥」と考え強制的に収容したことと地続きである。

敗戦直後はいわば絶対的な貧困の時代であり、戦争で親を失った戦争孤児・引揚孤児などが都市に集中し、住む家もない子どもたちは必然的に〝浮浪児〟（ホームレス）となっていた。政府は一九四五年九月二〇日に「戦災孤児等保護対策要綱」を決定し、四六年九月一九日には厚生次官通達「主要地方浮浪児等保護要綱」をだしている。上野駅などでは一斉発見を行い、児童収容保護所や養護施設などに保護する、いわゆる「狩込」（元々は動物を生け捕りにする手法の名称）が行われた。しかし施設の生活は食べ物も乏しい状況で、子どもたちは強制収容されても、すぐに施設から「逃亡」するといったイタチごっこが繰り返されたのである。厚生省の統計によると、一九四七年四月～四八年一月の期間に延べ数で一万二二二〇名の浮浪児が収容保護されたが、そのうち以前にどこかの施設に収容保護されたことのある者は、同じく延べ数で四九四六名となっている。これは全体の四〇％に当たる数字である（厚生省児童局監修、一九四八、一八四頁）。こうした現実は、浮浪児の治安対策としての強制的収容政策の結果でもあった。

一九四七年の厚生省児童局の「要保護児童数調査」では孤児一万二七〇〇人、浮浪児五四八五人、要教護少年三万三〇〇人、「精神薄弱児」六万六二〇〇人で、総計約一一万五〇〇〇人となっている。一九四八年二月の厚生省の「全国孤児一斉調査」では総数一二万三五一一人を数えている。そのなかで実際に当時「施設収容」されたのは、その一〇分の一程度であり、必然的に浮浪児化することになっていた。戦争は不幸と悲劇以外なにも生みださない。

五 上野での体験はどのような意味を持ったか

転換点・出発点として

上野という地域空間・敗戦直後の時代・人間のギリギリの生きざまは、みじめな戦争を体験したおとなたちにとっては時代の転換点であり、生き残った人間の再出発としての意味を持っていた。しかし、多くの戦争孤児・浮浪児たちにとっては人生の出発点であり、一九〇〇年代の後半を貫いて生きる人生について回る負の遺産という側面を持っていた。一九四七年一月一五日の「新世界ニュース」は、「死のねぐら 上野地下道閉づ」というニュース映像を配信している。上野地下道には、戦災や引揚などで行き場を失った、常時一〇〇〇人を超える浮浪者が寝起きしていた。犯罪の温床になるとの理由で、強制収容がしばしば行われたことが紹介されている。

〝普通に生きる〟といった平均的な生きざまなどありはしないのだが、戦争孤児たちにとっては、上野に集約される人間の生きざまは実に多様であった。上野は子どもたちの人生をも翻弄した空間であり、全国の戦争孤児たちの実態を象徴的に映し出した空間であったといえる。上野という空間での体験は、生きるための児童労働を余儀なくされた「①地上の体験」とともに、危険と背中合わせの居住生活としての「②地下の体験」、さらに価値観も生活条件も大転換した「③戦後の体験」であり、新憲法が機能することなく、被害体験の多い「④子どもとしての体験」であった。そこで生きた戦争孤児にとって希望はどれほど見出すことができたのであろうか。

上野での生活と収入源

上野という地域は、それぞれの年齢に応じた「職」と「衣食住」が手に入る可能性の大きい空間であった。戦争孤児・浮浪児が従事できる多様な仕事が用意されていた。むしろそうした環境にある子どもたちこそ、使い勝手がよい仕事が多く集められていたのである。上野地下道に群れ集う戦争孤児・浮浪児は、多様な生活方法と収入源を持っている。貰い食（弁当を持っている人や食事をしている人から食べ物を貰う）・露天（道ばたや寺社の境内で、ござなどの上に品物を並べて売る店）の手伝い・靴磨き・煙草拾い・人夫（力仕事に従事する労働者）・闇屋手先・新聞売り・煙草巻き・焚火《たきび》（暖をとるために有料で提供）・外食券売り（第二次世界大戦中から戦後にかけて、主食を外食とする者のために地区役所より交付された食券の転売）・物あさり・紙屑《かみくず》拾い・切符売り・田舎廻り・所場とりなどである。

一九四八年八月の時点で公表されている「東京都民生局統計表」（五四四人対象）および「中央児童相談所統計表」（三四〇名対象）でみると、前者では約七割が、後者では半数が、「貰い」で占められている。「貰い」は、「切符売り場等に立って、釣銭をもらったり、待合室で弁当を使う客に手を出して食を乞うのである」（大谷、一九四八、一〇〇～一〇一頁）。また、「置引」「万引」「掻っ払い」「スリ」などを常習とする者も多かったといわれている（藤田、二〇一三、一三三頁）。

「靴磨き」は戦争孤児の典型的な職業と収入の方法のように思われているが、実際には道具一式と高価な靴墨代に五〇〇円が必要なため、戦後数年で浮浪児は次第にこの商売から姿を消していくことになった。ちなみに一九四七年当時の五〇〇円は、二〇一七年の消費者物価指数で比較すると九三〇六円の価値で、一八・六倍である（「日本円貨幣価値計算機」）。

「田舎廻り」とは、田舎の農家を廻ってイモや米を貰ってくる。一軒で一握りの米を貰えば相当な量となる。それを上野で売るという流れである。しかし兄貴分に取り上げられることもしばしばであった。ただ「地下道生活の息抜き」にもなり、狩込から逃れるという側面もあった（大谷、一九四八、一一一頁）。

養護施設と上野

地域行政は「狩込」を行って浮浪児たちを養護施設などに押し込んだが、食糧も乏しく、個別的ケアも条件的に確保されておらず、暴力的に管理するだけの施設を飛び出し、かれらは路上へと戻っていったのだった。ただ、こうした時期にも子どもたちを保護しようと、限られた条件のなかでギリギリの努力を続けてきた施設が少なくないことは、当時の日本の良心ともいえるとりくみであったことを忘れてはならない。それでも子どもたちは施設から逃亡することが多かったのである。戦争孤児・浮浪児たちにとって、上野などの空間・ヤミ市・繁華街のほうが魅力的であった。そんな浮浪児たちの多くが、上野に集まるようになっていった。

おわりに

戦争孤児・浮浪児だった人たちの多くは、いくつかの共通の体験を持っている。一つは職場やなにかの集まりで金品がなくなると、自分たちが真っ先に疑われたり、犯人と決めつけられたりするなどの屈辱的な体験である。また、浮浪児であったことを理由に、見合いが断られることもしばしばだった。たとえ浮浪児だった過去を理解してくれて結婚した場合でも、世間には隠しとおそうとするのが一般的だった。そんなことから、浮浪児体験を証言しようとする人は、きわめて少ないという現実がある。筆者自身が行った聴き取り調査では、孤児仲間から「絶対に自らの生い立ちをほかの人に言ってはダメだよ」と繰り返し強くいわれたとのことであった。

「地下道生活が身についたものにとって上野はまさに天国である」（大谷、一九四八、一〇六頁）という言葉もあるが、それは一つの側面である。戦争孤児のあゆみを俯瞰し改めて思うことは、地下道を塒にする社会にしてはいけないという決意を、歴史をたどり創りだすことの必要性である。それは格差と貧困の拡大のなかでホームレスの人々が路上生活を強いられている時代となっている今、そして核兵器が使用されることで地下道が命をつなぐ救助施設になってはいけないという近い未来の問題でもあると思っている。上野地下道の戦後という一時期・一空間のなかに、過去だけでなく現在と未来を見通していくことが問われている。

参考文献

浅井春夫「戦争孤児研究の到達点と課題」浅井春夫・川満彰編『戦争孤児たちの戦後史1 総論編』吉川弘文館、二〇二〇年
猪野健司編『東京闇市興亡史』草風社、一九七八年
江原絢子ほか『日本食物史』吉川弘文館、二〇〇九年
大谷　進『上野地下道の実態 生きてゐる（戦後日本社会生態史 第一集）』悠人社、一九四八年
河原　功「解題」『編集復刻版 台湾引揚者関係資料集 第一巻』不二出版、二〇一一年
厚生省児童局監修『児童福祉』東洋書館、一九四八年
小林文男『問題児』民生事業研究会、一九五三年
佐野美津男『浮浪児の栄光／戦後無宿』辺境社、一九九〇年（『浮浪児の栄光』三一書房、一九六一年が原著）
志田英泉子編『サザエさんキーワード事典―戦後昭和の生活・文化誌―』春秋社、二〇一七年
『週刊朝日百科日本の歴史一二一・現代 一二二号 敗戦と原爆投下』朝日新聞社、一九八八年八月二一・二八日
スーザン・L・カラザース著、小滝陽訳『良い占領？―第二次大戦後の日独で米兵は何をしたか―』人文書院、二〇一九年
東京都『東京都戦災誌』一九五三年
東京都養育院編『養育院八〇年史』一九五三年
橋本健二・初田香成編『盛り場はヤミ市から生まれた 増補版』青弓社、二〇一六年
本庄しげ子『人身売買―売られゆく子供たち―』同光社、一九五四年
藤木TDC『東京戦後地図―ヤミ市跡を歩く―』実業之日本社、二〇一六年
藤澤良知「戦中・戦後の食糧・栄養問題」『昭和のくらし研究』六、二〇〇八年
藤田恭介「東京都における占領期の児童相談事業及び一時保護事業の変遷」『帝京科学大学紀要』九、二〇一三年

百瀬　孝『事典 昭和戦後期の日本―占領と改革―』吉川弘文館、一九九五年
宮本旅人『灯をともす少年たち』山ノ手書房、一九五七年
若槻泰雄『戦後引揚げの記録』時事通信社、一九九一年
「日本円貨幣価値計算機」https://yaruzou.net/hprice/hprice-calc.html

第五章　国際児の養護にとりくんだ福生ホーム

——施設養護から国際養子縁組へ——

藤井常文

はじめに

終戦後、連合国将兵と日本人女性との間に生まれた国際児を要保護児童のひとりとして保護した東京都内の複数の乳児院や養護施設は、いずれも法人立の運営で児童福祉法の認可施設であった。そうした法内施設の一方で、法人立でも認可施設でもなく、独自に国際児専用の養護にとりくんだ施設があった。その運営体制は福生町《ふっさ》（現福生市）の有志と米軍横田《よこた》基地の関係者で構成される日米合同委員会による、きわめて特殊なものであった。

それが本章で取り上げる福生ホームである。前例のない運営方式によるホームが横田基地に近接して開設されたのは、いかなる背景があってのことか。そもそも戦争の犠牲者というべき国際児が福生の町とその周辺地域に生まれ、隠れるようにして暮らしていたのにはどのような事情があったのか。横田基地関係者がホームの運営資金を進んで提供し、開設を申入れたのはなぜなのか。町長・町役場・町議会女性議員・町民有志が基地側の提案に応え、ホームの開設に立ち上がったのはなぜなのか。ホームが当初の施設養護の方針を養子縁組に転換したのには、いかなる事情があったのか。

福生ホームの歴史はたんに福生市の歴史にとどまるものではない。国と東京都の社会的養護の歴史、とりわけ戦争孤児の保護史に位置づけられるべきものである。

一　基地の町・福生

時代を代表する二つのできごと

『福生市史　下巻』（福生市、一九九四年）は、「昭和二〇年代」を「基地の町であるがための矛盾や課題が一気に噴き出してきた時代」として二つのできごとをあげている。一九五三年一一月五日の「風紀取締条例の制定」と同年七月四日の「混血児収容施設福生ホーム」の開所である。この二つは背景が同じで密接にかかわりながら、その性格はまったく異なる。前者は町の施策に直結する法制度であるが、後者は町の施策ではなく、有志がとりくんだものである。それなのに『市史』が後者を「できごと」の一つとしているのは、基地の町・福生にとって決して忘れてはならない史実だったからである。

一九五三年七月二五日付の『毎日新聞』都下特集版は「〃基地の街〃福生その後　原色の新天地出現」「赤線区域外にもオンリー・ハウス」の見出しで、「きょう声が満ちあふれ」ている街をルポしている。一九五〇年六月の朝鮮戦争をきっかけに横田基地の駐留米軍が増強され、それに伴って歓楽街が形成され、町の習慣・風俗・伝統・文化が一変したのである。

森田町政と浄化対策

町政にとって大きな問題は、地域経済が歓楽街の「街娼婦」と密接な関係を持っていたことである。風紀が乱れ、教育環境が悪化し、学校・PTA・婦人団体・警察から抜本的な浄化対策を求める声が相次いでいた。そうした訴えの陰で「彼女達の存在を必要悪として認めざるを得ない立場」（橋本、一九八八）からの声も大きかった。

町中が喧騒の状況下にあった一九五二年七月、三度目の挑戦で革新系の森田幸造《もりたこうぞう》（元東京都南多摩地方事務所経済課長）が当選を果たし町長に就任した。新町長は真っ先に浄化対策に手をつけたが、これといった対策を打ち出せないでいた。そこで基地司令官が同年九月早々、福生地区一帯に駐留米軍人の立入禁止令を出したのである。店舗を指定しての局所的な禁止はこれまでにもあったが、地区一帯の禁止令は初めてだった。

これにより「商店街は灯が消えたようになった」ので「毎夜のようにPTA、その他各種団体の代表が参加して小型トラックに乗り込み、街の浄化を叫び、街ぐるみ浄化運動を展開した」（福生市史編さん委員会編、一九九四）。しかし、さほどの効果があがらず、その後も状況の悪化に応じて断続的に短期間の立入禁止の発令と解除が繰り返された。

そこで町長は、抜本的対策として町条例の制定を決意する。一九五三年一一月、福生町議会は都下ではじめて風紀取締条例を全会一致で可決する。条例の公布・施行により基地司令官は立入禁止令を全面的に解除する。これによって町は「健康で明るい町に」（福生市史編さん委員会編、一九九四）なっていく兆しがみえてきた。しかし基地の町に絡むもう一つの問題が浮上していたのである。国際児の保護問題である。

以下、橋本孝蔵《はしもとこうぞう》の覚書（橋本、一九八八）に依拠しながらホームを取り巻く史実を浮き彫りにしよう。一九一五年、福生に生まれた橋本は、府立二中、文部省図書館講習所を経て東京書籍や大学図書館に勤務した後、一九四五年四月に請われて福生町役場の吏員《りいん》になった人物である（橋本、一九八九）。ホーム開設後は町の税務課長から二度目の民生課長に復帰し、日米合同委員会の福生側の委員としてホームの事業を運営面で支え、その一部始終を見届けていた。

二　開設に向けて始動

基地司令官の申入れ

一九五二年九月、町長が立入禁止問題について折衝を重ねているさなか、基地司令官が新たな難題を突きつけてきた。

基地内で混血児の保護施設に寄付金を送るための募金活動をしてきたが、寄付金は他の施設に寄付するよりも福生地区の混血児の救済のために使われるべきであるとの声が多く、委員会を発足させた。委員会は混血児の救済は町が中心となって取り組むべきで、町で施設を建設してくれるなら費用を負担しようという結論に達した。司令官の申入れを受けた森田は避けてはならない町政の問題ととらえ、町議会・厚生委員会に対策を検討するよう諮った。町議で厚生委員の鮎沢美代子《あゆさわみよこ》にも町民の運動として取り上げるよう依頼した。鮎沢は協力を約束した（菅井、一九九一）。

日米合同委員会の運営方針

一九五二年一一月、ホーム開設に向け日米合同委員会を発足させた。福生側は町長、町議会議長・田村利一《たむらりいち》、町議・鮎沢美代子、設楽美知《したらみち》、婦人会長・野島《のじま》カヤ、後にホームの管理人に就任する町民の倉澤信七《くらさわのぶしち》・多喜《たき》夫婦、基地側はフレッド・D・スティバース司令官ら幹部将校および基地司令官渉外顧問兼通訳・山下貢《やましたみつぐ》であった。

橋本孝蔵の覚書（橋本、一九八八）によると、数度にわたる合同委員会を経て決定された運営方針は、次の五点である。

①国際児専用のホームとする。

②運営資金の三分の二は基地将兵の募金で負担する。
③就学時には学区の小学校へ通学させる。
④民族的差別はしない。
⑤母親には入所と同時に親権を認めず、児童は独立した戸籍をつくる。

②は福生側が運営資金の三分の一を負担することを意味し、過重であったと思われる。③は第三節で取り上げる開所式での町長の発言内容を照らし合わせると、長期的視野に立った施設養護を念頭に置いていたことがわかる。⑤の前段は民法の規定上、理解しがたい内容であるが、後段は棄児《きじ》を想定しての方針であろうか。最も力点を置いてとりくんでいたはずの養子縁組を運営方針に掲げていないのはなぜなのか。

町議会の反対

一九五二年一二月一四日、町長は町議会全員協議会で次のように発言する。

町としても有志から浄財を募り、基地司令官から申入れのあったホーム建設に協力したい。基地側ではすでに一八〇万円くらいを集めている。経営については社会福祉法人を設立し、国・都の補助金を得て運営したい。募金等についてては婦人会等にお願いしたい。

協議会で大多数が反対の声を上げた。「町内の小学校への入学は困るので近隣町村に建設して欲しい」と地域エゴをむき出しにする議員もいた。「男の人は誰も賛成しない」（菅井、一九九二）雰囲気で、「議会で否決され」た（福生町誌編集委員会編、一九六〇）。それでも町長は、「基地側の積極的な善意を快く受ける必要がある。議員としてではなく、個人として協力して欲しい」と議員を説得し、募金活動と建設計画の実行に踏み切る。

募金活動と施設の視察

基地側は日刊新聞や週刊新聞を用いて募金を呼びかけた。基地内にはポスターを張った。

これはあなたの保育園です。あなたたちの金で建てられるものです。だが資金難で苦しんでいます。おもちゃでも古着でも結構ですからあなたの自由意志でこの義金に応じてください。

一九五三年六月一四日付の『毎日新聞』都下版は「将兵が給料日ごとに募金した」、同年七月五日付の『読売新聞』三多摩読売は「将校夫人クラブが中心となって」募金を行ったと報じている。集めた資金は同年三月で約六〇〇〇ドルに達した。福生側は隣接の町村にも募金を呼びかけた。しかし「十万円集めるのがやっと」で募金活動は難渋した。

日米合同委員会は基地と町役場の持ち回りで毎月開催され、建物の維持管理・運営経費・入退所・在籍児の状況・法人設立などについて協議を重ねた。開設に先立って、米軍将校の車数台で国際児を養護している大磯《おおいそ》のエリザベス・サンダース・ホームや杉並《すぎなみ》区阿佐《あさ》ケ谷《がや》の聖友《せいゆう》ホーム（現聖友乳児院、聖友学園）を視察した（菅井、一九九一）。

用地の確保と建物の完成

多摩川べりの川原に町民有志の寄付で二〇〇坪の土地を確保した。さらに自前で隣地を購入して四五〇坪になった一面は草深い荒地で、付近に私設のごみ処理場があり、人家はなかった。ここに木造平屋モルタル造り七五坪の建物を工事費二六五万円で建設した。

一九五〇年の福生町明細地図で、多摩川に架かる多摩橋の西側に沿って三〇〇〇番台の番地が続く地域は、一九五五年九月の福生地図では河原三二〇三の番地で、その一四に一軒の細長い建物がある。これが福生ホームとして使われていた建物である。

建物が完成したことを受け、基地の新聞は日米合同委員会の二人の談話を報じた（橋本、一九八八）。

福生町議員鮎沢美代子さん談　福生町周辺は夜の女が多く、自然混血児も多い。中には混血児を抱えて生活に困っている人もかなりあるといわれる。その対策として混血児全部の保育園をつくることはわかっているが、資金難で悩んでいたやさき米軍からこの問題について研究しようとの話があったので合同でことを運び、三十名を収容できる保育園が生まれることになりました。ほんとうに助かったと思います。

米軍側委員長ケーリー中佐談　これは基地の将兵と福生町の理解ある協力とが実を結んだもので資金は私達の手でなんとかするが、経営はいっさい福生町にまかせてある。混血児問題も各方面で相当叫ばれているが、将兵の寄付金で建てられ、維持費も基地で出し、経営を地元の町にまかせるといったケースは、私の知っているところでは日本でも初めてだろうと思う。

ホームの開設に関心を寄せていたと思われる厚生省児童局と東京都民生局は、前例のない運営体制と国際児専用ホームという運営方針をどう評価していたのだろうか。

開設を急いだ事情

基地側が多額の資金を用意し早急な開設を申入れたのに対し、福生側は町議会の反対にあい資金集めに苦労しながらも、わずか一年で開設にこぎつけた。ホームの開設を急いだのはなぜなのか。運営主体の日米合同委員会にかかわる問いは、占領期を脱して間もない、基地を抱えるわが国の政治・社会状況を反映することがらである。前例のない運営体制で迅速に作業が進められた背景として、双方に以下のような事情があったことが考えられる。

（基地側・司令官）

①朝鮮戦争が勃発し、横田基地が新たな役割を課せられたことに伴い、軍人・軍属が増強されて出入りが頻繁になり、国際児の誕生が予想された。

②国際児を抱えた母親から直訴や問い合わせがあり、放置できない問題と認識した。

③国際児の救済活動は地元と協同して当たることに意義があると感じるようになった。

（福生側・町長）

①基地の町として基地司令官の申入れに即答する必要性を認識した。
②国際児の養護は町の健全な発展を図る機会になると考えた。
③国際児の養護は近隣町村と一体となって早急に対処すべき問題であると認識した。

三　施設養護の実態

開所式

福生ホームは一九五三年七月四日、米国の独立記念日を期して開所した。翌五日の『読売新聞』三多摩読売は「福生ホーム、きのう開所式　入所者少いのは心配」「日米協力実る混血児保育所」、『朝日新聞』第一都下版は「福生ホーム　盛大に開所式」「〝主人公〟混血児立ちどおし」の見出しをつけ大きく報じている。二つの記事でそのあらましを紹介しよう。

午前一〇時三〇分から行われた開所式には、基地側から司令官・スティバース空軍大佐・フェリス中佐、日本側から森田町長・東京都西多摩地方事務所長代理・隣接町村長ら、合わせて一〇〇名が出席した。司令官は挨拶で「米国独立記念日であるこの日に落成式をあげることが出来たのは喜びにたえぬ。他所の施設も回って欠陥を補ったつもりだが、これからも母親に心配なく預けてもらえるよう育てていきたい。今後の運営にあたっては周囲の人々の温かい理解が望ましい」と述べ、「日米親善の絆として末永く友愛の象徴となることを祈る」と記した額入りの目録を森田町長に手渡した。森田町長は「子供を立派な人間にして社会に送り出したい」と述べた。その後、正面玄関に張り渡された紅白のリボンの結び目が司令官と町長の手によって解かれて式を終えた。

司令官は施設運営に対する町民の理解を期待すると述べ、町長はホームから自立させて社会に送り出したいと語っているが、両者とも養子縁組については何も語っていない。また、福生ホームの命名の由来については司令官・町長も新聞もふれていない。福生の地名を冠したのは町民の理解と地元への定着を願ってのことであろうか。

なお、『朝日新聞』は、「式場の片すみに母に負われて小さく立っていた一時間余、式の終るまでこの子に腰掛をすすめる人は一人もない。式の始まる前も母子は敷地のすみの草むらの中に一つパラソルで小雨を避けていた。その時も声をかける人はなかった」と報じ、「人道主義を論じ、愛を叫んだが、この母子には遠い存在のようだ」と厳しい目を向けている。

受け入れ開始

定員三六名の子どもの受付・相談窓口は町役場民生課である。受付・相談業務は民生課の本来業務ではないが、町長の英断である。横田基地関係者と日本人女性との間に誕生した、福生町を含め周辺八ヵ町村の乳幼児を優先的に扱う取り決めであった。

一九五三年七月五日付の『読売新聞』三多摩読売の記事では、七月一五日から受け入れを開始するとし、福生町内の一歳児・二歳児・六歳児と羽村《はむら》の二歳児の計四名の入所が決まり、二名は未定としている。入所決定のなかに就学目前の六歳児がいることが注目される。

同年八月一日付の『毎日新聞』都下特集版は、注視すべき事実を伝えている。入所している三名が「仮入所」であるという。その理由について、管理人の倉澤信七が「無籍児がほとんど」だからと答えている。ホームの開所式を報道した前掲七月五日付の『読売新聞』三多摩読売は、続けて「収容願って捨てる」の小見出しの記事を掲載している。ホームそばの草むらに「捨てられ」た子どもをたまたまみつけ、倉澤は病院に収容したという。このような棄児の場合には、「仮入所」後、就籍の手続きを経て入所ということなのであろう。

管理人の倉澤信七・多喜夫妻

ホームの管理人として倉澤信七・多喜の夫婦が就任した。養護施設では使われない管理人の名称は基地側の意向であろうか。

四五歳の倉澤信七と妻・多喜を招請したのは森田町長である（森、一九九五）。倉澤夫妻は「かつて救世軍の孤児施設」に務めたことのある熱心なクリスチャンであった（橋本、一九八八）。倉澤夫妻は浅草から福生に疎開した後、町内で眼鏡店を営み、近くの教会に通っていた（菅井、一九九一）。ホームの管理人になってから町内の志茂《しも》で暮らす七人の実子は、高校生の長男が弟妹の世話をして両親の不在を守っていた（森、一九九五）。

筆者の調査で、倉澤夫妻が熱心に通っていた教会が判明した。福生市役所真裏の日本キリスト教団福生教会である。同教会の安田昌英《やすだまさひで》牧師にお尋ねしたところ、「当時、教会に倉澤ご夫妻が通われていたことがわかった。しかし、いつからか姿をみせなくなったようで、その後のことはわからない」とのことであった。なぜ、救世軍で活動してきた夫妻が救世軍小隊ではなく福生教会に通っていたのか。勤務していた「救世軍の孤児施設」はどこなのか。筆者は都内の救世軍を母体とする二つの児童養護施設および救世軍資料館に問い合わせたが、足跡をたどることができなかった。

そこで筆者は倉澤夫妻の長男・信平《しんぺい》氏に書面で問い合わせたところ、「遥か遠い昔のことゆえ率直に言って記憶も朧《おぼろ》」としながら、以下の事実を伝えてくださった。

両親は結婚前から救世軍で熱心に活動していた、と伯父叔母から折りにふれ聞いていた。自分自身もよく日曜学校やらなにやら両親に連れられて救世軍の行事に参加していた。母親は幼稚園の先生をしていて、後に著名な作家になる人が園児のひとりであったと後年、母親から聞いたことがある。両親が浅草《あさくさ》から福生に転居したのは一九四一年の秋と記憶している。父親は立川《たちかわ》飛行機に通勤していたが、終戦後ＧＨＱの指令による事業閉鎖で失職し、眼鏡店を経営した。福生教会には両親とも熱心に通っていた。

基地側が倉澤夫妻を適任の管理人として承認したのは、夫婦そろってキリスト教を信仰し、子育て経験が豊富で、妻の多喜が幼稚園の先生をしていたからであろう。

処遇理念と施設設備

ホームの入口には日本語と英語で「〝平等〟こそこの家に住む子供たちへの教育の根本方針であります」と大書きした畳三枚ほどの看板が掲げられた。同年八月一日付の『毎日新聞』都下特集版にその写真が掲載されている。この標語は、どのような肌の色をした子どもも同じように養護するという強い意思表示であった。

一九五三年六月一四日付の『毎日新聞』都下版の記事は完成した建物の全景を掲載している。木造モルタル仕上げの水色の明るい色彩である。男児室・女児室・育児室・医務室・伝染病隔離室・遊戯室（三〇畳）・二段式ベッド・事務室・浴場・洗面所・水洗便所・台所・事務室などはすべてが洋式で備えつけられ、「当時の日本人にとってはまことに羨ましい設備が整って」いた（橋本、一九八八）。米国製の人形や自転車の玩具などが用意され、ピアノとオルガンが備えられた。日常会話は日本語を使い、食事も和食であった。

基地を離発着する飛行機の爆音が聞えることを除けば、目前を水量豊かな多摩川が流れ、散歩や戸外遊びのできる場所が周囲に広がっているなど、申し分のない自然環境である。

運営費

ホームの経理を担ったのは管理人の倉澤信七で、基地側から直接、毎月の経費約七万二〇〇〇円が手渡された。一九五五年一〇月段階での在籍児八名分の運営経費の内訳は、食料費四万四六一二円、医療費四九一〇円、光熱費六九八九円、衣料費二七二五円、雑費四二五五円、給料一万二〇〇〇円の計七万五四九一円である（橋本、一九八八）。

「養護施設経費一覧（国基準分）」（全社協養護施設協議会編、一九七六）によると当時、養護施設児童一人に支給される委託費（国基準）のうち、事業費（飲食物、その他）が一日七三円七一銭、医療費が実費である。ホームの経費は在籍児八人分で計算すれば、乳児院や養護施設の委託児童に支給されるきわめて貧弱な委託費（国基準）と比較するまでもなく高額であった。

町長の尽力で一九五四年度より共同募金会から四万一〇〇〇円の配分を受けた。翌年度は受け入れ児の減少を理由に減額されている。また、都内の篤志家《とくしか》から月一万円の寄付の申し込みがあり、歳末助け合い運動月間には婦人会から二〇〇〇円ほどの寄付があった。これらの寄付金は臨時的な施設整備や乾燥室の設置工事、隣地二五〇坪の購入に当てられた。衣類などは基地側の将校夫人から寄付された（橋本、一九八八）。

このように福生側の寄付金は基地側と比べるときわめて少額で、このことは基地側の寄付が滞ればたちまち運営が行き詰ることを示した。

申込みの少ない事情

一九五一年当時、町内に居住する該当児童数について、『福生町誌』は「百名位いた」（福生町誌編集委員会編、一九六〇）としているが、確かな数は把握できていなかった。一九五三年三月五日付の『読売新聞』三多摩読売は、東京都衛生局の依頼により三多摩全域の各市町村で助産婦・医師・診療所・保健所が下調査を実施し、福生町で一四人、西多摩郡内の隣接町村を含め二三人と報じている。また、調査が「足ぶみ状態」になっているとし、その理由として、転出入が激しく行先不明が多いこと、感情面から調査に非協力的であることをあげている。

一九五三年六月一四日付の『毎日新聞』都下版の記事は、保護に当たって親に金銭的な負担を求めない取り決めになっていたにもかかわらず、「誤解されている向きもあり」、誤解を解くために日米合同委員会が説明に回ったと報じている。高額の費用負担の噂が近隣に流れていたことも申込みを少なくさせている理由だったのか。『福生警察署史』（福生警察署、一九八八年）は、入所資格を「米人との養子縁組に応じ得る者」としたため、「取り止める者が多かった」としている。受付・相談窓口で養子縁組を勧めるようなこともあったのか。

申込みが少ないこともあって、日米合同委員会は近隣に出かけて勧誘を行っている。「私（鮎沢美代子）も羽村の方へ車で横田基地の人達と一緒に子供を預けないかと見付けて歩いた」（菅井、一九九一）という。なお、一九五三年二月一日現在の『「いわゆる混血児童」実態調査報告書』（厚生省児童局、一九五三年）は、外国人との養子縁組を希望する者二一％、希望しない者六三％、不詳一六％の結果を明らかにしている。多くの親が手元で育てようとしていたことを示す数であるが、不詳の一六％はどうとらえるべきなのか。

さまざまな訪問者

新聞記事は、ホームにはさまざまな訪問者があったことを報じている。母親が面会にやってくることもあった。一九五三年八月一日付の『毎日新聞』都下特集版は「多い無責任な母親」の一方で、「今朝母親が面会に来て一時間ばかり一緒に遊んで帰ったが、後を追って一泣き泣いたばかりのところで目を赤くはらしていた」と報じている。管理人の倉澤は記者に「まず母親が更生して子供に愛情を注いでくれなくては、単なる孤児収容所と同じになってしまう」といい、母親の面会を歓迎し、母親とともに養育したいという思いを語っている。

養子縁組を望んで子ども探しにやって来る基地関係者も少なくなかった。基地将兵の夫人はボランティア活動をしながら目当ての子どもをみつけ、交流しながら養子縁組の手続きを進めた。こうした実例を新聞各紙が写真入りで報じている。

日本人の慰問には福生コーラスの部員、都立立川高校の女子校生グループ、野辺《のべ》保育園の保母がいた。彼らは定期的に手製の衣類やおもちゃを持って訪れた。福生保育園の保母は園児を連れて訪れ、一日一緒に遊ぶこともあった。また、基地外の米国人夫妻が週二回訪れ、子どもたちを車で戸外に連れ出すこともあった。クリスマス行事には基地将兵とその家族のほかに、地元の婦人会も参加した。基地のクリスマス行事に招かれて映画や飛行機をみせてもらったりしたこともある（菅井、一九九一）。

橋渡しの役割

在籍数・入退所は定例の日米合同委員会で窓口の民生課から報告され、とりわけ退所はそのつど協議されていた。入退所の実態は新聞が詳しく伝えている。

一九五三年九月二三日付の『読売新聞』三多摩読売では、九月二二日現在で七名の在籍、入所希望者は二八名としている。同年一〇月三一日付の『毎日新聞』都下特集版では、受け入れた一三名のうち四名が養子縁組で米軍人夫婦に引き取られ、一名が里子、一名が帰宅、現在員が七名としている。同じ日付の『読売新聞』三多摩読売では、一〇月一五日に一三名を受け入れたが、一九日から連続して六名を養子縁組させたことにより現在は七名としている。

養子縁組については次節で取り上げるが、これらの記事は養子縁組が積極的に行われ、ホームが養子縁組への橋渡し的な役割を果たしていたことを示す。前記したように、六歳児の入所が記事になっているが、この子どもが後に就学したという報道がないことからすると、養子縁組されたなかに入っているのか、あるいは母親に引き取られたのか。なお、橋本覚書では、ホームを廃止する四ヵ月前の一九五六年五月で、保護人員が延べ五〇名、養子縁組が三六名、母親の元へ帰宅が九名、現在員が五名である（橋本、一九八八）。母親の元へ帰宅した九名は、母親を取り巻く事情が好転して引き取ったのか。それとも土壇場になって養子縁組による渡米を拒否し、引き取ったということなのか。

四　養子縁組に力を入れる

日米の政治的・法律的・社会的な事情の変動

養子縁組は当初の運営方針に明記されていなかったが、日米合同委員会は開設直後から積極的かつ組織的にとりくんでいる。この背景には、なによりも養子縁組を望む基地関係者が少なくなかったことがあげられるが、講和条約発効後の日本と米国の政治的・法律的・社会的な動向が絡み合っていた。以下の三点をあげよう。

第一に、一九五三年一月二九日、在日基督《キリスト》教団体・米国在郷軍人団体などの手で「日米混血児」のための援助協同米国委員会が組織されたことである。翌日の『朝日新聞』は「混血児に米側『援助委』」の見出しをつけ、東京に事務所を設置し、日本政府や民間団体と協力して収集した「占領軍兵士の子供に関する情報」に基づいて援助活動を行うと報じている。

第二に、一九五三年に米国難民救済法が制定され、一九五六年末までに一般移民の枠外で米国人との間に生まれた一〇歳以下の国際児を養子縁組による移民として四〇〇〇名までの受け入れが可能になったことである。一九五四年一月二六日付の『朝日新聞』は、「混血児救済の道ひらく」「千人の養子目標に」の見出しで、日米孤児救済合同委員会が厚生省・米国大使館などの協力を得て、向後三年間に約一〇〇〇名の「日米混血児」を養子として渡航させる準備を進めていると報じている。これによって一九五五年までに同委員会の扱った七八五名の国際児の大部分が渡米した。

第三に、一九五三年八月一九日、厚生省が中央児童福祉審議会答申を受け、児童局長から都道府県知事宛に通知した「混血児問題対策」で、「混血児」の国際養子縁組のとりくみが明記されたことである。児童相談所・児童福祉司・児童委員は「混血児」を抱える家庭事情の把握に務め、家庭援護や施設入所の措置を講じ、国際養子縁組を図る場合には積極的に海外諸国や日米孤児救済合同委員会などと連携することとしている。

養子縁組の実態

一九五三年一〇月三一日付の『読売新聞』三多摩読売の「ふえた養子縁組」の記事は、前日の日米合同委員会で一〇月の一ヵ月間に六名の養子縁組が成立し、さらに四名の養子縁組の申込みがあり、今後も申込みの増加が予想されるので、福生側二名・基地側二名で小委員会を組織し、養子縁組の「世話」にあたることになったと報じている。

この記事から三ヵ月後の一九五四年一月二二日付の同紙は、「薄倖《はっこう》の混血児が渡米の旅」「養子縁組の兄妹」の見出しをつけ、兄妹の写真を掲載してホームの養子縁組を詳しく報じている。要約すると、①七組が成立、②開設時からホームで暮らす兄妹の妹が二一日渡米し、兄も二月上旬渡米する、③東秋留《ひがしあきる》で近所の人たちの温かい愛情に包まれて育てられ、前年一二月に入所した四歳女児は二月渡米する、④三歳児と四歳児も間もなく決定の予定である、⑤毎月、米国人の希望者四〜五人がホームを訪ねている、などである。

さらに、「帰国して音信不通の夫を待つ牛浜《うしはま》に住む、某会社の事務員」の二児の母親が、「わたしとしてはあの二人が養子縁組によってほんとうの幸福をつかめると確信しています。けれど、なんだかさびしい気持ちはかくせません」と涙ぐんで話したことや、管理人の倉澤の「ことしになって養子を希望される方もふえ、いまにこのホームも子供がいなくなるようになるでしょう」と語ったことなどが綴られている。

五　廃止の決断

頓挫した法人設立と児童福祉法の認可

日米合同委員会は当初から法人設立と児童福祉法による認可を目指していた。一九五三年七月五日付の『読売新聞』三多摩読売は、厚生省からの国庫補助を期待した「社会福祉法人福生ホーム会」の設置構想を報じている。さらに三ヵ月後の同年九月二三日付の同紙は、「〝混血児〟に国庫補助」「『福生ホーム』を社会福祉法人へ」の見出しをつけて報じている。前日、町役場に基地側九名・福生側八名が出席して法人設立に向け協議し、入所希望が二八名に達したことを確認のうえ、厚生省に申請する法人設立の原案を提示し、同意を得たというのである。原案の作成にあたったのは民生課と思われる。

ところが、法人設立計画は暗礁《あんしょう》に乗り上げる。それには四つの要因があった。

第一には、福生側が社会事業法規定の基本財産の確保ができなかったことである。大部分を基地側に依存する脆弱な経済基盤ではいかんともし難かったのである。

第二には、法人設立に連動する認可に大きな壁が立ちふさがっていたことである。許認可の権限を有する東京都民生局との間でどのようなやり取りがなされていたか定かではないが、国際児に限定することなく、一般の要保護児童を加えた乳児院か養護施設にするように助言されていたと思われる。しかしそのような構想はなかった。なお、この認可問題にも関連することであるが、東京都の『民生局年報』は、ホームの実態を「児童福祉施設収容数（施設別収容児童年齢別）」の統計に加えていない。ホームの子どもたちが要保護児童から除外されていたのは、入所時の扱いが児童相談所による委託措置ではなかったからであろう。

第三には、入所希望が減少したことである。一九五三年四月八日付の『朝日新聞』は、「混血児減る」の見出しで、東京都民生局の調査結果を報じている。都内の国際児は七九五名で、前年八月末の九九八名から二〇三名も減っているとし、その原因は「母親と渡米したもの、また母親の地方の実家へ預けられるものがふえてきたこと」としている。

第四に、現職町長の森田が、任期満了に伴う一九五六年七月の選挙で落選したことである。森田が失職したことは「福生ホームの存立に大きく影響した」（橋本、一九八八）。森田町政は条例による浄化を推し進めたが、町民同士の対立を招く結果になったのか。「町議会会議録」からその事情をうかがい知ることはできない。なお、付言すれば、三大新聞（朝日・読売・毎日）がホームにかかわる記事を多数掲載して支援の姿勢を示したのに対し、地元の『福生新聞』はホームに関しては黙殺の姿勢を貫いている。

経費打ち切り通告

森田の落選後、追い打ちをかけるようにスティバース司令官から通告された。

初期の目的を達したので、これ以上、経費を支出することは困難である。建物と施設整備は福生側に提供するので、今後の施設運営について再検討して欲しい。

この背景には、スティバース司令官が任務を終え帰国することになったことのほかに、わずかな人数のホームのために多額の経費を支出する現在のやり方では他施設への援助活動ができないので配分について再検討すべきであるとの声が基地内部で大きくなっていたことがあった。

援助の打ち切りを通告され、今後のあり方の再検討を要請された森田は、福生側だけの会合を持ち廃止を提案した。存続を主張する者はいなかった。

残留児の事情

廃止に伴う残務整理は町の民生課と管理人の倉澤夫妻があたったが、倉澤夫妻が最も心を痛めていたのは養子縁組が成立せずに残留を余儀なくされた子どもの処遇先である。残務整理にあたった橋本孝蔵に、しきりに「引き取り手のない子の将来を思うと本当に可哀想で、心配です」と語っていたという（橋本、一九八八）。「大磯に送られた」（森、一九九五）とも、「他の施設に委託した」ともいわれているが、真相は定かではない。

残留児の事情について、一九五六年六月九日付の『朝日新聞』の「混血児の養子縁組激増」の記事に、その手がかりになると思われる事実が綴られている。養子縁組の申し込みが激増している「半面、残った子供たちの多くは黒人系や知能の遅れた子供たちで、引き取られるアテもほとんどないため、関係者はその処置に頭を悩ませている」という。

一九五二年一二月九日付の『読売新聞』の「貰い手のない黒い子たち」は、聖友ホームをルポした記事である。白人系の子どもは養子縁組して渡米しているのに、五名の「捨子」の「黒い坊や」たちは、養子縁組ができないうえに引き取りに現れる母親もいないと報じている。

渡米した子どもたち

ホームは一九五六年九月、三年の歴史を刻んで幕を閉じた。育てられた子どもたちは、現在ではすでに七〇歳代に差しかかっているころである。倉澤夫妻とともに過ごした体験は子どもたちにどのように記憶され、人生にいかなる意味を与えてきたのか。

終戦後、養子縁組が成立して渡米した子どものその後を追って米国で取材した毎日新聞記者・森暢平によると、かつてホームで暮らした女性は「ホームは私たちの故郷みたいなもの」（森、一九九五）と語ったという。「故郷みたいな」存在と思い続ける心情は、乳幼児期の一時を過ごしたホームが自分自身の原点になっているということである。

前掲の日米孤児救済合同委員会の幹事として国際養子縁組にとりくんだロイド・ビー・グレアムの「アメリカ人家庭の養子となった日本からの児童」（訳者・宮野誠保）は、一九五二〜五五年の間に日本から渡米した国際養子縁組児童七八五人を実態調査した貴重な論文である。この論文に依拠してまとめあげたものが宮野誠保の「混血児童指導の要点について」である。いずれも文部省の『混血児指導資料』（一九六〇年）に収録されている。調査対象には福生ホームで暮らした子どもも含まれていたのであろう。

おわりに

日米合同委員会および福生ホームが遺した功績をまとめると、以下の七点である。

第一に、世間から軽蔑の眼でみられていた子どもと母親に大切な一人の人間として成長していく機会と生活の場を提供したことである。

第二に、国際児の養護にとりくむ施設を事前に視察し、習得した内容を施設養護にいかしたことである。衣食住は満足すべき内容であり、高く評価されるべきものであった。

第三に、子どもの将来に相応しい生活の場を模索し、国際養子縁組への橋渡しの役割を果たしたことである。ただし、子どもの福祉と利益を踏まえた国際養子縁組であったかどうかは個々に問われるべきであろう。

第四に、無差別平等の理念と地元の学校への就学を掲げ、国際児に対する偏見と差別という分厚い壁に果敢に挑もうとしたことである。

第五に、施設養護について理解を得るために近隣町村を回って説明し、親の願いを掘り起こし、受けとめ、応えたことである。この手法は当時のわが国の児童福祉現場にはなかったもので、今日のアウトリーチ（行政や機関が働きかけて支援を届ける活動）と同等の手法である。

第六に、ボランティア活動を施設養護に取り込んだことである。地域住民の理解の拡大に役立ったばかりではなく、子どもの発達・成長に好ましい影響を与えた。

第七に、町長の指揮のもと民生課が全面的に事業を支えたことである。町役場の強力なバックアップがなければ日米合同委員会はもちろんホームの運営も成り立たなかった。町民の福祉を守る民生事業の新しい姿を実践で示したというべきではなかろうか。

本章は福生ホームの歴史について解明の端緒を開いたに過ぎない。日米合同委員会の実態をはじめ、施設養護の実際、入所児の就学の有無、養子縁組の過程、法人設立と認可にかかわる厚生省・東京都民生局とのやり取り、国際養子縁組および残留児の措置にかかわる児童相談所・児童福祉司の役割など、今後解明すべき点は少なくない。

参考文献

菅井憲一「この人に聞く　ある戦後史・鮎沢美代子氏聞き書き」『みずくらいど』一三、一九九一年

全社協養護施設協議会編『養護施設三〇年』一九七六年
橋本孝蔵「立入禁止令と福生ホーム―混血児収容施設福生ホーム覚書―」『みずくらいど』七、一九八八年
橋本孝蔵『叙勲の悦びと省観』私家版、一九八九年
福生市史編さん委員会編『福生市史 下巻』福生市、一九九四年
福生町誌編集委員会編『福生町誌』福生町、一九六〇年
森　暢平「愛情物語 海を渡った女たち シリーズ①～⑪」『毎日新聞』一九九五年四月二六日～五月一〇日

Ⅱ部　満洲

第一章　奉天一燈園の戦争孤児救済活動

宮田昌明

はじめに

一九四五年八月九日のソ連の対日参戦により、満洲国に在住する日本人は過酷な状況に置かれ、多数の孤児も発生した。本章は、そうした孤児を保護し、帰国まで世話した奉天一燈園《ほうてんいっとうえん》の活動を紹介する。奉天一燈園とは、京都に開かれた一燈園という修養集団・道場から派生した、満洲の重要都市・奉天における一燈園修行者の活動拠点であった。関連資料は限られているが、以下、奉天一燈園の孤児救済活動について、一燈園とそれを生みだした西田天香《にしだてんこう》の活動および終戦後の満洲における日本人の状況を概観したうえで記述する。

なお、終戦後の在満日本人の概況については、主に満蒙同胞援護会編『満蒙終戦史』に依拠し、他の章末掲載文献で補いながら要約している。

一　西田天香と一燈園

一燈園の誕生

西田天香は一八七二年に滋賀県長浜《ながはま》に生まれた。二一歳で北海道に農民とともに入植したが、後に事業から離れ、また、宗教に傾倒するなかで、一九〇三年秋にトルストイ『我宗教』に接して感銘を受け、日露戦争勃発後の一九〇四年四月末より長浜で新生活を開始した。それは、これまでの生き方を懺悔《ざんげ》し、自らを死んだものとして今ある自分の境遇に感謝し、恵まれない人々に寄り添い、あるいは求められた仕事をさせてもらうという、懺悔と奉仕の生活であった。

一九〇六年、天香の活動に共感する女性六名の集まりに一燈園という名前がつけられた。一九一三年には、天香の教えを受けながら修行する場として、京都の鹿ケ谷《ししがだに》の地に道場が提供され、修養道場としての一燈園が誕生した。

活動の広がり

第一次世界大戦後の一九二一年、西田天香の著作『懺悔の生活』が出版され、大きな反響を呼んだ。これにより、一燈園での修行を希望する人や、天香への講演依頼が激増した。一燈園を訪れる人は多様で、なんらかの悩みや苦しみを持つなかで『懺悔の生活』に接し、修行を希望して来訪する人もいれば、生活に困り、一燈園は誰でも助けてくれるところと聞きつけて仕事の紹介を求めに来るような人もいた。

一燈園は、来訪した人々に奉仕活動をさせ、それを通じて自らと社会のかかわり方を省み、あるいは自らの存在意義を再確認する体験をさせた。一燈園ではそうした奉仕活動を托鉢《たくはつ》という。托鉢とは一般に、布施《ふせ》や供養《くよう》などを受ける仏教の修行を意味するが、一燈園は托鉢を、捧げ―捧げられる人間関係の機縁としてとらえ、無私の奉仕活動全般を指して用いる。一燈園を訪れたほとんどの人は、そうした托鉢の経験を踏まえて社会に復帰している。

路頭と事業と

しかし、なかにはそれまでの生活を捨て、一燈園に人生を捧げようと決意する人もいた。そういう人々に対して天香は、死ねますか、と尋ねて、入園を許可している。一燈園に入園した人は同人《どうにん》となり、自ら修行するとともに、短期滞在者の世話にあたった。さらに同人は、なにも持たない無一物《むいちもつ》で、一燈園の紹介も受けず、町中で一燈園流の托鉢を行い、もしなにかを恵まれたらそれで、なければ野宿してでも与えられた環境で生きていく、という修行を行った。一燈園ではそれを路頭《ろとう》という。一燈園はそうした、利己心を捨て、なにものにもとらわれない路頭の生活を本来の生活とした。その意味で、道場としての一燈園は、托鉢のための拠点、あるいは入門者のための便宜的な施設であって、共同生活の場ではなかった。しかし、一燈園は一般に、共同生活の試みとしてとらえられることが多かった。

一燈園は仏教を基本とするが、新たな宗教・宗派を立ち上げるのではなく、既存の宗教・宗派に通ずる真理を自らの生活や、経済活動のなかで実践することを重視している。「無所有」の一燈園生活を基礎として、「仮所有」ないし「預かる」という理念により、私利私欲を超えた経済活動を行うのである。一燈園ではそれを宣光社《せんこうしゃ》という。こうした理念のもと、一九二八年に天香は近江八幡《おうみはちまん》の実業家より京都山科《やましな》の敷地を提供され、翌年に財団法人懺悔奉仕光泉《こうせん》林《りん》が発足した。宗教団体ではなく、事業団体を設立したのである。

二　一燈園と満洲

日本と満洲と一燈園

西田天香が新生活を開始したのは日露戦争の勃発直後であったが、同戦争は日本が満洲に権益を有するきっかけとなった。一九〇五年のポーツマス条約により、日本はロシアより遼東《りょうとう》半島南部の関東州の租借権（ロシアが清朝から得ていた行政権の施行地域）や、ロシアが敷設した旅順《りょじゅん》・大連《だいれん》から長春《ちょうしゅん》にいたる鉄道の経営権を獲得した。その鉄道を経営するために設立されたのが、南満州鉄道株式会社（満鉄）であった。

一燈園と満洲のかかわりは、一九二五年に天香が満鉄幹部の招聘《しょうへい》で満洲を訪問したことに始まる。以後、天香は一五回にわたって満洲を訪れ、また、満洲に同人を滞在させている。まず同人の谷《たに》野《の》捨三《すてぞう》が大連一燈園を開設し、次いで三上和志《みかみかずし》が大連に一年ほど滞在した後に奉天にとどまり、奉天一燈園ができる。当初、三上は奉天駅から六〇〇《メートル》の満鉄社宅に依拠していた。また、一九二七年、山崎寿《やまざきひさし》により金州《きんしゅう》郊外に燈影荘《とうえいそう》が開かれている。終戦後、孤児の救済を行ったのは、三上の奉天一燈園であった。

三上和志について

三上和志は一九〇二年生まれ（一九七〇年に帰光、一燈園でいう死去）。両親の不和に悩み、広島高等工業学校在学中よりさまざまな講演などを聴講するなかで西田天香を知り、一燈園に入園した。京都で路頭も経験したが、一九二五年に天香に随行して満洲へ渡ったところ、そのまま奉天に滞在するよう命じられた。一九二〇年代の日中関係は悪化しており、日本と中国の関係改善を托鉢を通じて試みようとしたのである。

一九三一年九月に満洲事変が勃発し、翌年三月に満洲国が建国された。これに伴い、天香の満洲訪問も増加した。一九三五年には、奉天城壁外の中国人街に奉天一燈園の建物が完成した。建物面積一七四坪、敷地面積五〇〇坪、塀に囲まれた赤レンガ二階建てで、三上自らの設計による。

満洲国への開拓移民

一方、満洲事変勃発後、民間と関東軍によって満洲移民の推進が図られ、一九三六年、政府は移民計画を決定した。一九三二年の弥《いや》

図1　三上和志・久月と子どもたち（1935年）

栄《さか》村・千振《ちぶり》村の建設に始まり、終戦までに二五万人前後の農業開拓移民が満洲に渡った。開拓移民は肥沃な北満に多く入植した。終戦時の在満日本人は、軍民合わせて二〇〇万人余であったが、一九四五年八月九日のソ連参戦により最も凄惨な状況に置かれ、多くの孤児を生みだしたのが、この開拓団であった。

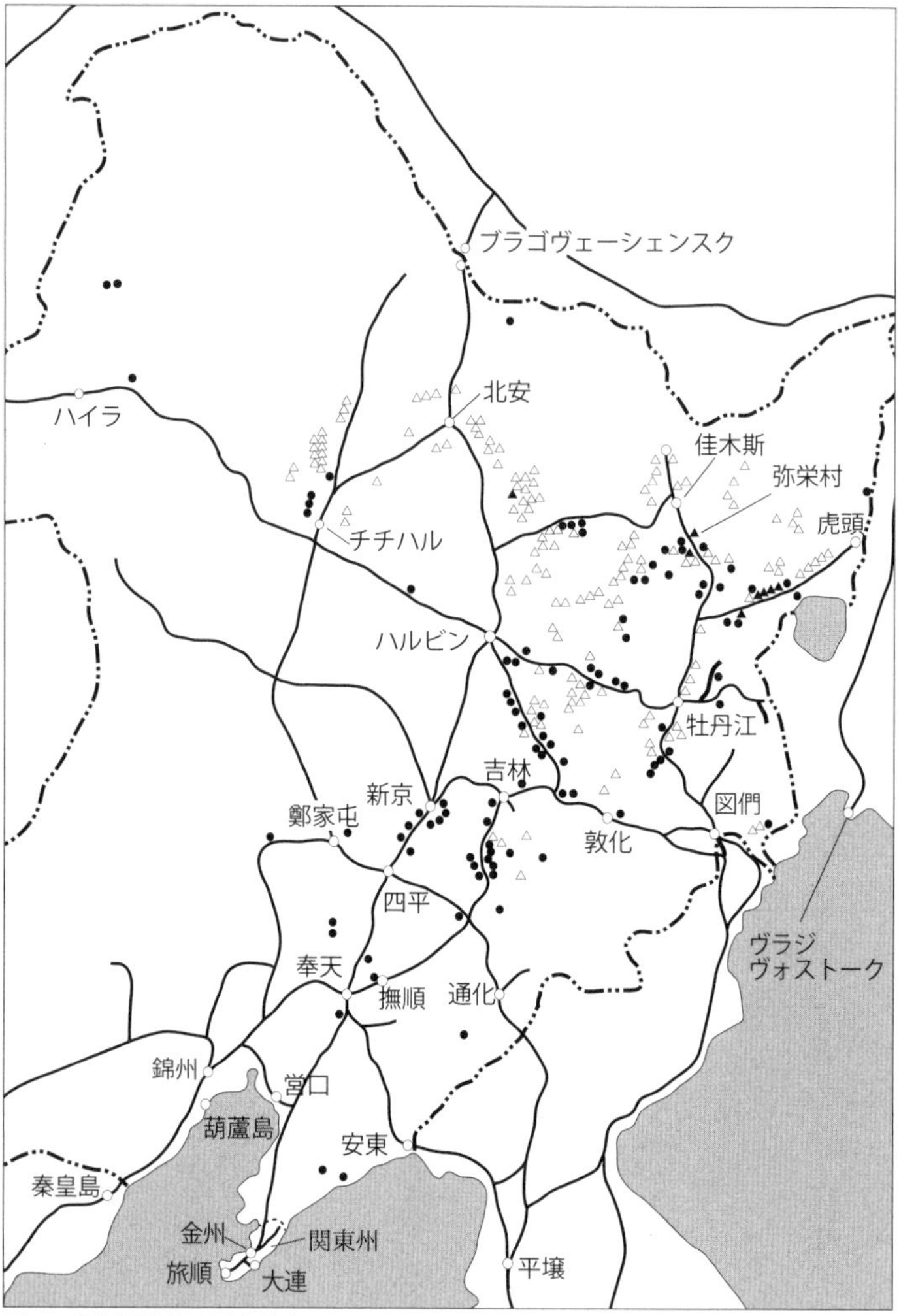

図2　満洲開拓団入植分布（「満洲開拓年鑑」1941年版，岡部牧夫編『満洲移民関係資料集成 第32巻』不二出版，1992年より作成）
▲第1 ～ 5次開拓団（1932 ～ 35年），△第6 ～ 9次開拓団（1938 ～ 40年），●集合開拓団（自由移民）．

終戦時の開拓団は、多くの男性が召集により開拓地を離れ、女性・子ども・老人ばかりとなっていた。一燈園でも、三上や山崎が終戦直前に召集されている。ソ連軍は鉄道を早期に制圧したため、開拓団の人々はソ連軍の後方に取り残されてしまう。そこで開拓団は、馬車や徒歩で一〇〇〇キロ以上離れた南方の都市部に向かったが、途中でソ連軍や匪賊《ひぞく》、狼の襲撃を受け、多数が亡くなっている。全滅に近い開拓団もあり、死者は全体の三〇％余に達したという。

三　終戦後の在満洲日本人と占領軍

日本人会の成立

終戦後、満洲国の行政は停止し、それに伴い、在留日本人は各地で在留日本人会を結成した。満洲国の首都のあった長春（旧新京）では、八月一九日に長春日本人会が発足した。長春ではまた、高碕達之助《たかさきたつのすけ》（実業家、終戦まで満州重工業開発総裁、戦後、鳩山一郎《はとやまいちろう》内閣で通商産業大臣に就任）を会長とする、各地の民会を統括するための組織を立ち上げようとした。しかし、ソ連側の許可を得られず、各地の日本人会の連絡機関として救済総会が発足した。救済総会は各地民会への資金援助などを行っている。奉天（終戦後は瀋陽《しんよう》）の場合、八月末までに日本人会が成立したが、ソ連の正式承認を受けて発足したのは一〇月二三日であった。

略奪と難民の発生

ソ連軍は、満洲における日本の産業施設を解体して自国へ搬送した。賠償を名目とした収奪であった。また、ソ連軍兵士による略奪・強姦が各地で横行した。ソ連軍兵士による略奪は、ソ連当局の取り締まりが強化されてからは減少したが、中国人による日本人襲撃も多発した。長春で日本人帰国の業務にあたった平島敏夫《ひらしまとしお》（満鉄副総裁、戦後に参議院議員、大東文化大学学長）は、中国人には政変や革命に際して外国人や自国民に残虐な行動をとる暴民が存在し、日本人に対する略奪暴行を漢民族の行動として一概にとらえないでほしい、といった中国知識人の発言を紹介し、また、終戦後日本人が保護された例も多かったことを指摘している。奉天一燈園もソ連軍や中国軍兵士の略奪を受けたが、その一方で近隣の中国人住民が一燈園を廟《びょう》（寺）と説明して襲撃を抑え、あるいは一燈園に食料を提供するなどの支援もあった。

鉄道沿線の主要都市には、難民と化した開拓移民が流入した。長春には、吉林《きつりん》・牡丹江《ぼたんこう》・延吉《えんきつ》・北安《ほくあん》方面などから、八月中で約三万人、九月には六万六〇〇〇人の流入があった。その後、新規流入は減少し、一〇月は二万人、一一月は五〇〇〇人、一二月は四〇〇〇人であったという。学校・公会堂・寺院などは難民であふれ、野宿する人も多かったという。

中国軍の進駐

ソ連軍に続き、満洲の接収を図ったのは、中国共産党の部隊・八路軍《はちろぐん》であった。八路軍は一九四五年一〇月初旬に瀋陽に進駐した。中国共産党はソ連が日本の産業資産を搬出したことに反発しながらも、その残余によって再建を図ろうとした。しかし、ソ連と国民政府との合意を受け、八路軍は瀋陽から撤退した。また、ソ連も一一月下旬に主力部隊が退去し、翌一九四六年三月に国民政府に瀋陽を引き渡して撤退した。

他方、長春では逆に、国民政府の先遣隊が長春に先着し、八路軍は進駐していなかった。しかし、ソ連は長春を八路軍に接収させようとした。一九四六年四月に八路軍が長春に進駐し、五日間の市街戦の末、長春を接収した。平島によれば、八路軍の兵士は全般に若年で、ソ連軍よりはるかに規律がよく、略奪や強姦などもしなかった。しかし、善良であったのは上級幹部と兵員のみで、中級以下の幹部や中共に協力する日本人には、金銭に汚い醜悪な者も少なくなかったという。とはいえ、五月下旬には長春も国民政府に接収され、八路軍は撤収する。

ソ連や中国共産党は、日本人の帰国に積極的ではなかった。ソ連はシベリアに連行する労働力以外には無関心であった。対して中国共産党は、在満日本人をむしろ共産主義に感化し、その技術と労働力を利用しようとしていた。日本人の帰国は、国民政府による満洲接収後に始動する。

四　奉天一燈園による孤児救済活動

三上の決意

奉天一燈園の三上和志は、召集解除後、収容所に入れられてしまう。同じく召集を受けた山崎寿は、ソ連によってシベリアへ送られ抑留された。対して三上は、一九四五年一〇月二八日に釈放され、奉天一燈園に戻った。しかし、三上は、奉天に多くの難民が流れ込んでいることに驚く。教会や寺の軒下で寝ている子どもたちをみかけてから、子どもたちを主にみて回った。話しかけると、親について聞くだけで泣き出す、あるいは、チチハルから来る途中で母親が死んだと話して泣く子どももがいた。餅などを立ち売りしている子どももみた。汚れ、疲れ果てた老人や母子が、工場跡のコンクリートの上に畳やござをひいて寝そべっていた。発疹チフスも発生し、学校の運動場には多くの死体が並べられていた。

三上が拘束中に出会った人々のなかにも、当局の尋問を受けた後に消息不明となった人がいた。三上は亡くなった人々の家族が思いやられ、市内の浮浪児がそうした方々の子どもにみえてならなかったという。三上は、浮浪児を救助することが亡くなられた方々への供養になるのではないかと考え、同人や居留民会と相談し、浮浪児の世話を始めることとした。

孤児救済の本格化

三上の妻・久月《きゆうげつ》によると、三上は釈放から一週間ほどの後、久月を難民の集まる場所に連れて行き、実情をみせたうえで、奉天一燈園に残るものをすべて捧げる覚悟で孤児の世話をしたいと提案したという。一一月一六日、三上ははじめて居留民会から七人の孤児を受け入れ、二、三日後にはまた四、五人の孤児を受け入れた。孤児は、笑い顔や言葉を忘れたかのように表情がなかったという。また、孤児を家に入れる前にまずシラミを除去しなければならなかった。そこで屋外で孤児を裸にして風呂に入れ、着物は火であぶって、シラミを取り除いた。

孤児が約七〇人に達し、同人と合わせて約一〇〇人になったところで、「孤子養育処」が開設された。「孤子」としたのは、日本人だけでなく、中国人にも理解できるよう配慮したためという。養育処の開設に際し、瀋陽市日本人居留民会救済処長の北条《ほうじょう》秀一《しゅういち》（満鉄理事、帰国後は引揚者団体全国連合会を設立し、引揚者の支援を継続）が支援を約束した。奉天一燈園の同人は多くが女性であり、孤児の世話は彼女たちがあたった。

また、中国人によって買われた日本人の子どもも多く、三上は可能な限り買い戻している。

『難民救済事業要覧』第一輯（一九四六年一月一七日）という資料に、孤子養育処（一九四五年一一月一六日開設）一燈園支所（三上和志）三六名、公教会支所（フランス人神父パトリオ死去、山中正時）一五名、同善堂支所（加藤和代）一一名との記載がある。同資料によれば、一九四六年八月に公教会と同善堂は閉鎖され、一燈園を婦女孤児収容所と改称（各四〇人）している。三上は孤児のみならず、身寄りのない女性も受け入れ、ともに孤児の世話にあたっていた。

孤児の様子

一九四五年一二月はじめに受け入れた一〇歳の男子は、白木綿の小さい袋を肌身離さず持っていた。そのまま入浴しようとするので、受け取ろうとすると、強く拒絶する。三上が中身を聞くと、知らないという。母親が死ぬとき、寝ていても離してはいけないと言い残したものであった。三上がなだめて中身を確認すると、戸籍謄本・父母祖父母の写真・貯金通帳と印鑑・親鸞《しんらん》像の小さな掛け軸が入っていた。三上らは、母親の心境を思い涙ぐんだという。

三上は当初、孤児による暴力や窃盗、逃亡などを心配していた。しかし、多くの孤児が栄養失調で、様相は予想とは異なっていた。孤児には夜尿が多かったという。また、食糧を盗み、あるいは空腹になると外で乞食をして食べ物を恵んで貰う子どももいた。乞食に慣れると容易に止めず、三上は、そういう子が外で食事を与えられていないと嘘をつくことに困ったともいう。

三上が書き残しているほかの例として、戦前、講話のために訪れたことのあった開拓団が奉天に到着したとの報を受け、訪問したところ、三人の兄弟を託された。父親は召集されて消息不明、母親はソ連兵に襲われた後、自裁したという。開拓団は奉天から一五〇〇キロ離れた開拓地より三七〇名で出発したが、奉天到着までに七一名が亡くなっていた。開拓団の人々は荷馬車で出発したが、食料が尽きた後、馬を殺して食べながら奉天を目指し、四〇〇キロほどを徒歩で移動した。乳児は母親との共倒れを防ぐため、殺害するよりなかったという。三人兄弟の長男は一四歳ぐらいで、末の弟が疲れたら背負って移動した。両親ともかつて小学校の教員をしていたためか、兄弟は筆箱、鉛筆と教科書を一冊ずつ持っていた。開拓団の子どもには非常に珍しいことで、三上は汚れた教科書を離さなかった兄弟に言葉を失っている。

一燈園に預けられた孤児は、一燈園の生活流儀に従った。たとえば、一燈園の食事は、般若心経《はんにゃしんぎょう》を唱えてから食べ始め、食事中は無言である。ただし、正月のみは売れそうなものを処分して餅が振る舞われ、食事中の会話も許されたという。しかし、このころより、奉天一燈園でも発疹チフスが流行し始め、多数の犠牲がでた。三上の長男・三上皓史《こうじ》（本名・康治、一九三四年生まれ、終戦時一一歳）は、当時を回想して、次のように記している（一部を省略、また表記を改めた）。

連れてきた孤児を、まず素っ裸にして風呂に入れ、風邪を引くので少しだけ垢《あか》をとり、虱《しらみ》を落し、押入れを改造した密室に着ていたボロを入れ、温度をあげる。その密室につけた小さなガラス窓から見ていると、着物のぬい目から、虱が行列を作って出て来て、下に落ちて死んでゆく。私も見せて貰ったが、壮観なものだった。ボロの着物でも、他にないから捨てるわけにはゆかず、それを直して次の孤児に着てもらう。

荒野での生地獄の中で痴呆症《ちほうしょう》になったのか、言葉のしゃべれない子、名前すら言えない子供達も沢山いたようである。

世話をする同人達は、実の母が倒れる前に、命をかけて子供に托した識別出来る物をボロの中から探し、消えかかった名札の縫いこみを判読し、懸命の努力をした。しかし、どうしても分からない子には、仮の名前をつけるしか方法がなかった。

孤児がだんだん増え、正式に孤児養育所に切り替えた。食事の量は少なくても、皆んなで同じように頒け一緒に感謝して食べた。育ち盛りの私も、ひもじかったが、孤児達もひもじかったと思う。来たばかりの孤児の中には、夜中に炊事場にもぐりこみ、盗み食いをする子もいた。

私が成人してから聞いた話であるが、夜中に盗み食いする子は来た時から分かるそうである。野生人のように眼だけ光っていて、この子は危ないと思う時は、夜中に交代で見張っていると、案の定やって来て、暗くて何も見えない中を音も立てずに真っ直ぐに食物のところに来るそうである。

また、虱が原因で、発疹チフスになり死ぬ者も少なくなかった。叔母（父の姉）も孤児達の世話をしながら、発疹チフスになり亡くなった。私も発病し十日位高熱で苦しんだが無事全快して助かった。何しろ一緒に雑魚寝しているのだから当然のことであった。

奉天一燈園の建物が広いので、中国軍が視察に来ては接収しようとする。しかし一燈園を孤児養育所に切りかえ、たくさんの子供達が生活しているのをみると、さすが戦勝国であっても、そこまでは出来ず、その度に引き下ってくれた。

ある時、どうしても借りたいと言って建物内を調査に来た将校がいた。ちょうど、孤児が一人、発疹チフスで亡くなり、二階の部屋に安置してあった。中国人は、死人に対して非常に忌み嫌う風習があり、それを見たとたんに止めて帰ってしまった（三上皓史、一九九六）。

引用にあるように、衛生問題は深刻であった。『難民救済事業要覧』によれば、一九四六年一月の瀋陽市在留日本人死亡者七九五人中、七六二人が発疹チフスによるものであったという。

学校の設立

三上は、開拓団の子どもと接し、教育不足に懸念を感じていた。そこで学校を設立することとし、一九四六年四月八日に開校式を行った。裏に印刷等のない紙を綴じてノートとするなど、手作りや寄付で文房具をそろえた。開拓団の教育は全般に低かったうえ、児童は半年ほど、教育に接するどころか、栄養失調になるほど過酷な生活をしていた。そのため学力の低下は深刻で、学力に応じた学級編制を行わなければならなかった。

開校式には、坪川与吉《つぼかわよきち》民会長や北条秀一らも出席し、三上は挨拶のなかで、孤児たちになにもできないことをお詫びしたうえで、豊富にものを食べさせ、遊ばせてあげることはできないが、日本に帰る日に備え、食べ物を感謝して食べるようなよい子に育ってもらい、そんなよい子に教育を与えたいと考えたこと、勉強して先生や援助してくれた方々にお礼しなければならないことなどを述べた。

式後、学用品を子どもたちに渡すと、子どもたちは大喜びであった。しかし、病気で開校式に出席できず泣いていた子どもも多かったという。ただし、学習の時間は長くなかった。ほどなく帰国が決定したためである。

五　帰国へ

帰国事業の開始

一九四六年四月、ソ連軍は関東州を除く満洲から撤退した。関東州は日露戦争までロシアの租借地であり、ソ連がその回復を求めていたため、ソ連軍の占領下に置かれていた。国民政府軍による満洲接収に伴い、各地の日本人会は、国民政府「日僑俘管理総処《にっきょうふかんりそうしょ》」の管理下の各市県日僑善後連絡処に改組され、日本人の帰国事業にあたることとなった。ただし、貿易港のある大連はソ連軍、営口《えいこう》は中共軍の占領下にあったため、関東州以外の在満日本人は錦州《きんしゅう》近郊の半島部である葫蘆島《ころとう》から帰国することとなった。

四月二三日、錦州の日僑善後連絡処に帰国に関する命令が発せられた。五月七日、第一便として二四〇〇名がアメリカ軍提供の輸送船で日本に向けて葫蘆島を出港、一四日に佐世保《させぼ》に到着した。錦州周辺には、錦州省・熱河省《ねっかしょう》から集まった六万二〇〇〇名余が待機しており、一日に三〇〇〇名余ずつ、二〇日間で出港を完了する予定であった。

帰国方針の決定

瀋陽は四月六日に国民政府に接収され、瀋陽日僑善後連絡総処が成立した。総処の主任に坪川与吉、救済科長に三上が就任した。三上は発足のおよそ一ヵ月前に国民政府軍に呼び出され、帰国事業にとりくむよう命じられていた。三上とある縁のあった中国人の推薦によるものであったという。また、三上によれば、瀋陽の善後連絡総処の人員は五万人ほどであったが、その半分が救済科の所属であった。五月九日、瀋陽日僑善後連絡総処に一三日からの移送開始が通告された。対象は、瀋陽・開原《かいげん》・鉄嶺《てつれい》・撫順《ぶじゅん》・本渓湖《ほんけいこ》など国民政府の勢力範囲であり、八路軍の支配下にあった長春などは対象外となっていた。しかし、五月二四日に四平《しへい》・公主嶺《こうしゅれい》・長春が追加され、その後、アメリカ軍による国民政府と八路軍の調停を経て、ハルビン・チチハル・佳木斯《チヤムス》・敦化《とんか》などの八路軍占領地域についても、移送の方針が定まった。北方の日本人約一五万人は、長春連絡処の支援のもとに帰国する。

ただし、技術者は留用された。満洲国の産業発展は日本人技術者によってなされており、復興にも日本人の助力が必要とされたためである。そこで中国側はソ連とは対象的に、日本側にむしろ協力を要請する姿勢を示した。

奉天一燈園の孤児の帰国

五月中に奉天一燈園滞在者への帰国指示もなされた。一燈園同人とその子ども、孤児の総勢は六〇人余りであった。手製のリュックサックや衣服を用意し、荷物検査を行い、一同は六月一二日、遣送六三大隊第六中隊に編入され、北瀋陽駅で列車に乗り、葫蘆島へ向かった。三上和志は瀋陽に残った。病気の孤児は病院船で帰国することとなり、同人と残りの約四〇人の孤児は、六月二六日に博多《はかた》に上陸した。

乗船後の孤児たちの様子について、三上皓史は次のように回想している。

乗船すると船長の第一声が「皆さん、長い間、本当にご苦労さまでした。これからは我々日本人が、皆さんを必ず無事に日本までご案内します。どうぞご安心下さい」。

皆泣いた。船長の顔をじっとみつめながら涙を拭きもせずに……。声を出して泣く者もいた。私達子供までが泣いた。しばらく涙のコーラスが続いた。

私達子供達は、デッキにあがって海の向うに消えて行くふるさとの旧満州をじっとみつめていた。いつか再び訪れる事があるだろうか。しかし、その時は誰もが早く去りたい。何もかも忘れたい気持で一杯だった。

大抵の孤児は海が初めてだった。私も海水浴で海岸は知っているが、大

図3　瀋陽日僑善後連絡総処

主任　坪川与吉
- 総務科　井上光三
- 住宅労務科　井上光長
- 救済科　三上和志
- 衛生科　千種峯蔵
- 技術協会
- 工業会
- 商業会

図4　東北日僑善後連絡総処

主任　高碕達之助
副主任　平島敏夫
　　　　坪川与吉
　　　　平山復二郎

- 総務処　主任　坪川与吉
  - 総務科　斉藤征生
  - 総理科　志波威和夫
  - 輸送科　大関鉄道
  - 救済科　三上和志
  - 衛生科　千種峯蔵
  - 資金科　西村晃文
- 技術連絡処　主任　平山復二郎
- 瀋陽区分処　主任　坪川与吉
- 長春区分処　主任　平島敏夫
- 葫蘆島区分処　主任　芝田研三
海は初めてなので珍しさと大波でゆれる船が、半分面白く、半分恐かった。

船中で一人亡くなり、水葬に付された。船員はそろって敬礼で送り、元気な者や子供達は合掌で送った。もう一歩で祖国日本の土を踏めたのに、胸中を察するに余りある。汽笛の悲しい音がいつまでも耳に残った。

二、三日して、誰かの「日本がみえる」の大声で一せいにデッキにあがった。大人の人達の
誰もの顔が、また涙だった。祖国日本は、近づく毎に、ますます美しく、私達を迎えてくれた。山が緑色なのにはまずびっくりした。旧満州の山々は、木がないせいか赤い。山は赤いのが普通だと思っていた私には、第一の驚きだった。

樹木が一本一本わかるまで近づいた時には、木造の家や、旧満州にない竹藪などが珍しく、何かおとぎの国に帰って来たような感覚だった。また、船まで飛んでくるオハグロトンボなども珍しかったのを、はっきり覚えている。博多港に入港した時には、日本が初めての私でさえ、なつかしさで一杯のような気持だった。

伝染病（発疹チフス）患者が出たらしく、検疫を受けるために船で二泊することになった。私達は頭からＤＤＴの粉を吹き付けられ、真白な哀れな姿になり皆で笑い合ったが、久しぶりの笑い声だった事に気がつき、今度は皆で涙を流した（三上皓史、一九九六）。

孤児は優先的に乗船、帰国できたという。孤児の今後について、三上久月は、京都の一燈園で受け入れが可能か確

認のため、一燈園に戻った。しかし、その間、孤児は行政側から親族に引き渡されることとなり、引揚孤児を受け入れていた福岡の松風園に引き取られた。孤児たちはともに一燈園に行きたいと泣いていたという。

帰国事業の展開

七月、長春と瀋陽の両連絡処が合併し、瀋陽に「東北日僑善後連絡総処」が設置され、満洲全体の日本人帰国を統括することとなった。総処の主任に高碕達之助が就任した。八月、アメリカ軍の仲介で国共の合意が成立し、年末までに約一〇二万人が帰国した。一方、約二三万人の関東州在住日本人は、一九四六年一二月以降、米ソ協定に基づき大連より帰国することとなった。一燈園では、一九四七年二月に大連一燈園の谷野らが帰国している。

とはいえ、国共内戦により、中国共産党が満洲でも勢力を拡大すると、国民政府にとって経済再建の必要性は低下した。そこで高碕は国民政府と交渉し、六月から八月ないし九月にかけて一部の留用者と家族、五四〇〇人余以外を帰国させることとなった。高碕も中国側の用務指示で、いったん帰国することとなり、一九四七年一〇月に瀋陽を発し、一一月七日に佐世保に上陸した。三上和志も高碕に同行して帰国した。船中で三上は高碕より、東京での仕事の協力を求められたが、三上は一燈園に戻ることを伝えて理解を得ている。とはいえ、高碕の帰国中に満洲は中国共産党の支配下に置かれ、高碕は満洲に帰還できなかった。また、満洲に残った日本人の帰国も遅延した。留用日本人の帰国は一九四八年一〇月ごろまでにおおむね終了するが、一部は一九四九年一〇月ごろまで遅れる。

おわりに

奉天一燈園による孤児の救済活動は、一九四五年一一月〜四六年六月の半年余りであった。奉天もソ連軍兵士による略奪が横行し厳しい環境にあったが、戦場になったわけではない。孤児は主として奉天にたどりついた開拓団の子女であった。三上和志は一燈園同人として、奉天一燈園のすべてを捧げる覚悟で孤児の保護を決意し、日本人全体の保護・帰国支援の業務にも携わった。

奉天一燈園が中国人街に存在し、寺院として近隣に認められていたことは、孤児の保護にも役立った。その一方で、多数の孤児の受け入れが、一燈園の活動を認識しない中国軍兵士などの脅威を緩和した。孤児の世話にあたった三上久月は、自分たちは孤児を守ろうとして、孤児に守られていた、と回想している。他方、一燈園の断片的な史料にも、両親を失い、過酷な環境で心を閉ざした孤児たちが、一燈園での生活を通じて感情を取り戻し、逆境に耐え、互いに助け合うまでになる様子が記されている。同人の献身的な世話が、孤児たちの心の傷を癒やしたのであろう。

同人と孤児が去った後の奉天一燈園は、中国人によって利用され続けた。一九九五年五月、三上皓史を含む一燈園同人らが奉天一燈園を訪れた。建築より六〇年を経た建物は健在であったが、その年秋の取り壊し予定を控えていたという。

参考文献

岡部牧夫編『満州移民関係資料集成 第三三巻』不二出版、一九九二年

加藤聖文監修・編『海外引揚関係史料集成（国外篇）第二九巻満州篇五』ゆまに書房、二〇〇二年

高碕達之助『満州の終焉』実業之日本社、一九五三年

中田　晃『燈影荘物語』一燈園出版部、一九七二年

春田哲吉『日本の海外植民地統治の終焉』原書房、一九九九年

平島敏夫『楽土から奈落へ—満洲国の終焉と百万同胞引揚げ実録—』講談社、一九七二年

満蒙同胞援護会編『満蒙終戦史』河出書房新社、一九六二年

三上和志『寂かなる真実』一燈園出版部、一九六四年

三上和志「地下を流るる水の如く」全五七回（未完）『光』五三一～六一〇、一九六五年四月～一九七一年一一月
三上和志『地下を流るる水の如く』一燈園出版部、一九七二年
三上皓史「ダイケングループ遼寧省訪問に参加して」『光』八九四、一九九五年七月
三上皓史「旧奉天一燈園（現中国・瀋陽）の思い出」全六回、『光』九〇五～九一〇、一九九六年六～一一月
宮田昌明『西田天香―この心この身このくらし―』ミネルヴァ書房、二〇〇八年

第二章　満洲での佐竹音次郎のとりくみと福祉施設の運営

瀬戸雅弘

はじめに

佐竹音次郎《さたけおとじろう》は明治時代のはじまる四年前（一八六四年）に土佐藩《とさはん》で生まれた。二二歳で上京してさまざまな職を経て、四二歳で鎌倉保育園を設立した。四九歳ではじめての海外支部を旅順《りよじゅん》に設立し、七五歳で五ヵ所目となる北京支部を開設した。一九四〇年、神奈川県で七七歳の天寿を全うした。

日本はその五年後に敗戦を迎えることになるが、音次郎の人生は日本が封建時代の終盤から明治維新を迎え、急速に近代化をはかり世界大戦の狂気へと流れ込んだ激動の時代と重なっている。音次郎自身の人生も波乱万丈だった。音次郎の足跡を簡単にたどりながら、音次郎が考えた福祉のあり方、音次郎の平和への挑戦について考えたい。

一　生い立ち

養子として佐竹家へ

佐竹音次郎は一八六四年、現在の高知県四万十《しまんと》市竹島《たけしま》に生まれた。音次郎郷里の農家は貧しく、宮村《みやむら》家の四男として生まれた音次郎は、当時の悪習である「間引《まび》き」にあう運命だった。しかし母が厄年だという理由でその魔の手から逃れられ、母の胎にいるときから養子にもらわれることが決まっていた。この世に生を受けた音次郎はやがて乳離れし、中村《なかむら》城下町の染め物屋に迎え入れられる。音次郎は佐竹姓を名乗って新たな生活が始まる。

この中村には一八七一年生まれの幸徳《こうとく》秋水《しゅうすい》の存在がある。音次郎が中村へ転居した年に秋水は生まれた。ところが音次郎は五年で生家に戻ることになる。このことから中村在住の音次郎が秋水と文化的なかかわりを持ったとは考えづらい。後に音次郎が実父に頼んで木戸明《きどめい》の夜間塾に中村へ通わせてもらったようで、この時に秋水との接点があったのかも知れない。

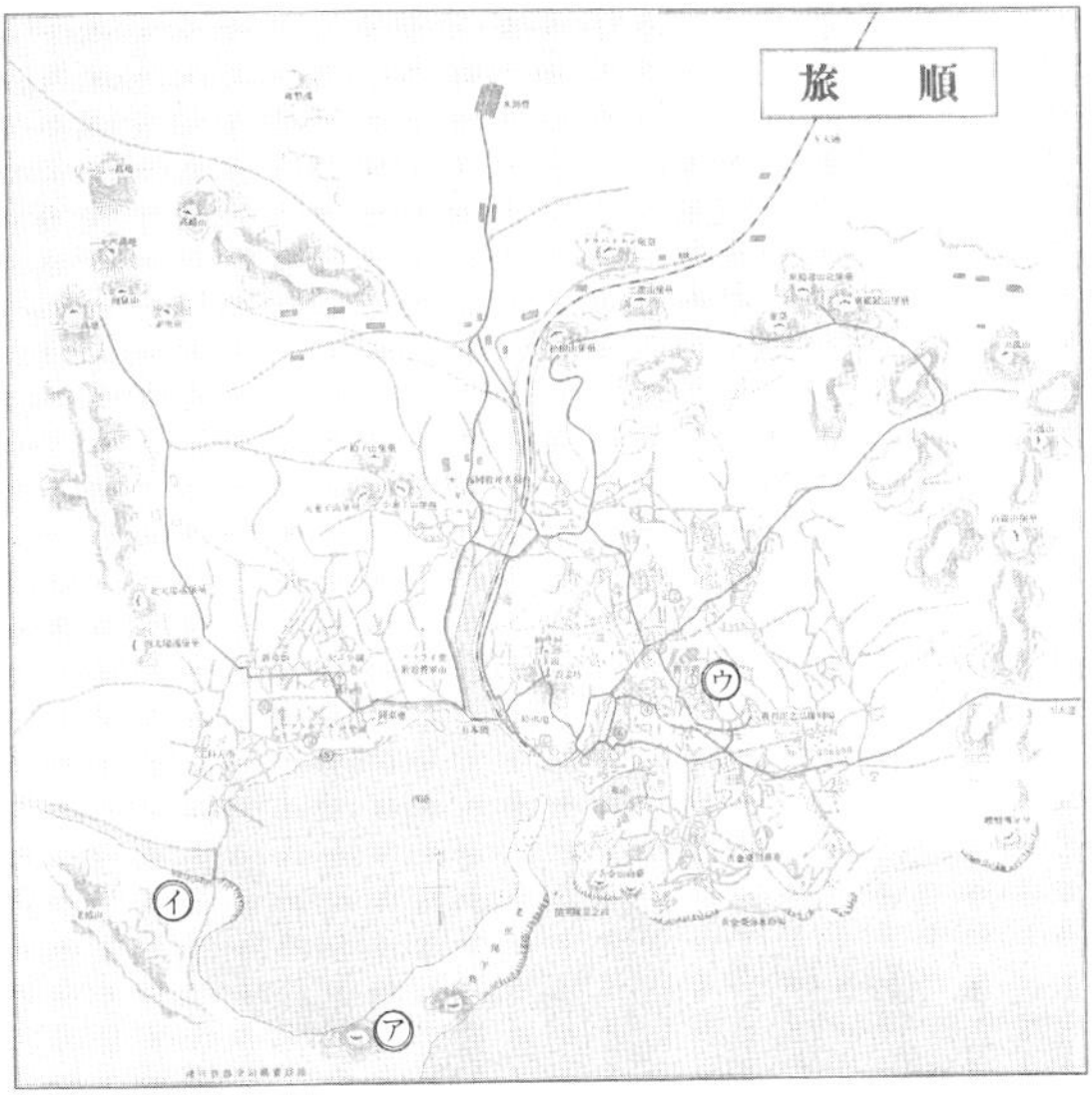

図　南満州鉄道株式会社パンフレット「旅順」
ア：田家屯，イ：方家屯，ウ：旭川町

再び生家へ

養親の離婚により紺屋《こんや》佐竹家が崩壊し、音次郎は心身ともに疲れはてた。それをみかねた実父は音次郎を生家に引き取った。幼少だった音次郎が実母のもとを離れるのも悲しいできごとであったが、中村では寺子屋で学べることが音次郎の慰めとなった。実父はそのことを配慮して、一八七二年に定められた学制により、生家の村に建設された尋常小学校へ通わせてやるからと、音次郎を引き取った。実父は音次郎にも家業である農業を教え、やがて学問も禁じるようになった。しかし、町で暮らしていた音次郎は兄たちと同様に働くことができず、ここでも苦しい毎日を過ごすことになる。再び音次郎は弱った。一八歳になった音次郎に父は、町にいたころのように勉学を許し、やがて音次郎は地元の小学校で勤めるようになった。子どもと日々ふれるなかで、音次郎の心に「自分のように恵まれない子どもを助けられるような人になりたい」という強い思いがめばえる。

結婚と離婚

順調な暮らしを手にした音次郎に、またもや難問が起こる。学校の先生となって安定した音次郎に縁談が持ち上がるのである。音次郎は生家での生活を再開したとき、学問を禁じられて悩んだ末に神社で丑《うし》の刻参りをしていた。そのときの誓いに「三〇歳まで女にさわらない」としていたのだった。自分の思いは実母に理解してもらえると考えていたが、その母にも勧められ、優柔不断にも二〇歳で川向こうの八束《やつか》村のある家に婿入りした。そこで「一子設ける」と伝えられているが、その子は戸籍上「父親不明」となっている。

結婚が不本意だった音次郎は、二一歳で向学を志望し協議離婚する。小学校教員を辞して、高知の海南《かいなん》学校に入学し小学校高等科教員検定試験に合格する。そして軍人を志望して上京するが、年齢制限により入学が許可されない。豊島《としま》郡長であった同郷の桑原戒平《くわばらかいへい》の推挙により東京府巣鴨《すがも》尋常小学校校長に就任する。校長といっても教師三人の学校で、音次郎も教鞭をとった。

医師免許を取得

ここから数年、音次郎はさまざまな職に就いた。最終的には医師としての道を選び、二九歳で医学専門学校済生学舎《さいせいがくしゃ》を卒業し、医術開業試験を受け医師免許を取得した。音次郎は山梨県立病院に赴任するが、そこを半年ほどで辞める。甲府《こうふ》を去るとき、患者であった林《はやし》氏の夫人から『キリスト伝』と新約聖書が贈られた。

音次郎は自分の故郷と風景がよく似ている江《え》ノ島《しま》が気に入り、この付近に腰越《こしごえ》医院を開業する。この付近は別荘地であり、診療客はあった。

その一年後。音次郎は三一歳で同郷人物の紹介により、生家の隣村鍋島《なべしま》出身の沖本忠三郎《おきもとちゅうざぶろう》の次女熊《くま》（二一歳）と結婚する。熊は東京市立精神塾を中退して音次郎と夫婦になった。

自分の生い立ちゆえに高い理想を持っていた音次郎は、困っている患者を見過ごしにしなかった。貧しい人からは診察料をとらないこともあった。ある日、肺病の未亡人が診察に来た。すでに娘を引き離し治療に専念させなければならない状態だった。しかし、娘の面倒をみる人が婦人にはいなかった。そこで音次郎は母子ともに面倒をみることにした。やがて評判が評判を呼び、音次郎のもとには同じような事情で助けを必要とする子どもが集まるようになった。

二　鎌倉保育園の設立

日本初の保育院

音次郎が医院開業に選んだ鎌倉の地には、歴史的にも忍性《にんしょう》が困窮者救済事業をした極楽寺《ごくらくじ》の存在があった。当時、全国各地には孤児院も設けられていた。しかし、孤児院は一般的には五歳以上の子どもを養育していたので、音次郎はそれ以下の乳幼児から受けいれようと考えた。

一八九六年、音次郎は病院の看板の横に「小児保育院」と名札を掲げた。音次郎が行った事業は孤児院だった。しかし音次郎は孤児という言葉を嫌った。それは「すでに子供を我が家に迎え入れたからには自分は彼らの父である。例え立派な親でなくても自分という親ができている。もはやこの子供は孤児ではない」と考えたのだった。漢詩の心得があった音次郎にふと「保育院」の名が浮かんだ。「子供を保《やす》んじて育てる」。日本ではじめて「保育院」（後の保育園）が音次郎によって生まれた。

腰越医院に小児保育院と看板を掲げてからは養育する子どもが増え、医業の収入だけでは支払が追いつかなくなっていた。一八九九年、音次郎は「保育散」と名づけた歯磨き粉を製造販売した。しかし音次郎が病床に伏し、本業さえ危機に陥る。保育散は約一年で中止となった。ちなみに音次郎の病名は、一九〇五年二月八日付の『日誌　佐竹音次郎』によれば肺尖《はいせん》カタルと自らを診断している。大辞林《だいじりん》によれば「肺尖部の炎症。特に、結核性の炎症。肺結核の初期と考えられていた。肺尖炎」とある。

書籍の刊行

一九〇二年、家庭向け医学書『結核征伐』を刊行し、その売上金を保育用舎の資金にしようとした。当時は医学書など専門的分野の書物が社会に流布していなかったことと、死にいたる病としての肺病について一般大衆向けに書かれていることから、社会衛生思想の向上啓発に貢献した。音次郎は前年の療養期間中をこの執筆にあて、容体が軽快するやいなや医院に代診を置いてまで自ら行商した。本書は現在でも古本販売店で検索をすれば概要を確認することができる。また、同書は、佐竹音次郎追悼録『松籟《しょうらい》』巻末に収録されている。そこに記されている解説では、「明治三六年は殆どこれに全精力を傾注したことがその日記に見えてゐる。子の親にとって愛児の出生は喜びであり大事である。この年故人（音次郎）は四女愛子《あいこ》さんを与えられた。しかし日記中にその出生日が書いてない。以てその多忙さが伺はれるではないか。故人は世に顧られない子らを幸にするために、愛児のことすら忘れて精進されたのである」とある。しかし同時に「売行は思はしくなかった」ともある。

洗　礼

音次郎は、理想に描いた福祉事業の資金捻出に苦労した。そして、自らが過労のため生と死の境をさまよった。そんなとき、宣教師の紹介で津田仙《つだせん》に出会い、彼の手引きにより音次郎は夫婦で鎌倉教会において洗礼を受けてクリスチャンになる。音次郎三七歳のできごとだった。

それからの音次郎は、自分が始めた事業は神から授かった働きであると確信し、ますます子どものために邁進《まいしん》していった。

書画会

その翌年、腰越医院の敷地内に保育専用舎が完成したが、一〇月に再び音次郎は呼吸器疾患を再発した。この様子を知った旧高鍋《たかなべ》藩主秋月新太郎《あきづきしんたろう》が深く同情し、大蔵大臣曽禰荒助《そねあらすけ》らに協力を仰ぎ慈善書画会の開催を音次郎に提案した。これが記念すべき第一回目の書画会となった。著名人の揮毫《きごう》は一回で三〇〇円の収益をもたらせた。ちなみに、高鍋藩には孤児の父・石井十次《いしいじゅうじ》の存在があり、このときすでに十次は岡山孤児院の大阪出張所を開設するほどに児童福祉事業を伸展させていた。

一九〇四年、コンデンスミルクの空き缶で募金箱を作成し「保育缶」として少額の募金活動も開始する。この活動は、預かり育てている子どもの養育とともに熊の担当となった。

一九〇五年、開業していた医院内で感染症が蔓延《まんえん》し、我が子を含む幼児が亡くなる。音次郎は医業と児童福祉事業との分離を考えた。「そもそも神から賜ったこの聖業を、医療の片手間にするのが間違い」と考えるようになったからである。

一九〇六年、再び曽禰荒助を頼ったところ著名人の揮毫を奉加帳により募集することを提案され、再び慈善書画会の開催に着手する。揮毫は一万枚を超えて集まり、施設移転の土地代・建物代を上回る七〇〇〇円とも八〇〇〇円とも記録されている収益を得る。

鎌倉保育園の候補地は鎌倉御用邸の西隣であった。この場所は音次郎が通うキリスト教会の関係者が地主であった。約三〇〇坪で単価四円と提示されたが、音次郎は福祉事業で使うので減額された。地代一〇〇〇円、建築費三六〇〇円を費やし、一九〇六年五月三〇日鎌倉市佐助《さすけ》に移転した。なお、御用邸は一九三一年に廃止され御成《おなり》小学校として払い下げられた。

福祉事業に専念

小児保育院のあった腰越医院は熊の姉・沖本幸《おきもとさち》が小児科医であったため彼女に譲り渡し、音次郎は医業を廃して福祉事業に専念した。鎌倉保育園は後に鎌倉児童ホームと改称され、現在もこの地で児童養護施設として運営されている。幸は音次郎の事業を背後で支えた。しかし不幸なことに一九二三年、関東大震災で腰越医院は倒壊し、幸は圧死してしまう。

鎌倉保育園の『創立四十五周年史』の年譜には「明治三八年（一九〇五年）十月　創立以来此月迄の（経済的）維持方法は主として院父の医業所得をこれに充て、近年に至っては家族増加に伴ふ不足を篤志家名士より寄贈の書画を有志に頒つとか保育鑵（保育缶）によって補って来たのである」とある。音次郎は歯磨き粉を製造販売して失敗しているが、クリスチャン企業であったライオン歯磨は一八九六年から発売していた。この年譜の続きには「ライオン歯磨本舗が慈善券付き売出しをなし、その一部を本院にも御寄付下さった」と記されていることも興味深い。音次郎の残した歴史的資料が納められた木箱のなかに、毛筆で「創立以来経営苦心の記録書類」と書かれた一つの茶封筒があった。そのなかには銀行などの多くの借用書が入っていた。志の高い児童福祉を展開するとともに、音次郎はこれからその半生を金策にも奔走することとなる。

保育事業に専念し、鎌倉保育園を設立した音次郎に対し、複数の支援が寄せられるようになってきた。津村順天堂《つむらじゆんてんどう》から「慈善函《じぜんばこ》」と名づけられた募金箱が五〇個贈られたり、ＹＭＣＡに鎌倉保育園の後援会が組織されて慈善音楽会が開催されたり、「博愛克己袋《はくあいこっきぶくろ》」という少額寄付金袋を市中に配布するなどさまざま形があった。また政府からも一九一〇年にはじめて奨励助成金四〇〇円を受けた。これはこの年から毎年交付された。また一九一三年からは鎌倉郡からの補助金交付も始まった。

音次郎は当初、自らの生業を通して児童福祉の事業資金にあてると考えていた。ところが、福祉事業に専念するようになればその考えも変化が生じた。音次郎が最終的にたどりついた書画会という事業資金の捻出方法は、音次郎が海外へと児童福祉を展開するきっかけとなったといってもよいだろう。

三　音次郎、満洲へ渡る

運営資金

保育事業資金の捻出方法は、著名人の揮毫を頒布する書画会の収益が中心となった。

一九一一年、内務省（一九三八年に厚生省が設立されるまで福祉を担っていた省庁）が開催した「第一回育児協議会」では音次郎と石井十次が論戦した記録が残っている。このときの司会者が北海道家庭学校の留岡幸助《とめおかこうすけ》であった。音次郎より一歳年下の十次はすでに一八九七年には音楽幻灯隊を編成し、寄付金募集を開始していた。これはブラスバンドと無声映画上映による募金活動で、朝鮮半島・中国・香港・台湾、遠くはハワイ、アメリカ西海岸を巡回した。しかし十次の法人には理事に倉敷紡績《くらしきぼうせき》の大原孫三郎《おおはらまごさぶろう》の存在があり、多くの部分は大原によって支えられていた。

音次郎はあいかわらず高い志を貫き、第五子であり長男である献太郎《けんたろう》さえも、鎌倉保育園においてほかの預かった子どもと同様の養育をしていた。しかし音次郎の唯一の男児は、かりそめの病から容易ならぬ大病に陥り、五歳で永眠した。熊は夫に従い続けていたが、このときばかりは堪えかねて約一〇ヵ月にわたって姿を消した。しかしこのとき、三人の実子を含む一三～一六歳の女児五人が献身を誓って断髪し、音次郎の保育事業を支えた。

このように迂余曲折ありつつも鎌倉保育園の事業は順調に発展していた。その反面、経営はこれに伴わず困窮をきわめていた。熊が戻ってきた一九一一年には、書画会を大阪でも開催した。音次郎は一人で出張することもあったが、日誌のなかには旅先で体調不良を訴え、熊を呼び寄せる場面もある。

揮毫を提供した著名人は政治家・軍人・貴族・画家・書道家・牧師など多方面の人脈に広がっていた。当初、音次郎が腰越医院を開設したときには済生学舎の親友が賛助を申し出ていたが、友に頼ることは自らの児童愛護の精神に誘惑となると考え断っていた。しかし、ここにいたっては奉加帳には医師たちの名前もみることができる。

大連へ渡る

一九一二年、日本が明治から大正へと時代が変わったこの年、音次郎は田辺猛雄《たなべたけお》を頼って大連《だいれん》に渡った。当時、大阪港や神戸港から門司《もじ》港を経て、約四五時間の船旅であった。済生学舎の親友である田辺はこの地で医院を開業していたのだった。書画会はすでに日本各地で開催していた。そこで音次郎は大陸へ渡ったのであった。はじめての外地での書画会は成功裏に終わった。日誌のなかには、一九〇九年に朝鮮で暗殺された伊藤博文《いとうひろぶみ》の書画が八〇円で頒布されたと個別に記録されてある。

音次郎本人が監修のうえで晩年に編纂《へんさん》された伝記『聖愛一路《せいあいいちろ》』には、はじめて大陸に渡った様子をこう記している。

当時すでに大連は満州の玄関として堂々たる都市で、町に屯するロシア時代の馬車と中国人の姿とが慣れぬ眼に奇異な感を与える以外は、日本人の数もかなり多くなっていたので、異国的な香りはあまりなかった

初の海外書画会を満洲で実施した帰り、当時の関東都督府《ととくふ》民政長官・白仁武《しらにたけし》に勧められて音次郎は旅順《りよじゆん》に出かけた。白仁は内務官僚であったことから音次郎とは内地で面識があったのだろう。

『聖愛一路』には旅順を訪れた音次郎の様子がこう記されている。

旅順——世界の耳目《じもく》を驚嘆させた日露戦争の生々しい記憶が、この名を聞いただけでも血なまぐさいものを感じさせるのに、音次郎の見た旅順はいかにも平和そのものの姿であった

バルチック艦隊全滅の新聞記事に心震わせられ、激戦地帯二〇三高地も背後に迫る遼東《りょうとう》半島南端の町・旅順。音次郎はこの地を見た瞬間に「あっ！」とばかりに「心魂たちまち旅順の地と融合するを感じた」と述懐している。『聖愛一路』にも、その底本となった、益富政助《ますとみまさすけ》が鎌倉保育園の創立二五年に編纂した音次郎の伝記『聖愛』にも、「この感動を日誌に記した」との下りがあるが、日誌の原本ではそれを確認できていない。ただ、日誌の一九一三年巻末や、有償頒布事業報告書『保育の園 第八』（一九一四年一月一日発行）の巻頭言には、次の同じ文章が綴られている。

　これ我が愛児、ことに男児のためには修養と力行との便をかねたる屈強の教育地なり。されば我が国の子孫の海外発展はその第一地点を必ずここに相すべし

海外支部設立

旅順で霊感を受けたかのように海外支部設立を思い立った音次郎は、三日後に大連に引き返し、早速支部設立に向けて行動を起こした。まず南満州鉄道の野々村金五郎《ののむらきんごろう》理事に市の有力者数名に面会できるように名刺をこうた。協力を求めた人物は、南満州鉄道の国沢新兵衛《くにさわしんべえ》副総裁、田中警視（警視総監であったことから音次郎はそう呼称したが、田中《たなか》光顕《みつあき》のこと）、大連市長の石本鏆太郎《いしもとかんたろう》などであり、この三人ともが土佐藩出身、つまり音次郎と同郷であった。音次郎は済生学舎の学友の田辺や、旅順高等女学校の職員を務めるかたわら農場を営んでいた林源一郎《はやしげんいちろう》を頼りつつ、初の海外支部の候補地を丹念に探し歩いた。『聖愛一路』ではこの様子を次のように記している。

　ついに彼の熱と努力が報いられる日が来た。旅順市街からは遠い西南の一角にある工科学堂―現在の工科大学―の隣に、戦争当時ロシアが野戦病院にと建てた家がそのまま遺っている海軍の用地を見つけたのである。その地の前方は旅順港に臨み、背後は麓《ふもと》に二、三万坪の荒蕪地《こうぶち》を持つ山を負い、実に理想的な場所であった。大喜びに喜んだ音次郎は早速海軍司令部にこの土地の借用を願い出た。しかし何分にも官有地のことですぐには事が運ばないため、とりあえず第二候補地であった田家屯《でんかとん》に一万坪ほどの窪地《くぼち》を借りることとした

一九一三年四月二八日、旅順支部開設の用地として旅順郊外の田家屯に一万坪の使用を出願していたところ、旅順民生署より許可が下りた。なお、音次郎が予測した通り方家屯《ほうかとん》のロシアの病院跡地付近はすぐには認可されなかった。一年ほど経ったころ、この軍用地が養蚕試験場になるとの風評が音次郎の耳に入った。これは一大事と、音次郎は白仁長官に直談判に赴き懇願したところ、長官はその熱意に動かされ、この軍用地を借り入れることが叶った。田家屯は方家屯に隣接していた。

四　旅順支部の変化

軍国化の波

一九一二年発行『保育の園 第七』に、須田権太郎《すだけんたろう》が旅順支部への抱負を次のように語っている。

> 私共は子々孫々精神界の黒瀬川《くろせがわ》となりて全世界に周流致すべき使命を拝したるもの故。先づ御隣の清国へ流れ入るのを道を御開き下さる事は私共に取りて誠に嬉き極みに御座候。地形選定の上にも旅順を御選み下さる趣私共には相判り申さず候へども父上様（音次郎のこと）には大連に於て多大の同情を得ながら生活上多少の困難を予期せられつつ特に旅順を御選み下さる其御思召のある所実に感激に堪へず候。

「黒瀬川」とは「黒潮」の古い言い方である。世の中の潮流が拓殖にあることに音次郎は迎合し、白仁武に勧められるままに旅順を訪れ、その風景に霊感を受け、支部の設立までこぎ着けた。音次郎四九歳のできごとだった。

音次郎は政府の要人から絶大なる支援を受けつつ児童福祉事業を展開してきた。それは、いわば従軍するかのようであった。旅順支部の用地は民政署要塞司令部の所有地であったと一九一五年発行の『保育の園 第九』に記されている。ロシアがどうしても手に入れたかった不凍港を目指したその南下政策。日露戦争は是か非か。ほかに解決の手段はなかったのか。「アジアを守る」との日本の大義は、果たして正義といえるのか。

ロシア開戦と同時にキリスト教会への迫害は厳しくなった。そのため、非戦論を唱えた内村鑑三《うちむらかんぞう》の一派を除いてほぼすべてのキリスト教会は、国策を支持する姿勢に転じた。キリスト教会はこのときの反省をいかせず、第二次世界大戦においても二の舞を演じることになってしまう。しかし音次郎の心根をみる限りにおいて、決して彼は開戦論者ではなかった。

『聖愛一路』に「子どもの罪は我の罪」というエピソードがある。預かり育てている子どもが、近所の子どもに対してカツアゲしていると苦情が飛び込んだときのこと。音次郎と熊は激怒してきた家の主人の前に土下座するように謝罪するのだった。そうした際の音次郎の態度はいつも同じだった。それは「子供の罪の全責任は自分にある。叱られる園の子供達にあるのではない。自分が悪いのだ。音次郎に園父たる資格がないからだ」とひたすら自責の念にかられ、相手に対してはただ心から詫び入るのみであった。

当初、音次郎の旅順支部開設でさえ、拓殖政策の毛色が強いものであった。しかし、クリスチャンの親友である益富政助の発言が音次郎の心に突き刺さった。

今の時代、日本人が大勢韓国に渡っていくが、その動機は一攫千金《いっかくせんきん》を夢見てである。まるで我利我利亡者《がりがりもうじゃ》だ。私は多くの日本人の中から一人ぐらいは純然たる博愛精神で、ただ一途に韓国のことを思い、韓国のために身も魂も捧げて働きをなす者があって然るべきと思う。佐竹さん、あなたはそうした使命を感じて立ち上がりませんか？（『聖愛一路』）

これは旅順支部を開設した直後、満洲に渡ったときと同じ理由で朝鮮を訪れた音次郎に対して語られた言葉である。音次郎は自ら提唱していた聖愛主義に照らし合わせて益富の言葉を咀嚼《そしゃく》した。聖愛主義の聖とは聖書の聖であり、愛とは神の愛のことである。つまり、我が子と他人の子を分け隔てなく育てる一視同仁《いっしどうじん》を貫くものであった。

他人の子と自分の子と区別をつけないなら、他の民族の子供もまた我が子のごとく育てられるはずである。しかも韓国は隣国。なおのこと隔てのない愛を注ぐべきではないか

音次郎は書画会を朝鮮各地で開催するとともに、支部の候補地選びも行った。この後、台湾・大連・北京も同様に、合計五つの海外支部が展開されることとなる。

少年らの鍛錬を目的とした旅順支部開設であったが、さまよう不遇児童の姿は音次郎の心を動かした。旅順支部は一九一三年に七名から開始して、翌年一三名、翌々年一三名と鎌倉本部から子どもを派遣して運営していたが、一九一六年には乳児保育部門も開設する。『保育の園　第十一』には「一九一六年六月二六日　大連より生後四ヶ月の女児を収容す」との記事がある。この年から現地での子どもも収容し、年末には二五名となった。閉鎖される一九三八年まで毎年数十人規模の入所児童であふれていた。育児部開設の趣旨は八月一六日の記事として記載されている。そのなかでは、旅順支部は三年間の準備期間を経てここに支部を設立した真の意義を実行する時機が到達した、と書かれてある。

一九二七年の状況

一九二七年の「旅順支部要覧」には以下のように記されている。

昭和二年度 財団法人 鎌倉保育園 旅順支部報告

▲名　称　鎌倉保育園旅順支部

▲目　的　南満州一帯に渉る不遇児童の救済並に不良児の感化を目的とす

▲所在地　関東州旅順市旭川町壱番地

▲設　立　大正二年四月三十日鎌倉保育園主佐竹音次郎氏設立す

▲組　織　財団法人組織とす（法人許可大正九年一月二十九日）

▲代表者　佐竹音次郎
▲経営者　佐竹　昇
▲起源及沿革
　鎌倉保育園主佐竹音次郎大正元年十二月保育園維持の方法として帝都に於ける名士、大家より書画の寄贈を受け是れを篤志家に買上を願ふて全国を巡り居りしが、偶々大連に友人田邊猛雄氏在るを頼り渡満し其節旅順をも訪れた。然るに旅順に入るや、心魂忽ち旅順と融合せるを感じ此地ぞ児童教育の屈強の所なりとて民政署より林源一郎氏の尽力によりて田家屯に多少の土地と家屋を借用し大正二年四月三十日開設し当時鎌倉本部より青少年四名、老人一名と来りて借用地の開墾に従事せしめ、更に新市街の一角にある海軍用地二万坪を海軍司令部より借用し果樹栽培を初め引続き年々義務教育終了せしもの数名来りて農事に従ひ傍ら勉学せしめて堅実なる思想と強健なる身体の養成に勉め居りしが、満州に於ける児童救済機関の少なき為逐年当地方より収容すべき児童多数に上り経営上本部より児童の転来は中止し、専ら当地に於ける不遇児の救済に勉む、更に当地方に感化院の設備一箇所もあらざる為不良児の感化方も依託を受け此仕事も兼る事となり、是等幼少年の増加するに従ひ保育衛生上甚数々不便を感じ大正六年関東都督府よりの補助金、恩賜財団よりの下附金、満鉄会社及大連銭鈔《せんしょう》公司《こうし》よりの寄附金等を以て現所在の地に支部家屋を建築し同年十二月竣成移転す、爾来専ら育児及感化事業に尽力し大正九年一月財団法人の許可を受け同十二年より毎年度宮内省よりの奨金を下賜せらる概略創立以来昭和三年三月末に至る救済人員左の如し（参考に、史料に掲載された表にはこれまでに救済した人員の延べ人数と実人数が記されている。育児の部の実人数は男六八・女五六、感化の部は男九・女三で、合計一三六となっていた）。
▲入園条件及手続
　教育上一切の親権を委託するを主要条件とし手続法に就ては規定なし、実状を調査し救済の必要を認めたるも

のは収容す。

その後、旅順支部は鎌倉本部と同様、現在の児童養護施設の機能として要保護児童の養育を行う施設として満洲の玄関口に存在した。ところが支部運営にあたっての悩みがあった。旅順支部には大連警察からの委託で非行少年が送られてくるのであった。植民地という土地柄、そこに住む子どもたちの人格形成にも暗い影を落としていた。行政上も悩みの種であり、非行児童の自立支援事業は官民から熱望されていた。

そこで音次郎はこれを喜んで引き受けることにした。しかし、州政府や警察でさえ手をこまねいている非行児童の感化事業を、音次郎が始めることを法人は反対した。音次郎は一九二〇年に自ら運営する児童福祉事業を財団法人にしていた。それは私有財産をすべて放棄するという内容で、この理念にも音次郎の聖愛主義が盛り込まれていた。ところがこれが仇《あだ》となる形で評議員たちの猛反対にあったのだ。すでに音次郎の思いつきのような形で設立された海外三支部の運営でも窮乏をきわめているにもかかわらず、このうえ経験のない新たな事業を展開するなど、無謀にもほどがあると思われたのだった。

しかしここでも音次郎は粘りに粘り、結局、評議員会は音次郎が一切の責任を負うことを条件に承諾した。音次郎は旅順支部大連分園の設立のために、再び満洲に渡った。一九三二年、音次郎実に六八歳のできごとだった。

一九三六年、音次郎の事業は次女の夫である昇《のぼる》に引き継がれていく。一九四〇年、音次郎は七七歳で天に帰る。一九四二年、ミッドウェー海戦を機に戦局は悪化し、同年、旅順支部の敷地は軍に返還要求され大連分園と合併する。その翌年には北京支部も閉鎖のやむなきにいたり、収容児童は旅順と同様に大連支部へ移された。北京支部わずか五年の運営であった。

終戦時の状況

一九四五年、終戦時の大連支部には七五人の子どもがいた。三五人は現地の縁故者が引き取り、四〇人は職員とともに鎌倉保育園に引き揚げてきた。台湾の台北支部についても同様である。韓国の京城支部は韓国の三施設に子どもを分けて移管された。

音次郎の死、そして終戦を機に、保育園の海外事業はすべて廃止となる。『鎌倉保育園創立一〇〇周年記念』誌では、「昭和二〇年八月、終戦を迎える。これは本財団にとって全支部の壊滅宣告の日となる」と記されている。

五　音次郎の考え方

「いごっそう」

これまでの音次郎の行動をみれば土佐の男「いごっそう」の雰囲気を感じさせる。いごっそうとは、土佐弁で快男児や頑固で気骨のある男を表す方言だ。

音次郎の自伝的伝記である『聖愛一路』には次のようなエピソードが紹介されている。音次郎が医業の収益と歯磨き粉販売で資金調達をしていたころ、裸足で歩くことの好きな音次郎はその夜もかなり深い雪のなかを裸足で帰宅した。その翌朝、食膳に向かった彼の口からどうしたわけか味噌汁がたらたらと流れ出てしまうのだった。いくら口をしっかり塞ごうとしてもなにか合わない、一晩の間に妙に口が曲がってしまった。顔面神経痛を起こしてしまったとわかったときは後の祭りだった。すぐに手当てさえすれば治ったであろうが、自分のことなどは後回し。そのままに放置してしまったので、口はこのときの名残りで生涯いく分か曲がっていた。

また、旅順支部設立に奔走しているさなか、日誌には次のような記事があった。

大正二年（一九一三年）一月一三日（日　晴）　昨日園母及一同に出したりと思ひし手紙、布団と坐布団の下より発見す、明朝差し出す積もりなりこの日の日誌原本には発送した電文の内容なども含まれているが、活字版では右記のみを抜き書きしている。音次郎の人間らしい一面を感じさせる。

頑固な側面をあげれば、音次郎の晩年、『聖愛一路』の再編纂にあたり、底本である『聖愛』を著作した益富に紹介された角田荘子《つのだまさこ》とのエピソードがある。荘子は音次郎と海外支部に同行し、いわば密着取材をかけた。海外支部も巡回し、音次郎の足跡を調査した。旅順に入った荘子は当時、旅順支部で教会学校の奉仕をしていた小笠原隆長《おがさわらたかなが》と出会った。小笠原はYMCAから教会学校教師としてここで奉仕を始め、それが高じてついに旅順支部の一室に住み込みし、子どもたちと寝食を共にしていた。当時、小笠原は旅順支部があった田家屯や方家屯の東側、旅順新市街地にあった工科大学の学生であった。音次郎は荘子と小笠原がよい夫婦になると直感し荘子に旅行中、何度も結婚を勧める。荘子の返事が芳しくなかったので音次郎は夜中に荘子の部屋に入り、涙ながらに訴えたのだった。荘子はあまりの音次郎の熱意に胸が熱くなったと手記で綴っている。しかし、「翌晩からは扉の内側にたくさんの椅子を積み上げて休むことになった」とも残している。やがて荘子は小笠原と結婚することになる。

音次郎も結婚当初は石井十次のごとく、妻に対しては非常に厳しい態度で接していた。妻を自分の描いた保育事業の右腕とするために、体罰を含むスパルタ教育を施していた。しかし、それもキリスト教に入信するときにすっかり改心し、また過去の自分の失敗を赤裸々に告白し改めるのだった。音次郎に残された生来の気質といえば、母・佐雄《さお》が故郷で示していた他者への気遣い。つまり、四国遍路の旅をする巡礼者にも優しく接していた人間愛が、キリスト教の中心的教理である隣人愛と結びつき、強固なものとして音次郎の人格を築き上げた。

音次郎日誌の原本にはその時々の新聞記事がスクラップされていることが多い。また、日誌の本文に新聞記事を転記している個所もある。

一九〇五年五月二九日の『日誌　佐竹音次郎』には小児保育院の鎌倉への移転地買い入れの契約が成立した記事と

ともに、「此日新聞号外出づ。バルチック艦隊全滅、我海軍大勝利也と」と、記している。

また同年一月二日の『日誌 佐竹音次郎』（原本）には、音次郎が年始回りをするにあたり、この年から贈り物を全廃したとの記事から始まっている。これは出版されている『日誌 佐竹音次郎』には未収録の内容である。この後、音次郎は秋月氏と会い夕食をともにして、九時に帰宅して家庭礼拝を行っている。この日はその様子が克明に記されており、居眠りをする者が多いことを不愉快に感じたことも綴られている。新約聖書の物語にも弟子達がイエス・キリストの話しを聞けずに居眠りをする情景があるが、音次郎はそれと対比して書いている。自分が眠気に勝利したことを綴った直後に、次のように日本の戦局を綴っている。

此日新聞紙ハ号外ヲ以テ旅順ノ大快報トシテ松樹山砲台（昨年大晦日占領ノ）ノ捕獲品ト望臺《だい》ノ占領（昨一日）ト共ニ敵将ステツセル《すてっせる》ヨリノ開城ニ関スル書面ヲ昨夜九時受取リタリトノ電報昨夜大本営ニ著セルヲ報シ来リ、市中為ニ賑ヒ家々国旗交叉ノ模様ヲ附セル提灯ヲ掲ケ楽隊行列等アリ、余モ亦《また》未曽有ノ勝利ヲ感シテ益々奮闘激戦終局ノ勝利ヲ期スルノ念ニ堪ヘザルモノアリ

この件はこの日の分量の四分の一程度で、その後、支援してくれる人とのかかわりの記事に戻り、「午後十一時就寝明日ノ祝福ヲ祈ル、アーメン」と結んでいる。

幸徳秋水との交流

この後、音次郎は同郷の幸徳秋水を訪問している。日誌には「一月一八日（水）幸徳氏を訪ふ。母公と妻君に勧めをなす」とある。その日の書き出しには「益富氏と聖書を見、祈禱を捧げ」とあり、秋水との面会の後ろには「同母公は二三度内村氏（内村鑑三のこと）の講話を聞きに往きたりと云う」とあるから、ここの「勧め」とは音次郎は秋水に対してキリスト教信仰を勧めたものと考えることができる。

やがて同じ中村出身の秋水とは方向性の違いを生じ、秋水は論理派、音次郎は実践派の対極に位置した。音次郎の

福祉事業を世に広めたのは、雅号を堺枯川《さかいこせん》とした堺利彦《としひこ》の働きもある。一九〇二年一一月一日、『万朝報《よろずちょうほう》』の創立一〇年記念号発行にあたり一頁全面に枯川の執筆で「小児保育院訪問記」が掲載された。秋水と枯川は朝報社を一九〇三年に退社し、平民社を設立して非戦論の路線を継承している。一九〇五年に音次郎が訪問したのは、その平民社であった。

音次郎は甲府《こうふ》の林夫人から頂いたことをきっかけに聖書に親しんでいた。その聖書には、旧約聖書ではイスラエル王国が近隣諸国と戦いを繰り返す記事があり、新約聖書でもローマ帝国の支配下でユダヤ人たちの内なる葛藤が綴られている。しかし音次郎の日誌をみる限りにおいては、直情的な非戦論は提唱していないことを感じる。むしろ、従軍記者のように戦局を肯定的にとらえている様子さえうかがえる。これは音次郎が開戦論者であったからだろうか。私は音次郎が世の中の戦争さえ達観しており、基本理念として戦争は悪いものであることは周知の沙汰として理解したうえで、それでも有史来繰り返される人類の悲惨を、救う側の立場として自らの使命に徹した結果だと受け止めている。

おわりに

音次郎が生きた明治時代は日本に西洋文化が入ってくると同時にキリスト教思想がもたらされた。聖書にふれて、この神の言葉に心動かされ、生き方を変えられた人は多くある。キリスト教は当時の日本の文化の一つとなったともいえるだろう。一週間の概念は日本にもあったが、安息日つまり日曜日に神を礼拝するために仕事を休む文化はなかった。

音次郎の日誌をみれば、音次郎は日曜日にはほぼ毎週、鎌倉教会や行く先々の教会の礼拝に出席していた。そして毎日、聖書を読み、神に祈りを捧げ、家庭でも礼拝を守っていた。音次郎はそんな敬虔《けいけん》なクリスチャンだった。その音次郎が不幸な生い立ちを背負いつつも、四国の片田舎の義理人情に厚い村文化に育まれて成人し、社会にこぎ出そうとしたとき、聖書教理は新鮮に彼の心に響いただろう。

聖書に次の二つのキリスト教の象徴的な言葉をみることができる。

復讐してはならない。民の人々に恨みを抱いてはならない。自分自身を愛するように隣人を愛しなさい。わたしは主である。（旧約聖書レビ記一九章一八節）

そこで、イエスは言われた。「剣をさやに納めなさい。剣を取る者は皆、剣で滅びる」（新約聖書マタイによる福音書二六章五二節）

音次郎は鎌倉で運営している事業のためだけに全国各地を飛び回った。そしてついに日本が進出していた満洲にまで足を伸ばした。しかし外地でも助けを必要としている子どもの存在をみた瞬間から、音次郎の視野が身の回りの子どもだけではなく、戦乱のなかで犠牲になる小さい存在にも広がった。音次郎の開設した旅順支部は変化する社会情勢に応じて変化していった。

さらに音次郎は資金調達のために当時日本が進出していたアジアの国々を訪問した。しかしその先々で、音次郎の目には小さい存在が映り、その時々の導きによって海外支部を設立していった。旅順・大連の各支部では邦人がその児童福祉事業の主な対象であったが、朝鮮と台湾では現地の子どもも養育している。

音次郎が医者になったとき、はじめて手にした新約聖書。その大部分の著者はキリストの弟子パウロである。パウロは生粋のユダヤ人でありながら当時、世界を支配していた帝国ローマの市民権も獲得していた。パウロはこの二つの国籍を巧みに利用しながらキリスト教を全世界に宣べ伝えた。

音次郎の海外支部戦略は、いわば戦渦に巻き込まれ、時代に翻弄《ほんろう》される小さい存在のために立ち上がった結果だと受け止めることができる。まるで従軍するかのように政府要人や軍の支援を受けつつ、隣人愛を実践していった。この音次郎の足跡を考えるとき、私はパウロの歩みと重なってみえるのである。パウロも当時の首都ローマに宣教活動をするために、ローマ軍の護衛を頂きながら都上りをした。そのことは同胞のユダヤ人の反感さえ買うような、ある意味、無謀な手法をとったのだ。そのパウロは自身の書簡のなかでは、奴隷制度がキリスト教的かどうかを論じる以上に、その奴隷をどうやって解放するかに力点が置かれていた。音次郎はこの実践思想を聖書のなかから読み取っていたのではないかと私は考える。

目の前の困っている人を見過ごしにした場合、その人の心のなかには強い後悔の念が伴う。見過ごしにせざるを得なかった正当性のある理由を後付けして、それを打ち消す場合もあるだろう。音次郎が考えた「平和」とは、この心の平和を維持することであったのではないかと私は考える。人と人が自然と共鳴しあえるような思いやり。そこに音次郎は福祉の理念を見出したのではないか、と。

音次郎が追究した平和は、きっと音次郎自身のなかに最大限に広がったのではないだろうか。

参考文献

乾　綾雄『佐竹音次郎物語』育英出版社、一九七九年

小笠原隆長・小笠原荘子『二人で歩いた道』一九六四年

佐竹音次郎ほか『保育の園』財団法人鎌倉保育園、一九〇六～五五年

佐竹昇編『創立四十五年史』財団法人鎌倉保育園、一九四〇年

佐竹昇編『松籟（佐竹音次郎追悼録）』財団法人鎌倉保育園、一九四一年

佐竹保義編『年表と写真に見る百年史（創立一〇〇周年記念）』社会福祉法人鎌倉保育園、一九九六年

高田彰監修『新版・聖愛一路』文芸社、二〇〇三年（日能光子編『聖愛一路』教文館、一九四〇年の改訂版）
田中英夫『山口孤剣小伝』花林書房、二〇〇六年
益富政助編『聖愛』財団法人鎌倉保育園、一九二一年
吉村良司編『日誌　佐竹音次郎』社会福祉法人鎌倉保育園、一九七六年
吉村良司編『其日のために―佐竹昇の生涯―』佐竹昇記念刊行委員会、一九七四年

第三章　中国残留孤児と日本における人権擁護

艮　香　織

はじめに

中国残留孤児とは、「日本の敗戦前後の混乱の中で肉親と離別して孤児となり、中国に残留することを余儀なくされた人々」をいう（吉田ほか編、二〇一五）。義務教育段階の歴史教科書には中国残留孤児に関する一定程度の記述がある。二〇二一年度の小学校教科書（全三冊）では、いずれも満洲へ渡った経緯や引揚孤児にふれられており、そのうち一冊は本文に中国残留孤児の説明がある。また中学校教科書（全六冊）では、満洲へ渡る経緯と引揚とともに中国残留孤児が記されている。しかしながら中国残留孤児について、関東の大学生（二〇二〇年実施、大学二年生九一名）にアンケートを実施したところ、学習経験は一割程度であった。中国残留孤児たちが背負わされた問題は、日本社会における歴史認識や多文化理解、血統主義、そして家族観や子ども観といったさまざまな人権課題が交差して起きており、いずれも現在に続いているにもかかわらず、あまりにも低い数値である。

そこで本章では、中国残留孤児が生みだされた要因と、日本における人権擁護がどのようなものであったかを概説したい。

一 なぜ中国残留孤児が生みだされたのか

どれくらいの孤児が存在したのか

終戦後に中国・ソ連・太平洋諸島・東南アジアなどに在留していた日本人の数は約六六〇万人といわれる。そして中国東北部（旧満洲）には敗戦当時、約一五五万人（約二七万人が開拓団員）が居住していた。戦時情勢のもと（一九四五年六月以降）壮年男子の約一五万人が関東軍に召集されていた。そのうち約五万人が開拓団員であった。そのため、開拓団員は女性と子ども・高齢者が主体となっていた。一九四五年八月九日のソ連軍の侵攻による開拓団の逃避行は困難を極めた。民間人の死亡者総数は二四万五〇〇〇人（うち開拓団員・義勇隊員は七万二〇〇〇人）、行方不明者一万一〇〇〇人（うち死亡推定者六五〇〇人）にのぼる（加藤、二〇一七）。

その途上で多くの孤児が生まれでることとなる。どれくらいの孤児が存在したかは概数に留まる数値となるが、次の通りである。厚生省の一九五四年四月当時の記録には、孤児と認められる者は約二五〇〇人を数え、調査が進むにつれ約一五〇〇人が死亡、残る一〇〇〇人のうち約七〇〇人の身元が明らかとなり、残る約三〇〇人は身元が判明しなかったと記されている（厚生省援護局編、一九八七）。また、ほぼ同時期の記録には「二、孤児、その他の難民」は推計として約四〇〇〇人以上にのぼり、東北三省（黒龍江省《こくりゅうこうしょう》・吉林省《きつりんしょう》・遼寧省《りょうねいしょう》）および内モンゴル自治区に集中していると記されている。中国の人事資料である檔案《ダンアン》の原本を一次資料とした関亜新らの調査研究（関・張、二〇〇五）によると残留孤児の数は女性一九五〇名、男性が一六四三名中であり、女性の数が多い（佟岩、浅野監訳、二〇〇八）。

現在、厚労省によって認定された残留孤児総数は二八一八名（厚生労働省、二〇二〇）である。これに亡くなった子どもや、カウントされなかった子どもを加えると、公的なデータを上回る相当数の残留孤児が存在していた／いる

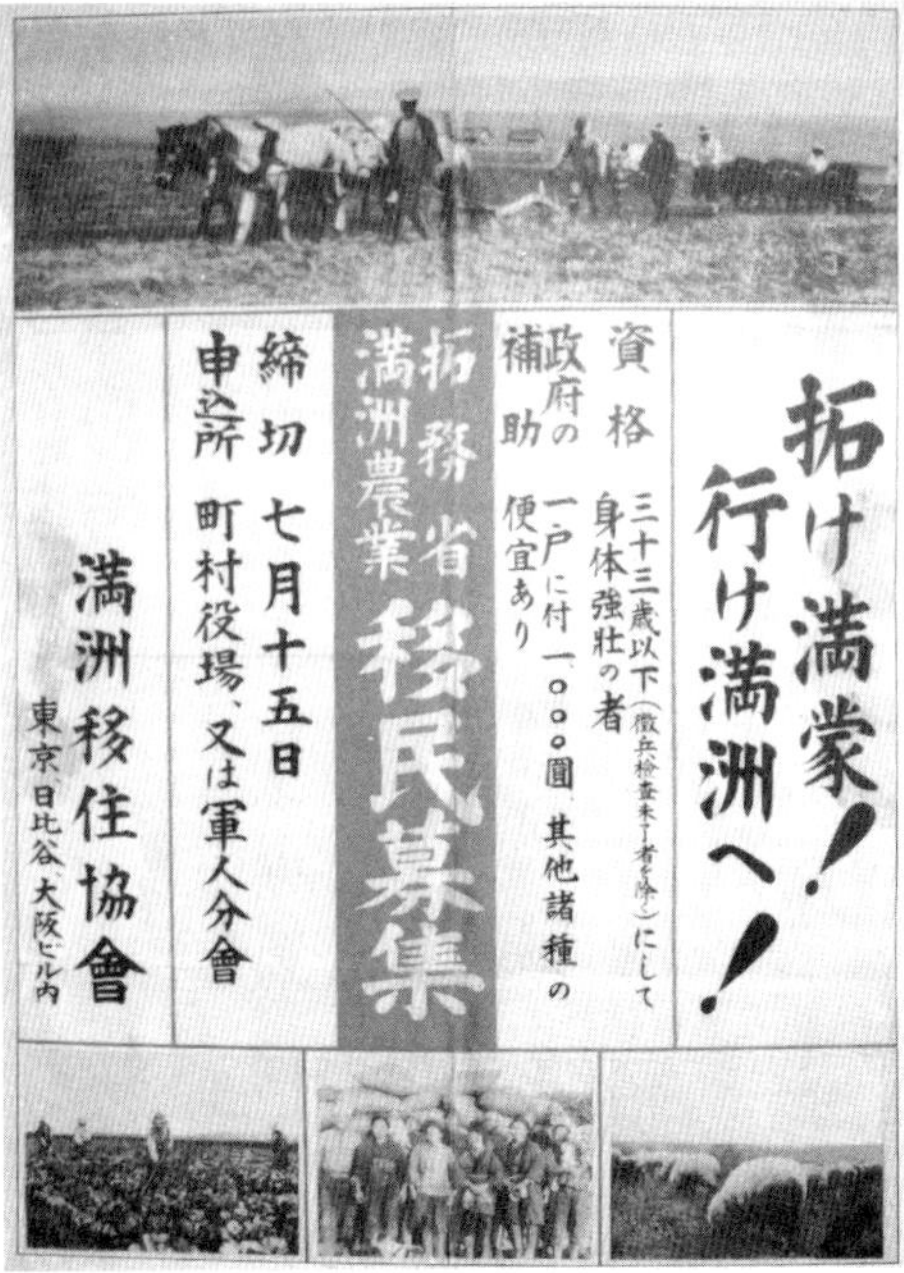

図1　満蒙開拓団への参加を呼びかけるポスター
（年代不明，共同通信社提供）

ことが推測される。

残留孤児発生の要因

これにはなぜ日本人が満洲にわたったのかを知る必要がある。詳細は本シリーズ一巻Ⅲ部第一章の平井論考や、二巻Ⅱ部第四章の本庄論考に詳しいので参照されたい。一九二九年の世界恐慌によって日本社会は深刻な不況に陥っていた。最大の輸出品であった生糸は前近代的家族経営に依存するという脆弱《ぜいじゃく》な構造であったため、農村が大打撃を受けることとなった。政治による農村の救済が滞るなか、一九三一年に満洲事変が勃発する。閉塞感を破る「戦果」の報道は人々を熱狂させることとなる。それまでも移民政策は進められていたが、より全国的に拡大していく。一九三七年になると満洲移民政策として「満洲農業移民百万戸移住計画」が国策として始まった。また、一九三八年からは関東軍によって有事の際の兵力補充の観点から一六～一九歳の青少年を対象とした移民が計画され、「満蒙開拓青少年義勇軍」が生まれるが、これは本来の移民政策とは異なる軍事目的の強いものであった（加藤、二〇一七）。

満洲移民政策は日中戦争が長期化するなかで行きづまることとなる。創出割り当てのノルマが厳しさを増し、強制的な開拓民選出も行われるようになっていった。義勇軍も教員にノルマが課せられ、貧困家庭や親がうるさくない生徒に積極的に声掛けをするなどして集められた。

さらに戦況が厳しくなると前述のとおり一七～四五歳の男性は関東軍に召集され、ソ連との国境付近の開拓団には女性と子ども、高齢者が残されていた。そして一九四五年八月九日未明、約一五七万人のソ連軍は満洲へと侵攻する。その三ヵ月前、すでに大本営は満洲の図們・新京・大連を結んだ北を放棄地域とし、南の作戦地域へと後退していた。よって軍人・軍属の多くは引き揚げていたが、開拓団には知らされていなかった。さらに一九四五年八月一四日に日本政府よりだされた「三カ国宣言受諾ニ関スル在外現地機関ニ對スル訓令」により、一般邦人は現地に留まらせる方針をとった（一般社団法人満蒙開拓平和記念館、二〇一六）。

図2　満洲の地図をみる満蒙開拓青少年義勇軍に参加する少年たち
（1941年の東京府北豊島郡岩淵町岩淵高等小学校にて，朝日新聞社提供）

徒歩による逃避の長い道のりのなかで、ソ連軍や原地の一部の人々からの攻撃に加え、略奪や性暴力、「集団自決」や自死、飢餓や伝染病の蔓延《まんえん》、越冬による凍死によって、子どもを含む多くの引揚者が命を落とすこととなった。こうした極限状態で両親との死別や離別によって多くの子どもが孤児となった。孤児たちは孤児院や収容所に引き取られたり、親が子どもの生存に希望を託して中国人に養育を依頼するということが起きた。木下貴雄はどのような経緯で残留孤児となったかを四パターンに整理している（木下、二〇〇三）。①親の死亡に伴う孤児、②逃避行中に手離された孤児、③連れ去られた孤児、④その他の孤児（足手まとい、食料・金銭との交換など）である。中国人の養父母がなぜ孤児を引き取ったかについては、人道的立場とともに、儒教的思想のもと男子は労働力として、女子はいずれ嫁

（童養媳《トンヤンシー》）にするといった側面もあった。

二　日本政府ならびに民間による引揚事業

前期集団引揚

日本政府による引揚事業のうち前期集団引揚といわれる時期は、一九四五年八月一八日の「満洲国」崩壊後、一九四六年五月の満洲からの集団引揚開始から、一九四九年の国共内戦や中華人民共和国成立に伴う国交断絶による引揚中断までを指す。この時点で新聞や報告書などに残留孤児の存在が報道されていた。『朝日新聞』（一九四七年一〇月三〇日）には「満州に孤児約五千　日本語も忘れ八路軍《はちろぐん》に」との見出しで、佐世保《させぼ》に上陸した開拓団からの孤児に関する証言が紹介されている。両親と「行き別れ死に別れた（原文ママ）」孤児の数は「一万人余り」であり、その「半数」は現地の「ブローカーの手により商家や農家に売り飛ばされ」、各都市にいる「日本語を忘れた孤児」の存在に言及している。また、八路軍（中国共産党の軍隊であり、国民革命軍第八路軍の通称）によって五〇〇〜六〇〇人を収容する孤児院（四、五〜一五歳までが多い）がつくられ、「十歳以上の子供が農家の手伝いに行き、その賃金で経費をまかなって」いると記されている。記事は「十五歳以上になると八路軍兵士になるのだということを聞いた」と締めくくられている。

また、当時の中国に残されている孤児の様子は、高砂丸《たかさごまる》帰還者の報告（「満洲地区抑留者の一般状況―昭和二四、九、二七　高砂丸帰還者による―」）からもうかがえる（厚生省、二〇〇〇）。「㈥、婦人および孤児」に、「東北各地の主要都市はもとより、僻村《へきそん》地区において、日本婦人並びに孤児の姿を見ないところはないといってよい。孤児は日本語を忘れ、一見しては、日本人と判別することが困難なほどである。孤児に対する現住民の態度は、比較的良好であるが、

図3　博多港に引き揚げてきた子どもと女性（1945年11月，朝日新聞社提供）
これは1945年に撮影されたものであるが，中国東北地区からの集団引揚は1946年5月からであり，「着のみ着のままの裸同然」（厚生省援護局編，1987）の者が多かったとの記録が残されている．

婦人は悲惨な状況に置かれている者も少なくない。延吉《えんきつ》の例では、引揚を希望する者に対しては、『四ヵ年間の食事代を支払え』など、身代金を請求しているところもある」とある。本人の自由意志が届かない状況であり、「残留」せざるを得ない状況があることが同報告書の「帰国の希望はあつても本人の自由意志によるところの引揚はほとんど困難で、救出以外に道はない」という記載や、別の「中共地区の状況（昭和二四、九）」報告の「絶対に自分達自らの力によつて」帰還促進運動は起こせず、「預けられた子供」は「中国社会の中に深く食いこんでおり、この救出については連合国の調査団の如きものの入国調査が全体に必要」との記述からもみてとれる。

　また、同報告書には引揚問題に対して日本政府や国会議員の態度について記されている。「中共引揚対策審議会」（留守家族団体である留守家族団体全国協議会を中心に関係民間団体をもって組織）によると、これは孤児に限定されないが中共引揚問題に関する「日本政府の態度」として「ほとんど無関心、積極性なし。（中略）『政府が努力してくれているだろう。』などと思つていたなら大間違いであることを、家族は根本から認識せよ。また事実、積極的になつてからが、多くを期待しえないと考えざるを得ない」とあり、また「国会の態度」として両院の委員会に引揚問題を「『真剣に（われわれの考える意味において）』やっている議員は一人もない」と、政府の対応に対する家族の悲痛な胸中がうかがえる。

後期集団引揚、そして国交断絶

後期集団引揚の再開は平和条約調印後（一九五二年）の一九五三年であった。これに先立ち、国内の民間団体（日本赤十字社・日中友好協会・日本平和連絡委員会）と中国紅十字《こうじゅうじ》会による「北京協定」が締結され、断続的に多くの残留日本人が帰国することとなった。しかし孤児に対する政策はなく、それは一九五四年の戦犯の釈放と帰国の際も同様であった。このころ日本では、一九五六年の『経済白書』に「もはや『戦後』ではない」と記されるなど、神武景《じんむけい》気《き》に沸いていた。人々の関心が経済的な豊かさに夢中になっていくなかにあって、大勢の孤児が「戦後」に取り残され続けたのである。

後期集団引揚も、わずか五年後（一九五八年）には中国との国交が断絶となったことで再び中断となった。さらに追い打ちをかけるように一九五九年には岸信介《きしのぶすけ》内閣によって未帰還者特別措置法が成立し、戦争による行方不明者に戦時死亡宣告をだすことが可能となった。充分な調査もされないまま死亡宣言がだされ、戸籍から抹消されることとなった。家族には弔慰金として三万円が支給されることとなった。当時の大学卒の国家公務員の初任給が一万二〇〇円であることを考えると高額である。これによって、厚生労働省社会・援護局によると二万五八三人が戸籍を抹消されている（「平成二七年度中国残留邦人等実態調査」）。この「死亡宣告」が後の国交正常化以降の残留孤児の調査や帰国手続きの遅れにもつながることとなる。

そして中国では一九六六年から始まった文化大革命の影響で、資本主義的とみなされた人々への徹底的な攻撃と粛《しゅく》清《せい》が全国的規模で繰り広げられていた。こうしたなかにあって、日本人であることを理由に孤児本人や配偶者ならびに養父母が攻撃の対象となることが起きていた。日本人であることを隠すために、写真や文書、洋服などを破棄したというケースも少なからずあった。これが後の身元判明に関わる書類の紛失にもつながっていく。

日中国交正常化以降のとりくみ

国交断絶の間、民間による残留孤児の支援事業が始まっていた。なかでも中国残留孤児の帰国事業を始めた山本《やまもと》慈《じ》昭《しょう》のもとには一九六四年以降、多くの孤児から手紙が届いていた。一九七二年に中国との国交が正常化すると、在北京日本国大使館や厚生省、都道府県などにも残留孤児からの手紙が大量に届くようになる。それによって未帰還者の調査の一部であった残留孤児の問題がクローズアップされるようになった（厚生省援護局編、一九八七）。一九七四年には民間団体による中国残留孤児肉親調査が始まり、厚生省も一九七五年に公開調査を開始する。一九八〇年には民間団体による中国残留孤児訪中調査となるが、三五年の月日はあまりに長く、三一五人のうち二組のみの親子再会であった。訪中の様子は「ＮＨＫ特集『再会』——三十五年目の大陸行——」（一九八〇年九月一九日放送）や、新聞などで取り上げられ反響を呼んだ。『朝日新聞』（一九七四年八月一五日）では、日中友好協会に寄せられた手紙などをもとに「行き別れた者の記録」を特集し、残留孤児の名前や離別の際の様子、家族構成といった記憶を掲載している。『毎日新聞』（一九七六年三月一〇日）では「故国は冷たかった」と中国からの帰国者に出迎えも宿舎も用意されていなかったことを報じている。この時期（一九七六年）に「日中友好手をつなぐ会」は訪中調査の提案やそのための予算確保の要望を政府に提出し

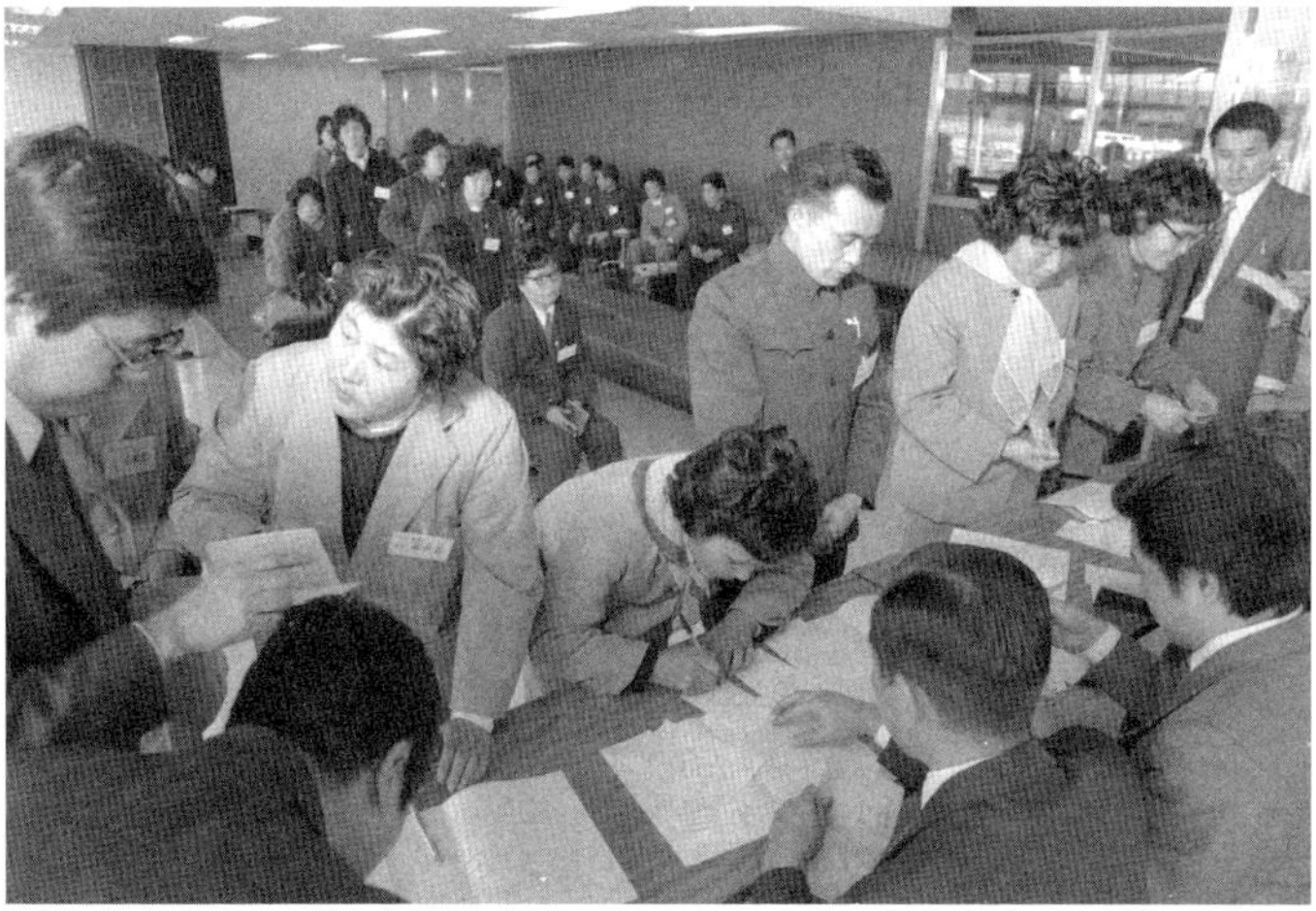

図4　中国民航機で日本に着いた中国残留孤児（1981年3月，朝日新聞社提供）

ているが受け入れられなかった。

国交正常化から九年後の一九八一年になってようやく、厚生省による残留孤児第一回訪日調査が始まり、その後、訪日調査は継続して実施された。この実現には「中国残留孤児問題全国協議会」からの直訴があった（菅原、二〇〇九）。訪日調査による身元判明人率は、一九八一年は六三・八％、一九八二年は七五％、一九八四年（二〜三月）五四％、（一一〜一二月）四三・三％をピークに、年々肉親捜しの調査は難航の一途をたどり、一九九五年で一〇・四％、一九九九年は一〇％と減少し、同年、集団による訪日調査は終了となった。厚生労働省「中国残留邦人の状況（二〇二〇年七月三一日現在）」によると、「残留日本人孤児の身元調査」による孤児総数は二八一八人、うち身元判明者一二八四人である。帰国した孤児は二五五七人（家族を含めた総数九三八一人）となっている。

三　さまざまな人権課題の噴出

以下では紙幅の関係でいくつかの課題のみとなるが、残留孤児が直面した人権課題を概説したい。

身元引受人制度、特別身元引受人制度

国策の結果として発生した残留孤児でありながら、長年放置されたうえ、残留孤児であることがわかったとしてもその後もさまざまな障壁があった。まず、身元引受人がいないことには帰国できなかった。一九八五年に親族が判明していない孤児の永住帰国が可能となる「身元引受人制度」が創設されることとなった。訪日調査で親が判明しても、さまざまな事由から親や親族から帰国を拒否されるという孤児が多く存在した。時を経たことですでに異なる生活を送っていたり、隠していたり、家族や親戚の理解が得られない、経済的な余裕がないといった理由による。そのような孤児のため、一九八九年には「特別身元引受人制度」がつくられ、一般ボランティアが身元引受人となることが可

能となった。しかし身元引受人の不足、そして身元引受人によって早期帰国や帰国後の自立支援が左右されるといった課題があった。

帰国後の暮らし

帰国した残留孤児たちは厳しい生活を強いられることとなる。日本語学習の期間は限られており、すでに成人となって久しい孤児たちが言語を習得するには困難が多く、かつ日本において中国で習得してきた専門性やキャリアがいかされることはきわめてまれであった。一九九三年には日本と中国のあいだで、残留邦人とその家族の帰国について、「日本政府は、日本国内において、これらの家族の法律上の正当な権利を保護し、日本での生活、就業、学習等の面における便宜を図る」との口上書が交わされている。また、その後の一九九四年に公布された「中国残留邦人等の円滑な帰国の促進及び永住帰国後の自立の支援に関する法律」は、「日本語教育、就職、日常生活」などの「さまざまな面」における援助を目的として施行された。しかし、内容に見合った予算が計上されておらず、また人員などの整備も充分であったとは言い難い。それが生活保護受給率五八％という、同時期（二〇〇三年度）の生活保護受給率の五倍以上の高さにもつながっていた（残留婦人を含む。中国「残留孤児」国家賠償訴訟弁護団全国連絡会編、二〇〇九）。

中国の養父母への対応

中国で孤児を育てた養父母への養育費支払いについては、一九八三年から日中両国政府間で事務レベル協議が重ねられ、一九八四年に日本政府と、民間の寄付金（財団法人 中国残留孤児援護基金）が二分の一ずつの扶養費を援助することとなった。その後、中国残留孤児問題の解決に関する口上書が日中両国間で交換された。そこには帰国孤児一人につき一人分とし、一万八〇〇〇元（六〇元×一二月×一五年分）を一括で支払い、扶養費は一括して中国残留孤児援護基金から中国紅十字会総会へ送金された。しかし手続きや算出方法が複雑であり、支払われていない養父母もいることが指摘されている（菅原、二〇〇九）。また前述のように生活保護を受給することで帰国の回数が制限され、養父母との交流がしづらいという問題が発生した。

国籍法

国籍法が発令された一八七三年から、女性が外国人男性と結婚をした場合、日本の国籍を失うとする夫婦国籍同一主義が長く続いていたが、新国籍法（一九四九年七月一日）によって夫婦国籍独立主義に変わり、国際結婚によって女性の日本国籍が強制的に奪われることはなくなった。

しかしながら父系血統主義は維持されており、一九七五年一月一日以前に中国で出生した子ども（二世）は、母親が国籍を取得していても子どもは日本国籍を取得できなかった。女性の場合、就籍によって日本国籍を取得しても許可審判書発行の日から三ヵ月以内に子どもらの入籍手続きが完了しないと子どもの日本国籍の入籍が認められなかった（菅原、二〇〇九）。中国から必要な文書を三ヵ月で取り寄せるのは無理があるため、母が日本国籍、子や孫が中国籍ということが起きた。

残留孤児の子ども支援

日本政府は一九八四年の時点では、中国政府との口上書で残留孤児が家族の帰国を希望すれば家族とともに永住帰国ができるとしていたが、しばらくして国費での同伴帰国を二〇歳未満、未婚の子どもに限定している。一九八七年以前に帰国した残留孤児の子どもの多くは未成年で未婚であることが多かったため国費で同伴帰国できたが、一九八八年以降まで帰国が遅れた子どもは人数が多く、成人であるため私費での帰国となっている。私費で家族を日本に呼び寄せるために、言語の習得も不十分ななか厳しい労働条件のもとで働き、体調を崩した孤児も多かった。また来日後の子どもたちの自立支援や就職・就労状況においても、国費か私費かによって大きく異なっていた。

国家賠償訴訟の状況

こうした現状を踏まえ、二〇〇一～〇二年にかけて、東京や神奈川の残留孤児より生活保障をもとめる嘆願運動が展開されたが、いずれも不採択であった。そこで敗戦後の速やかな帰国措置や永住後の自立支援義務を怠ったとして、二〇〇二年に中国残留孤児国家賠償訴訟が始まる。実に二〇六四名が原告となり全国で展開され、一五地裁・一高裁で争われた。この裁判は国策で被害を受けた民間人に対する国の責任を問いただす裁判でもあった。永住帰国をした孤児のうち八割強がこの裁判に関わっているということからも、いかに孤児が困難な状況に置かれていたかがわかる。

裁判の結果、孤児となった経緯や生活実態が理解されていないばかりか、国民が等しく「受忍」しなければならない戦争損害であり、損害補償は国が条理上の義務を負うとはいえないという判決であった。神戸（二〇〇六年）の原告勝訴を除き、いずれも敗訴となった。また、神戸地裁も国からの控訴となり訴えは退けられた。

しかしその後、政治判断により国との「和解」が成立し、二〇〇七年に改正中国在留邦人等支援法が成立した。これに基づき、老齢基礎年金の満額支給・老齢基礎年金を補完する支援給付（支援給付の実施機関に、中国残留邦人等に理解が深く、中国語のできる「支援・相談員」を配置、実施体制の整備など）・地域社会における生活支援の大きく三つのとりくみが開始することとなった。しかしながら福田赳夫《ふくだたけお》元総理大臣は、訴訟の原告団代表に対して謝罪したものの（二〇〇七年）、一環して国の責任には言及していない。

四　学校教育におけるとりくみ

日本国憲法二六条で学習権が保障されているが、中国残留孤児やその家族の権利が国の責任として保障されていたとは言い難い。しかしながら、当事者の権利擁護に関わる個人（教員や保護者など）、民間団体や行政職員のたゆまぬ働きかけと模索が積み重ねられるなかで少しずつ前進をしてきた側面もある。ここでは、中国残留孤児を含む引揚・帰国者とその家族を受け入れてきた夜間中学校の日本語学級のとりくみの一端を紹介したい。

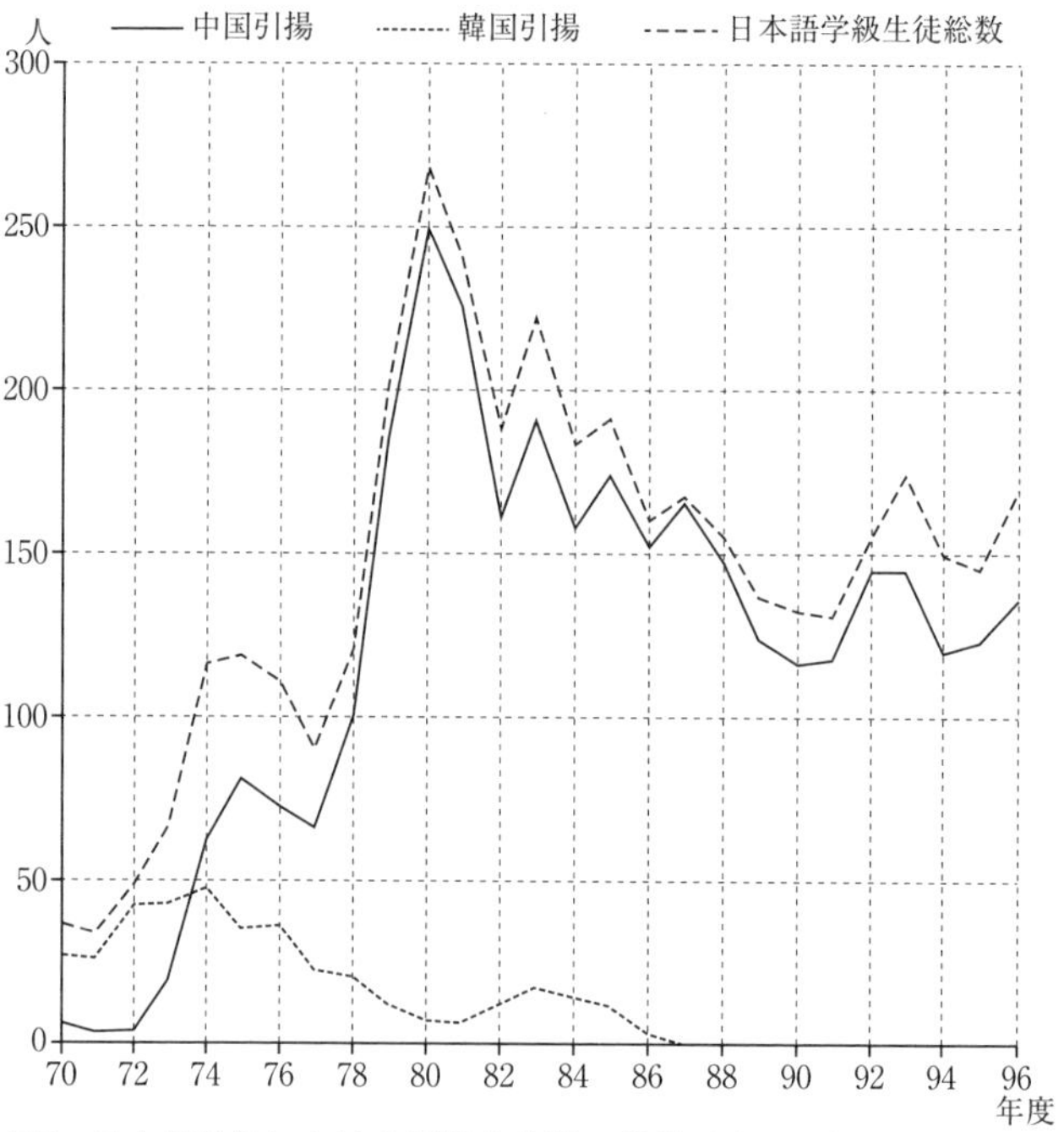

図5　日本語学級における引揚生徒数の推移（東京都夜間中学校研究会引揚者教育研究部『日本語学級25年のあゆみ』1998年）

引揚生徒数の推移

中国残留孤児やその家族の学習権が実質的に保障されていたのかを確認できる政府統計は皆無に等しい。文部省教育助成局海外子女教育課による各帰国年度に帰国した者の推移があるが、対象や年次が限定的であり、全体像をつかむのは難しい。

図５は日本語学級における引揚生徒数の推移である。ここでいう「引揚」とは「引揚・帰国者の生徒をいい、戦前・戦中に開拓団等で中国・朝鮮半島等へ渡り、戦後帰国できなかった者。その配偶者、二世・三世とその配偶者」も含む。一九七五年に第一のピークがあり、一九八〇年と八一年が第二のピークを迎えており、これは中国から日本へ引き揚げた永住引揚者のピークとほぼ一致している。第二のピークは一九七八年八月に日中平和友好条約が締結され引き揚げやすくなったことと、七六年までの文化大革命のような状況になるのを恐れ、早い時期に引き揚げようとする者が多かったという理由が考えられる（東京都夜間中学校研究会引揚者教育研究部、一九九八）。

残留孤児やその家族が通った夜間中学校と日本語学級

夜間中学校は一九四七年に大阪と神奈川、一九五一年に東京に、昼間働く子どもの学ぶ場を保障するために開設された。一九六五年の日韓基本条約の締結以降、韓国の引揚者が帰国したものの子どもの教育対策がなく、夜間中学校に入学を希望する者が増加した。荒川《あらかわ》九中では、同年三月に夜間部卒業生の高野雅夫や夜間中学校関係者らによって日本語学級の開設を求める請願書が、三四〇人の署名を添えて都議会に提出され、採択された。その結果、日本語学級が一九七一年六月一日から足立《あだち》区立第四中・墨田区立曳舟《ひきふね》中・江戸川《えどがわ》区立小松川《こまつがわ》第二中の三校の夜間部に設置され、一学級二名の専任教諭が配当された。

その後、一九七二年七月一二日には東京都夜間中学校研究会会長の清輔浩が、東京都民生局引揚援護課と東京都教育委員会宛に「引揚者の日本語教育についての要望書」を提出している。この要望書では韓国および中国引揚の日本語学級設置の問題点の指摘に留まらず、引揚対策（就職問題や住宅問題など）の課題を踏まえた要望が盛り込まれている。その後も夜間中学にかかわる団体から多くの要望書などが出されているが、子どもの教育問題に留まらず、日本における自立支援やそのための施設の設置などまで幅広く、いずれも生徒やその家族の生存権獲得を目指した内容であった。また、前述した引揚・帰国者が直面した人権課題や、学校の模索や葛藤については、日本語学級研究会・菊池信夫『我是日本人《わたしはにほんじん》？』、手島悠介・善元幸夫・遠藤てるよ『ぼく日本人なの？』や太田知恵子『雨ふりお月さん』など、現場にかかわった教員の出版物によって、その一端が紹介されたことで社会的共感にもつながったといえる。

図6　中国からの帰国児の日本語授業（1986年7月の東京都江戸川区立葛西中学校にて，朝日新聞社提供）

国際法などの前進

一九七九年になると日本は国際人権規約を批准した。同条約には教育への権利として「基礎教育は、初等教育を受けなかった者又はその全課程を修了しなかった者のため、できる限り奨励され又は強化されること」と記されている。また、「在日韓国・朝鮮人」以外の「全ての外国人・生徒が希望する場合、公立の小中への入学を認める」こととし、「日本人児童・生徒と同じ取り扱いをすること」が確認された。

一九九一年に在日韓国人の法的地位・待遇についての「覚書」が調印され、これは韓日の二国間での調印だったが、「通知」は日本に存在する外国人全体の教育にかかわる内容を含んでいた。以後、学校教育法施行令第五条第一項に基づき、各教育委員会は入学通知書を発給することが義務づけられた。一九九四年に日本は子どもの権利条約を批准した。第二八条にはすべての子どもの教育への権利を保障することが明記されている。そして一九九五年に施行された中国在留邦人等支援法第一一条には「国及び地方公共団体は、永住帰国した中国残留邦人等及びその親族等が必要な教育を受けることができるようにするため、就学の円滑化、教育の充実等のために必要な施策を講ずるものとする」といった「教育の機会の確保」が記されることとなった。

しかし、こうした国際法などの前進が、必ずしも国内法の整備や関連予算の確保、現場への支援につながっていたとは言い難い。

おわりに

世界人権宣言一三条二項に「すべて人は、自国その他いずれの国をも立ち去り、および自国に帰る権利を有する」とありながら、中国残留孤児にはそれが保障されてこなかった。日本政府は、戦後一貫して政府による残留孤児の人権擁護のとりくみに積極的ではなく、むしろ怠慢といえる現実があった。さらに裁判の判決では「受忍論」によって国の責任を認めないという日本政府の姿勢は根本的な問題を抱えている。残留孤児は発生事由から帰国後の生活保障、そして現在にいたるまで、日本と中国の政治状況に翻弄されながら、個人や家族単位で解決すべき問題とされ続けてきた。また、中国残留孤児の報道は大きな反響を呼んだものの、帰国によって解決したかのように日本社会では受け止められ、長時間を経た当然の帰結として発生した人権課題に対する関心は高かったとはいえない。本章で一部紹介したように、個人や民間団体、メディアなどによる人権擁護のとりくみによって壁を乗りこえてきたという側面はあるものの、いまだにさまざまな人権課題が残されている。

冒頭で述べたように中国残留孤児について学ぶ機会が少ない状況にあって、自分の今が歴史の連続性のなかにあり、それが未来につながっていることを実感できる学びをどのように保障しうるのか、私たちには歴史の当事者としての課題が残されている。

二〇二〇年八月一五日の全国戦没者追悼式では首相式辞から「歴史と向き合う」という言葉が消え、「積極的平和主義」が登場したが、これは明らかに誤用である。本来の「積極的平和」とは、「戦争や内戦などの直接的暴力、経済的搾取などの構造的暴力、それらを肯定しようとする選民思想などの文化的暴力のようなあらゆる暴力を世界からなくしていく努力の中で、さらに一歩を進め、単にそれらの暴力をなくすだけでなく、対話や協力など何か積極的なものを新たに創造していくこと」であり、非暴力的な手段で達成されなければならない（「トランセンド研究会」=「積極的平和」を提唱したヨハン・ガルトゥング〈平和学者〉によって設立された平和的手段による紛争転換の方途を探求・実践するNGO）。今、私たちは、残留孤児を含む戦争孤児が背負わされた人権問題が、いかなる構造的暴力によるかを記憶の記録や史料から輪郭をつかみ、「歴史と向き合う」とはどういうことなのかを模索し続ける必要がある。

参考文献

一般社団法人満蒙開拓平和記念館『満蒙開拓平和記念館（図録）』二〇一六年（改訂版）
太田知恵子『雨ふりお月さん―中国帰国者たちの教室―』教育史料出版会、一九八三年
加藤聖文『満蒙開拓団―虚妄の「日満一体」―』岩波書店、二〇一七年
木下貴雄『中国残留孤児問題の今を考える』鳥影社、二〇〇三年
厚生労働省「中国残留邦人の状況」https://www.mhlw.go.jp/stf/seisakunitsuite/bunya/bunya/engo/seido02/kojitoukei.html（二〇二〇年九月三日最終閲覧）
厚生省『続・引揚援護の記録』（一九五五年三月二〇日）厚生省引揚援護局編『引揚援護の記録 全三巻 続・引揚援護の記録』クレス出版、二〇〇〇年に収録
厚生省援護局編『中国残留孤児―これまでの足跡とこれからの道のり―』ぎょうせい、一九八七年
厚生労働省社会・援護局援護企画課中国孤児等対策室「中国残留邦人等に対する「新たな支援策」について」https://www.mhlw.go.jp/seisaku/14.html（二〇二〇年八月九日最終閲覧）
厚生労働省社会・援護局援護企画課中国孤児等対策室「平成二七年度中国残留邦人等実態調査（厚生労働省社会・援護局）」https://www.e-stat.go.jp/stat-search/files?page=1&layout=datalist&toukei=00450331&tstat=000001024577&cycle=8&tclass1=000001104215（二〇二〇年九月三日最終閲覧）
菅原幸助『「中国残留孤児」裁判―問題だらけの政治解決―』平原社、二〇〇九年
中国「残留孤児」国家賠償訴訟弁護団全国連絡会編『政策形成訴訟 2002.12 ～ 2009.10―中国「残留孤児」の尊厳を求めた裁判と新支援策実現の軌跡―』二〇〇九年
佟岩、浅野慎一監訳『中国残留日本人孤児に関する調査と研究（上）』不二出版、二〇〇八年
関亜新・張志坤『日本遺孤調査研究』社会科学文献出版社、二〇〇五年
手島悠介・善元幸夫・遠藤てるよ『ぼく日本人なの？―中国帰りの友だちはいま…―』ほるぷ出版、一九八三年
東京都夜間中学校研究会引揚者教育研究部「引揚生徒の歴史とその思い」『日本語学級二十五年のあゆみ』一九九八年

「トランセンド研究会」http://www.transcendjapan.net/（二〇二〇年九月三日最終閲覧）
日本語学級研究会・菊池信夫『我是日本人？―日本語学級の子ども達―』社会評論社、一九八二年
文部省教育助成局・海外子女教育課『海外子女教育の現状 平成五年一月』文部省、一九九八年
吉田裕ほか編『アジア・太平洋戦争辞典』吉川弘文館、二〇一五年
和田　登『望郷の鐘―中国残留孤児の父・山本慈昭―』しなのき書房、二〇一三年

Ⅲ部　証言者のことば

第一章　被爆体験記を読む
——室田秀子「消えた面影」「母の顔」——

髙曲雅子

はじめに

室田秀子《むろたひでこ》（一九三九〜二〇一六年、享年七七歳）は、私の夫、髙曲洋《たかまがりひろし》（一九四八〜二〇一四年、享年六六歳）の母親、室田照子《てるこ》（一九七八年没、享年五三歳）の妹である。私と洋が出会ったのは二〇一三年八月末、洋の身内は、生涯独身だった秀子だけだった。秀子は六〇歳代半ばよりパーキンソン病を患い、七〇歳代になりレビー小体型認知症を発症し、広島市内の介護付き有料老人ホームに入所していた。洋は二〇一四年七月あたりより体調を崩し、八月七日、自分の勤めていた病院を受診。すぐに愛媛県立中央病院に転院し、急性骨髄性白血病と診断される。「一人で死にたくない」と当時広島で暮らしていた私を松山《まつやま》に呼び、病院内で求婚し、二人で闘病し生きていこうと入籍した。数週間ではあったが病院での新婚生活は幸せだった。九月末、治療の甲斐なく旅立った。「結婚してくれてありがとう。君ともっと話がしたかった。あとはよろしく」と書き残されていた。

洋が亡くなって、はじめて秀子と会った。心頼みの甥の洋が数ヵ月、顔をみせてないこともあってか、生きる気力を失っているようにみえた。洋の死は告げず、体調を崩して入院しているのだと伝えた。松山の話をすると「ま・つ・や・ま」といった。その後、近くで面倒を看たいと松山に転院させた。愛媛は、一九四五年九月に秀子が原爆孤児として渡った土地である。すでに会話をすることは難しく、直接当時のことを聞くことはできなかったが、秀子の広島のマンションに置かれていた手記や資料を読み、秀子の歩いてきた道を探った。

松山に転院した約一年半後、秀子は懐かしい家族のもとへ旅立った。秀子の遺品のなかには原爆に関する多くの資料が残されていた。この資料のなかに、斗桝良江《とますよしえ》の『私の原爆記』という小冊子と中国新聞の比治山《ひじやま》迷子収容所の記事の切り抜きがあった。この小冊子は一九九一年六月、夫の斗桝正が「亡き妻の偉業をしのび」広島原爆戦災誌にまとめられ、良江の四十九日の後、有縁の方々にお配りさせていただくものでありますと記されている。五一頁よりなるこの冊子には被爆直後の様子から迷子収容所発足・戦災児育成所・教え子のことが、短歌とともに書かれている。

著者の斗桝良江は当時三〇歳、比治山国民学校の教師をされていた。比治山国民学校のある段原《だんばら》町は比治山の陰になり、焼失を免れた町であった。ご自身にも乳飲み子がいるなかで、教師として原爆で親とはぐれた子ども・親を亡くした子どもたちの世話をされたのである。未曽有の混乱のうちに子どもらの「母」となり、子どもたちをみた。まさしく偉業であった。

室田秀子も、この子どもたちのなかの一人で一ヵ月近くをここで過ごし、呉《くれ》から愛媛県に渡った。肉親が現れなかった子・引き取り手のなかった子たちは、年末に設立された五日市《いつかいち》町（佐伯《さえき》区）の「広島戦災児育成所」へ移って行き「迷子収容所」は閉じられた。

また、「消えた面影」は秀子が三六歳のとき、『原子雲の下に生きつづけて　第二集』（全電通広島被爆者連絡協議会、一九七一年）に寄稿した被爆体験記である。さらに、一九九九年一〇月にデルタ女の会発行による『「あの日」から五四年を生きて―被爆者の証言と原爆後障害―』のなかに、「私の被爆体験―母の顔―」を記している。原爆から五四年後の秀子は六〇歳。定年退職をし、被爆の証言活動をし始めたころである。なお、この間の一九七八年にたった一人の肉親の姉の照子を乳がんで失った。

これらの記録を無にしてはならない。

一　「消えた面影」「母の顔」より

一九四五年八月六日
六歳の秀子は観音《かんおん》国民学校の一年生だった。入学式だけを本校であげ、一～四年生までは、激しくなった空襲に備えて町内ごとに集会所で寺子屋式の分散授業を受けていた。いつものように机について勉強の前の話を聞いているときに、原爆が投下される。

窓際に立たれていた先生が何か声を上げたと思った瞬間、あたりが真っ暗になりわからなくなった。気がついたら教室の屋根がすっぽりなくなって空がみえ、秀子はがらくたのなかにうずくまっていた。痛みは感じない。体を動かしたらぽこっと抜けた。あたりに二、三人の姿がみえるが誰だかわからない。手を取ってもらって、やっと道路に出たら、もう火の手が上がっていた。家に帰ろうとしたが、どこが道だかわからないほど煙につつまれていた。「おかあちゃん！」と、はじめて泣き声をあげながら、逃げる人々の群れを逆に向かって走った。

母のキクヨは崩れ落ちた柱の下で、助けを求めながら炎に包まれてしまった。

手を引っ張ってもらって、みんなと一緒に川の土手に逃げた。「おかあちゃん！」土手に這い上がってくる人の顔を必死で探した。だが母の姿はみえなかった。しばらく座り込んだまま、ぞろぞろ橋を渡り始めた人の群れをぼんやり眺めていた秀子も、いつしか橋を渡っていた。

地御前国民学校の収容所

観音の集会所から福島橋《ふくしま》を渡り、人々の群れと一緒に歩き、橋を二つ渡ったところでけが人を乗せた大八車に一緒に乗せてもらった。救護所のできていた井口《いのくち》までたどり着いたとき、そこではじめて握り飯をもらい、ボロボロになった服を着替えさせてもらった。戦時中であったから、救援体制ができていたのであろうか。物資の少ない戦時下で、炊き出しをし、着替えまでくれる人々の温かさがありがたい。

観音地区の避難先になっていた地御前《じごぜん》国民学校に着いたのは夕方近くになっていた。みんな家族や級友との再会を喜び合っていたが、秀子の家族の祖父の儀三郎《ぎさぶろう》は爆心地から一キロの堺町《さかい》で被爆して即死。母のキクヨは自宅台所付近で建物の下敷きになり焼死。姉の照子は町内会で市役所の近くに建物疎開に行っており、塀の下敷きになり足首骨折と半身火傷という大けがで日赤の救護所に収容されており、誰ひとり迎えに行く者はいなかった。

六歳の少女にとってどんなに心細くつらいことであったろうか。秀子は学校の校庭で赤く広がる広島の空を眺めて、母親が来るのをいつまでも待っていた。

比治山の迷子収容所から原爆孤児として愛媛へ

地御前の避難所では、学校の教室の床に負傷者と一緒に寝起きしていた。毎日毎日、亡くなった人は校庭で焼かれ、傷の腐った臭いと死体を焼く臭いでご飯は喉を通らなかった。誰も迎えに来る者のいない秀子は、近所の人たちの相談で、孤児収容所に行くことになった。

収容所へは、近所の人に連れられ、交通機関のない広島市内をずうーっと歩き続けた。市内の惨状はまったく記憶になく、ただ夏の日差しが強く、はだし同様の足の裏が熱かったことだけを覚えていた。

比治山という小さな山に遮られて焼失を免れた比治山国民学校に、「迷子収容所」は被爆直後八月九日に設置された。この「迷子収容所」には親を亡くした者、また家族の消息がわからない者が当初五〇名くらいいた。後に設置された五日市戦災孤児養成所や似島《にのしま》学園など、数ヵ所に収容されたが、学童疎開をしていて親が死亡した子も含めて、その数は数千名になるといわれている。

収容所ではやがて家族が引き取りに来たり、養子に貰われていくようになった。貰いに来る人は目鼻立ちの可愛らしい子から連れていったが、泣き虫で色の黒い栄養不良の秀子は約一ヵ月そこで過ごし、その後四国に住む子どものいない夫婦に引き取られることになった。

愛媛から広島へ

姉の照子は被爆後三ヵ月経ってやっと歩けるようになり、妹秀子の行方を追って地御前から比治山、呉と訪ね歩き、四国にいることがわかると、妹を引き取りたいと四国の養父母に手紙を出した。翌一九四六年春ごろ、養父母は秀子を連れて広島の姉照子のもとへ連れて帰ってくださった。四国というのは現在の愛媛県上浮穴郡《かみうけなぐん》久万高原町《くまこうげん》直瀬《なおせ》である。戦後の混乱期に、今でさえ近い距離ではない愛媛の山の中から秀子を迎えに来て、また広島の姉のもとまで連れ帰ってくださった養父母の優しさに心打たれる。秀子も直瀬で過ごした数ヵ月は傷ついた心を癒してくれる日々だったのではないだろうか。その後、焼け跡にバラックを建て、姉照子は苦しい生活のなかで懸命に妹を育てた。

「消えた面影」「母の顔」では以下のように結んである。

「消えた面影」

私はたびたび姉に尋ねた。「お母ちゃんはどんな人だった」六歳の子供だった私にとって原爆はあまりにも大きなショックだった。私はあの一瞬から、あれほど求め続けた母の面影も、それまでの記憶もほとんど失っていた。小学校や女学校の頃、同じように母のない友だちが「母が忘れられない」というのを聞いて、あの原爆の炎のなかで、母の記憶を奪われた私にとって、それがどんなにうらやましかったかを、今でも覚えている。せめて母の写真の一枚でも残っていれば、失われた記憶、せめて母の面影を取り戻すことができるだろうに。

「母の顔」

私は母の顔を覚えていません。写真は全部焼失し、母と過ごした記憶は断片的にはありますが、顔はありません。防火水槽に落ちて溺れそうになったとき、飛んで助けに来たこと、近所の子を連れてきてお櫃《ひつ》のご飯を全部食べて叱られたことなどありますが、顔は思い浮かびません。小学四年生のころお母さんについての作文があり、私は書き出しに「私のお母さんは背が低くていつも白い前掛けとモンペをはいていました。」と後姿を想像して書いた記憶があります。（中略）

今でも幼い子供たちを見ているだけで涙が出ます。原爆の炎の中を逃げ回った自分たちの姿と重ねてしまうからです。母親の顔も覚えていない私のような経験を、今の子供たちに絶対にさせないよう皆さんに訴えます。

二　広島に戻ってから

姉照子と二人暮らし

愛媛から広島に戻ったのは、翌年一九四六年の春と証言している。元々住んでいた焼け跡にバラックを建て、姉と二人で暮らし、西部の山手にある己斐《こい》小学校に通った。秀子は、当時の通知表を二〜六年生まで大事にとっている。段ボール紙にガリ版で印刷されたものであった。

一九四八年、姉の照子は息子洋を出産する。秀子は九歳、小学校四年生。洋は甥になるのであるが、弟のようなものだったであろう。照子は被爆後体調もすぐれず、女手一つで、妹と子どもを育てていくことは大変なことだった。一九五一年、洋は子どもを亡くした夫婦のもとに養子に出される。照子は秀子を育てるために住み込みで働かなければならず、秀子はよその家に預けられた。一九五二年、秀子は広島女子商業中学校に入学する。

成績も優秀で高校に進学したかったが、中学を卒業すると同時に和裁の年季奉公に入った。被爆による体の弱さと生活苦が重なって、照子は肺結核になる。秀子は姉を助けるために朝六時から昼まで中央市場の仕事をし、昼から夜まで和裁の仕事をした。高校進学が諦められず通信教育を始めたが、仕事との両立はできず一年で挫折した。

和裁の年季奉公が終わり就職したが、無理がたたって秀子も肺結核にかかり一年間広島市民病院で入院生活を送った。毎年ABCC（原爆傷害調査委員会）で検査はされていたので、肺結核の予兆はみつけていたはずだが、ABCCは原爆の人間に与える影響を調査する機関であって異常をみつけてもなんの通知も治療もしない。

サークル活動から原水禁の理事へ

このころ秀子は「人生手帳」という文芸サークルに参加する。サークルのなかには同じように親を亡くしている者もおり、悩みを話し合ったりしていた。うたごえサークル活動に夢中になり、労使問題や世直しなどの理論闘争に青春を費やした。広島合唱団・広島硝子労働組合・一九六〇年のメーデーの様子……。秀子のアルバムには、生き生きと活動している姿が残されている。

一九七五年には原爆被爆者援護法制定の参考人として国会で証言した。ただ、本来は恥ずかしがり屋で大きな声で話をする人ではなかったらしい。一九九二年、日朝友好親善使節団として北朝鮮を訪れ、被爆者交流の礎を築いた。原水禁の理事としても活動していた。八月六日前後は原水禁大会への参加者らを迎え入れる側として多忙な日々であったが、八月六日の夜は、同じく被爆者の近藤幸四郎《こんどうこうしろう》（元原水禁事務局長）と二人とも黙りこくったまま酒盃を重ねていたそうである。

大石芳野《おおいしよしの》さんの写真集『Hirosima 半世紀の肖像―安らぎを求める日々―』（角川書店、一九九五年）のなかに、室田秀子の顔もある。インタビューに「親がいないから、結婚の縁もなかった。今と時代も違っていたし。被爆のこともあったし。でも人並みに恋もしたけど」「これまでに一番辛かったことは、姉が癌で亡くなったことだ」と答えている。

姉の死と引き換えのように、奇跡的な再会ができた甥。その甥も白血病で失った。原爆により、秀子の家族はすべて奪われた。

最後の入院中、テレビでＧ７の会議のメンバーが原爆慰霊碑前で献花しているのを、私は叔母の秀子とみた。「核兵器はなくなるじゃろうか」と問うと、「さあ、どうじゃろう」と答えながらしみじみとその様子を眺めていた。死のまじかになって、甥洋が亡くなったことも告げ、詫びた。本人は気づいていたのかもしれない。「みんな、あっちで待っとってよ。おじいさんも、お母ちゃんも、照子姉さんも、洋も。お母ちゃんの顔、わかるかね」。メーデー前夜、命は尽きた。原爆の落とされた日の朝、「行ってきます」といって別れたままの母親と、七一年ぶりでの再会となった。

おわりに

私と秀子とのかかわりは、一年半余りであった。段々と、食事がとれなくなり早すぎる老衰のようであった。やはり被爆の影響があったのだろうか。

私と高曲洋が出会わなければ、秀子は「原爆孤老」として行政により処分されてしまっていたことであろう。秀子をはじめ多くの戦争孤児が味わったつらく悲しい思いを、今の子どもたちや未来の子どもたちに二度とさせないように、この体験を風化させてはならない。

参考文献

大石芳野『Hiroshima 半世紀の肖像—やすらぎを求める日々—』角川書店、一九九五年
全電通広島被爆者連絡協議会『原子雲の下に生きつづけて 第二集』一九七一年
斗桝良江『私の原爆記』斗桝正、一九九一年
室田秀子・畠山裕子述『「あの日」から五四年を生きて—被爆者の証言と原爆後障害—』デルタ女の会、一九九九年

第二章　戦争孤児体験者の証言を聴く

戦後七五年を生きて

谷平仄子（浅井春夫 解説）

母になって、運命と向き合う

一九七三年八月六日の朝、私は母になった。七月一九日が出産予定日なのに遅れに遅れ、二日前に破水し、三一時間後、八月六日にやっと生まれてくれた。何でこの日なのか、私は嬉しさより悲しさでただただ泣いた。いつもより暑い夏で、生まれたばかりの息子もそれからの病院での一週間は憤って泣き続けるので新生児室から私の部屋に移され、私が抱いていないと寝てくれず、この日に生まれた我が子がなぜか不憫に思えてしかたがなかった。

東京大空襲（東京都荏原区大規模空襲）のあった五月二四日に生まれた私。その子どもが、なぜ、原爆が広島に投下された八月六日のこの日の朝に生まれてきたのか。この禍のようなめぐり合わせに辛くて泣いた。戦争被害者・戦争孤児としては生きていきたくないとの気持ちが強くなり、息子にはいっさい語らず、そのことで悲しませたり、苦労させたりしないと心に誓って生きてきたつもりである。

多くの人は自分の出自を自明のこととして生きているので、自分が何者で親もわからないことからくる不安・恐れ・悲しみは到底理解してもらえないと思い、「出身地は？　親は？」そういう語らいの場では相手の話を聞くだけにした。ただ、事実の証明は残酷で、戸籍謄本をみるたびにやるせない気持ちになった。親の欄は空欄のままで自分は家族としての立ち位置がないので、長女次女ではなく、「女」とだけ、生物としての表記なのである。戸籍謄本をみるたびに胸に突き刺さり、戸籍謄本が必要なとき、「戦災孤児」とは書いていないのでそれをみて「これって何?」という反応をされるのが辛かった。その場面は思いのほか多く、進学・就職・転勤・結婚、また自分のときばかりでなく息子のときも必要だったのだが、謄本ではなく抄本で切り抜けてきた。戦争を意識しないで生きていくと決めても、意識せざるを得ないことが多かった。

七三歳を目前にして、運命とどう向き合えばよいのか、子どもに何も伝えないで死んでよいのか、いろいろ逡巡して、まず私はどこの誰か出自について知りたいと思い調べることにした。

記憶の原点から

私の記憶は五歳ごろからで、生後約四年半はまったくわからない空白の年月がある。施設にいたところからで、自分が戦争孤児だとの認識すらない。施設での強烈な印象はおねしょをたびたびしていたようで、その治療としてお灸を据えられてたことである。今でもその跡が残っている。私の本籍地は埼玉県加須《かぞ》市に今もある愛泉寮《あいせんりょう》という児童養護施設で、「泉仄子《いずみほのこ》」一九四五年五月二四日生まれとなっていて、姓名の「泉」は施設名からで、仄子は、まだ同じ名を聞いたことがないので、思い入れを強く持った人がつけてくれた名だと思っている。

生年月日は、五月二三日未明から二四日の五〇〇機以上の戦闘機B29の大空襲のあった日、実母が焼死した日の二四日にしたのだと思う。

愛泉寮には一九四八年一月一七日から五〇年一二月一四日までの約三年間いたことになっていて、衣食住ともに、その当時の状況、他の施設から考えても恵まれた環境だったと思う。

ある日、里親となる男性（三浦一士《かずし》）が訪ねて来て、私と他の子ども五、六人のなかから私を知っていて選んだのか、すぐに決まり施設から引き取ってくれた日を鮮明に覚えている。手にキャラメルの入ったバッグを持たされ急にどこかに連れて行かれるのか不安で泣きわめいて、それでも父（里父）は私を背負い、私は泣き疲れてそのまま寝入ってしまい、母（里母）の待つ秩父《ちちぶ》鉱山へと行ったのである。鉱山にはたくさんの子どもがいて、毎日楽しく遊んで仲よくしてもらっていた。父は戦争が終わって、鉱山の規模縮小で、秩父から実家のある福島県相馬郡原町石神村《そうまぐんはらまちいしがみむら》へと移住し、寺の離れのような所で暮らし始めた。私はいつも父母のどちらかについて歩いて、嬉しくて鼻歌を歌っていたそうだ。父は遠出のときは、私を自転車の前に乗せて連れ出し、とても嬉しそうで、やさしくしてくれた。学年別の月刊誌や、年鑑を買って読ませてくれた。秩父鉱山のときのような生活ではなく、それなりに苦労がある生活になったようで、母は身なりもかまわず柴刈りに出かけ薪《まき》をまかなっていた。それにいつもついて歩き、そのときに覚えた山菜の味は母の味だ。当時、戦争孤児を引き取って育てていると福島の新聞記事に掲載された。母と一緒に写真を撮り、私の幼い日のたった一枚の家族写真になった。父と一緒のものはない。

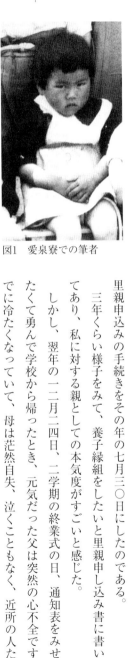

北海道名寄《なよろ》に警察予備隊（現自衛隊）の駐屯地が建設され、その建設に父もかかわることになり一家で名寄に引っ越した。母は身寄りのない北海道で暮らすことを嫌がり、「早く内地に帰りたい」が口癖だった。駐屯地は一九五三年五月に完成、父は、その後も名寄に残り、いずれ名寄で永住すると決め、埼玉、福島、そして北海道での三度目の里親申込みの手続きをその年の七月三〇日にしたのである。

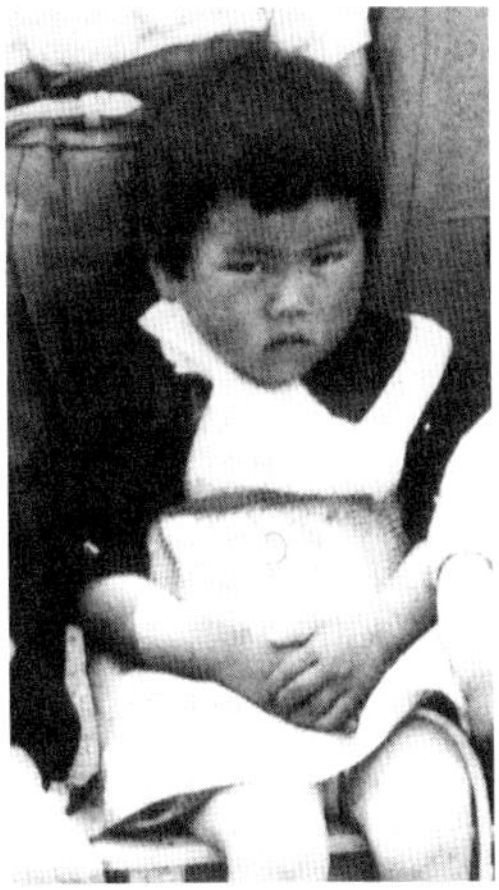

図1　愛泉寮での筆者

三年くらい様子をみて、養子縁組をしたいと里親申し込み書に書いてあり、私に対する親としての本気度がすごいと感じた。

しかし、翌年の一二月二四日、二学期の終業式の日、通知表をみせたくて勇んで学校から帰ったとき、元気だった父は突然の心不全ですでに冷たくなっていて、母は茫然自失、泣くこともなく、近所の人たちのお世話でやっと葬儀をすませた。親戚は誰も来ていない、福島から名寄まで二日もかかる時代だ。「イカレヌ、タノムジロウ」の電報をみつめるだけの母に代わって父のお棺につき添って火葬場に馬そりで行き、心細さと寒さで約一時間半、体が震えて止まらなかった。頭のなかでは三人が二人になって、母が死んだら一人になってしまう、この先どうなるのだろうとそればかりだった。数日前まで元気だった父が骨になり、はじめて人の骨をみたことの衝撃が強すぎて、死に対しての恐怖を持ち過ぎる子どもになってしまったのである。夜、母が死ぬ夢でうなされて寝られないとか、お年寄りをみると、もう少しで死ぬだろう人たちなのにどうして平気でいられるのだろうとか、母にぴったりついていないと寝られなくなり、母が死んでいるのではないかと寝息を確かめたり、なによりも辛く思ったのは、戦争でどうなったかわからない実父母がすでに、あのような骨になってしまっているとしか思えない絶望感に襲われ続けたことである。頭から死が離れない、いつも死のことを考えている子どもだった。

二人ぼっちの彷徨と敗戦の門出

北海道に身寄りのない母は、葬儀後、すぐさま父の遺骨を携えて父の実家を訪ねた。一泊だけでそこから離れたので、頼ってはいけないなにかを感じたのか、いわれたのか、それ以来、母は死ぬまで一度も父の実家には行っていない。私も父とは永遠の別れになってしまって、墓参りもできないままになっている。

次に母は、母の兄が働いていた茨城県の日立《ひたち》銅山へ兄を頼って行くことに。兄は退職し、そこにはすでにいなく、兄の友人だという人は、遠く寒い北海道からせっかく来たのにと、とても親切にしてくれ、私の靴がかなり傷んでいるのでと、新しい赤い靴を買ってくれた。

その夜は、銅山の大きな風呂で母は旅の疲れ、私は汚れを落とし、真新しいふかふかの布団で深い眠りにつき、つかの間の幸せを味わい朝を迎え、びっくり、やってしまったのである。恩を仇で返すようなことになり、母は平謝り、私のおねしょはこのころまで時々あっていまだに申し訳なく思い続けている。

そして教えてもらった兄のいる東京へ。

上野《うえの》駅に着き、できる限りの手荷物を持ってオロオロする母をみているうちに、私も不安になって大声で泣き出してしまった。それをみかねてか、大田区の兄の所まで車で連れて行ってくれた人がいて、今考えてもよい人で幸運だったと思う。兄の所には一〇日ぐらいいて、どんな話しだったのか母はそこでの話もなにも語らず、兄のことも忘れたかのようにその後、一度も語らずに逝った。私がそこでいわれたことは「東京はオシッコするだけでもお金がかかるの」ということで、カルチャーショックを受けた記憶がある。また、東京でみた紙芝居・駄菓子屋などが魅力的だったが、ここにはいたくないと子ども心に思ったものだ。

母は東京では生活できないと思ったのか、自分の実家の福島県上遠野村《かみとおのむら》に、そこでは約一ヵ月ぐらい過ごし、その間、母は「自分の人生を第一に考えるべき」と言われ続けていた。それは自分の子どもではない私を埼玉の施設に返すということであった。母は断固拒否し、すぐに実家を出て、どこに行くと一言もいわず冬の福島の山道を通り、二つ山越えをして駅までたどり着き、そのまま、あれだけいやだといっていた北海道に、なにも縁がないのに戻る覚悟をしたのである。結局、親戚を頼り放浪するのをやめ、道北の小さな町・名寄に向かった。そこは父と暮らした所で、父の友人もいる。人情味のある戦後一〇年目の春の町にはそれなりの活気も感じ、なによりも私を手離さず二人で生きていける隠れ家のような所だったのかも知れない。ここからが北海道二人ぼっちの始まりだった。私は父が亡くなってからは学校に行けないでいた。名寄に戻ってきて、やっと行けるようになり、ある日、校長先生の朝礼の話を聞いているとき、話の最後の方で「国はもう戦争はしませんと約束してくれています。ですからみなさん、安心して勉強ができます。がんばりましょう」と、まるで私にいってくれているように聞こえて、母と親戚回りで不安な毎日を過ごしたばかりだったので、その場で涙が止まらず泣けて泣けて泣き続けてしまった。

側にいた男子が「どうしたんだこいつ?」という感じでみていて、担任の先生が「おまえら、何したんだ」と大声で怒鳴り、男子たちは「何もしていない、何で泣いているか知らん」と、先生は「何もしないのに泣くわけないだろ！」と、さらに怒鳴り散らしていた。

私はとにかく学校に行くのが嬉しくて、校長先生の一言で、それまでの気持ちと違う安堵感を得たのを覚えている。

母は名寄に戻ってからは、いろいろあったことを一度も話したことはなかった。手に職を持っていなかったので、山菜を採ってきて店に売ったり、新聞紙で紙袋をつくったり、農家に手伝いに行ったり、もくもくと働き続けていた。私が小学校六年生のころから、旅館の炊事の仕事をするようになり、私が奨学資金を借りて大学に行き、教師になるまで続けて、私のためだけの人生を送ってくれた。この母と生きて、自分の出自を知りたいと思うのは申し訳ないことだと自分に言い聞かせ、一度も口にしないで母も母になりきって二人ぼっちで生きてきたように思う。

人生の空白を埋める闘い

母を見送り、母の三十三回忌の年、なぜか急にこのままなにも知らずに死ねないと思い、その思いをＮＨＫへ手紙を送ってお願いしたのである。

本籍地の埼玉県加須市、そこにあった愛泉寮という児童養護施設でのおぼろげな記憶のなかでの生活が私の人生の始まりになっている。五歳のときで、それ以前のことはまったく記憶にない空白の時となっている。

愛泉寮という児童養護施設がまだあるのか、私がいたことになっているのか、不安だった。夫と訪ねると、大きな教会とともに現存していて、五歳のとき以来六八年ぶりの訪問が実現し、夢ではないかと思うほどに驚いた。

私の当時の写真を古いアルバムからみつけ、さらに私が思い描くことさえできなかった人、実母の名前が残されていた古い書類をみつけた。「菅谷みさをさん、しっかり、私の実母なんですね」と、知りたい思いがすぐに会いたい思いに変わり、そこに記されていた東京世田谷《せたがや》の経堂《きょうどう》の住所の所を二日間、探しつくした。でも、当時とはすっかり様子が変わっているので、みつけることは不可能だった。

そこで、愛泉寮から引き取られるときに里親の手続きをしてあるので、その書類の開示請求をすればなにかわかることがでてくるかも知れないと思い、請求することにした。

すると、埼玉・福島ではすでに残されていなかったが、北海道の旭川《あさひかわ》の児童相談所から六五年前の里親申込書・里親登録書が奇跡的に残されていたのがみつかったのである。

それには、戦災の折、病身の母が乳児を抱えて避難することができず、それをみた婦人が預りとあり、その後、母の消息は不明となったが、その場の状況から焼死したと思われる、と。あまりにも壮絶な事実がわかり、実母に抱かれたままだったら死ぬところを助けられた命を生きてきたことを七〇年以上も知らずにきたので、このことを思うといつも泣けてしまう。そして私が残念に思ったことは、この書類のほとんどの文書が黒く塗りつぶされていて読み取れず、私にとってはやっと手にできた唯一の当時の状況を知る手立てとなる情報を断ち切られてしまったのである。なぜだ、私は諦めきれず、それでも約三ヵ月間、悩んだ末に審査請求をすることにした。

反論書の提出・審査会での意見陳述などがあり最終的な決定が出て、さらに開示実施通知書が私のところに届くまで約一年半かかった。自分の出自・ルーツを知ることでどうしてこんなに裁判のように闘わなければならないのか、疲れた。特に次のステップに進むために何ヵ月も待たされることに疲れ、何度も諦めようかと思った。でも、最後までがんばった甲斐があって全面開示になり、黒塗りで読めなかったところがなくなった。母が焼死したこと、愛泉寮に入る前の空白部分、入ることになったいきさつ、かかわってくれた人の名前も知ることができた。

ただ、全面開示の結果は残酷なもので、「菅谷みさを」は実母ではなく、実母から私を手渡されて、その後育ててくれた人だとわかった。愛泉寮を訪ねて、実母は「菅谷みさを」と聞いて親がいた実感を持てたのだが、また、実母はどこの誰かわからなくなって、むなしい気持ちでいっぱいになった。

焼死した実母は、自分の名前すら残せず、戦争被害者としても数にも加えてもらえず、それまで生きてきたことも無に等しくなってしまう気がした。死んだ実母が残したものは、今、生きている私、一人の子どもだけで、ほかにはなにも残さなかった。残せなかったのである。

実父母は、名前すら残せず、戦争で命を奪われたのに生きた証はないのである。残された私が、実母のことを語ってやることができないのが、それがなによりもつらい。せめて、「私の母は菅谷みさをといいます」と言い続けたかった。

戦争は残忍酷薄、非情なものである。戦後七五年も経ってはいるが、実父母・養父母のことを思うといつも胸が締めつけられるような思いを感じる。この思いは語り続けたい、語り続けなければと思う。

今日の日まで、生かされてというか、生きてきた者として、戦争を語る義務を少しでも果たしていきたい。平和で穏やかな世の中を願って……。

谷平仄子さんの手記「戦後七五年を生きて」を読んで（浅井春夫）

谷平仄子さんとはじめてお会いしたのは、二〇一八年一一月の第七回「戦争孤児たちの戦後史研究会」の会場（東京大空襲・戦災資料センター）であった。北海道からわざわざ参加していただき、短時間であったが自らの戦争孤児としての体験を力強く報告をされたことを印象深く記憶している。自らのアイデンティティ（自己認識）を人生のなかで探し求めてきたこと、いかに戦争によって人生を翻弄されてきたのかを語られた。しかしこのときの報告は、〝翻弄された人生〟の終結ではなかった。

谷平さんの自分探しの旅路は、いくつもの空白を埋めなければつなぐことができなかった。奇跡的に公文書として残されていた里親関係書類に、親との別離の状況も含めて記録が残っていることが判明したのである。北海道庁が管理する児童相談所の文書には、病気だった母親が仄子さんを抱えて空襲から避難できず、焼死したとみられることが記述されている。空襲のさなかに母子と出くわした女性が乳飲み子であった仄子さんを、施設に預けるまでの三年あまり手元で育てたことが書かれていた。しかし、「育ての親」と思われる人の名前は黒塗りだった。個人情報保護を理由に北海道庁は開示しなかったのだった。

さらに真実を知りたいと、不服審査請求の手続きによって手にした黒塗りがはがされた児童相談所の記録には、実母だと信じていた人は別人という記述がされていた。児童施設の名簿に実母と記載されていた「菅谷みさを」によく似た「管原みさを」が「育ての親」として記されていたのである。実母の名前はわからないままとなっている。谷平さんの無念の想いは続いている。戦争は七五年の歳月を経ても人生を分断したままである。それでも谷平さんの人生は夫の昌彦さんをはじめ、よき人々との出会いによって連結していると私は思う。

戦争孤児は、どこまで人生を翻弄され続けるのか。翻弄とは、「思うままにもてあそぶ」という意味である。戦争孤児の人生を翻弄する壁には、法律や制度・行政の姿勢・偏見のカベなどがあるが、最大のカベは〝人間への無関心〟である。

一人ひとりの戦争孤児の戦後史が空白のままであってはならない。人生のはじめの時期が空白のままでは、人生史は完結しない。戦争が人生の空白をつくったのであるから、空白を埋める責任は国にある。現在、資料的にルーツを探ることができるのであれば、最大限の努力をすることが戦争に対する国の責任の取り方だと思う。

吉田由美子さんの話を聴いて

艮　香織

家族との思い出

吉田由美子さんは一九四一年六月二九日に本所区《ほんじょ》業平橋《なりひらばし》（現墨田《すみだ》区業平）にて生まれる。父は精工舎《せいこうしゃ》（現在のセイコークロック株式会社）に勤める会社員、母は和裁と生花を教えていた。東京大空襲の際、満年齢で三歳であり、それ以前の記憶はほとんどない。小学校四～五年ごろに親戚から写真をもらい、はじめて親の顔を知った。「食い入る」ように写真をみたという（図3）。また叔母から由美子さんのことを聞いていた従妹の証言によって、空襲時のことを知ったのは、だいぶ後（二〇年前）になってからである。記憶がないことについて、由美子さんは次のように語る。

三歳っていう年齢で孤児になったっていうことは、本当に人生変えられてます。記憶も残せないんです。顔も覚えてませんから、親の。

また、成長を祝ってくれた親の存在を写真から確認でき、それが支えでもあると同時に、親の不在によって被ることとなった苦い記憶を突きつけられると語る（図4）。

親が生きてたときに、本当に大切に、こういう節目をちゃんと祝ってくれてたんだな……っていうことが、この写真からも嫌っていうほどわかります。けれど、この先の写真はありません。撮り役がいなくなったから。

図2　吉田由美子さん

一九四五年三月一〇日

三月九日夜、父親は戦禍が激しくなることを予測して、急に実家のあるA県に家族疎開を決める。会社から帰宅後すぐに準備をしたが、由美子さんが荷造りの邪魔をしたため、準備が終わるまでの間、一時的に二キロほど離れた横川《よこかわ》橋《ばし》（現横川）にある母の実家に預けられることとなった。その数時間後、三月一〇日「一二時八分」（証言による）に大空襲となる。由美子さんは次のように振り返る。

> 幸せな生活は一変して、大切な家族全員が死にました。残された私は孤児になりました。両親とは短い期間しか生きられず、顔も声も覚えることができませんでした。妹はこの世に写真の一枚も残せずに三ヵ月で死にました。戸籍には、生まれた年月日と空襲で死亡した年月日のたった二行が妹のすべてです。

三歳で記憶があまりないなか、三つだけ覚えていることがある。一つ目は女性（後に叔母であることがわかる）の背中におぶさって逃げたことである。二つ目は「光」である。叔母の背中越しに焼夷弾の燃える様子や大量の火の粉が雨のように降り注ぐ光景である。夜は暗いという認識を持っていたため、「夜なのに、何で今日の夜は明るいんだろう?」と思ったという。怖さよりも、空を見上げ、「わぁ、きれい……」と、その火の粉が「とっても綺麗っていう印象で」しっかりと記憶している。そして三つ目が「匂い」である。「表現しづらい」が、様々な物や人間が燃えて混ざり合った独特の「単純な匂いではない」匂いであり、七五年経た今もその匂いはしっかりと記憶している。

図3　父母の写真

後に由美子さんは、従妹（叔母から当時のことを聞いていた）か

図4　七五三の写真（1943年11月）

ら小松川《こまつがわ》方面に逃げたと聞いている。荒川を越え、燃え残った小学校か中学校の体育館のトイレに行くが、入口付近に焼け焦げた死体があった。三歳児にとって跨ぐには大き過ぎ、かといって踏み越えていく勇気もなく、トイレに行きたいが躊躇し結局行けなかったことを記憶している。

A県での暮らし

八月一五日に終戦となるが、由美子さんは「孤児となった私のなかの戦争はこのときから始まりました……今も終わっていないのです」と語る。その後、東京では食べ物も日増しになくなりつつあり、由美子さんは栄養失調に近い状態となった。そこで東京の母方の祖父母は、父親の実家のあるA県へ行けば東京よりは食べ物の保障ができるのではないかと考え、一九四七年の夏に由美子さんをA県に連れていった。

その際に（後に従妹からこの事実を聞かされることになるが）、父方と母方の両家で約束が取り交わされていた。東京からA県に置いていくのであれば、一切この子とはこれからは会わせない、電話とか手紙とかの通信手段でこの子と一切連絡をとらない、どのような育て方をしても文句をいわないという約束だった。両家の話し合いのもと、命を救うためにA県の父の実家に頼むということになったという。由美子さんがはじめてみる海ではしゃいでいる間に、東京から由美子さんを連れて来た母方の祖父と叔母は帰っていた。

A県の父の実家では半年ほどを過ごしたが、一〇人家族で子どもたちは年齢が近いこともあり生活が厳しかったのか、親戚会議が開かれ、一九四八年一月から父の姉の所に行くことになる。養子としてではなく、「同居人」「お手伝い」として引き取られることとなった。父の姉（伯母）の家は伯父・二〇歳になる娘・伯父の父親の四人家族だった。

由美子さんが七歳の誕生日を迎えた一〇日後に、伯父伯母夫婦に二〇年ぶりに二女が生まれる。二〇年ぶりの実子で二女は可愛がられるが、由美子さんの立場はますます厳しいものとなる。伯母からは「おまえも親と一緒に死んでくれたらよかったのに」といわれた。当時、由美子さんは親の死を知らされておらず、「いつ迎えに来てくれるか」と待っていたが、伯母の言葉で「あ、親は死んでいたのか」と気づかされる。毎日泣いていると、「泣きたいのはおまえじゃないんだよ、こっちのほうがよっぽど泣きたいんだよ」と叩かれた。泣くと暴力を振るわれることを知り、我慢することを覚えていった。同時期にストレスで胃腸を壊す。水を飲ませてもらえず、夜に下着を汚してしまうと雪の積もってる外の庭に連れ出されて、水をかけられた。

裸足ですよ。裸足で雪の上に立たされて、凍りついてるような水をバケツでザブンザブンと……今みたいにシャワーがあるような時代ではありませんし、外だから溜ってる水が凍ってますね。それをバケツに汲み出しちゃ、私の汚れた体にぶっかけるっていう感じ。だから寒いのと冷たいのとで意識が朦朧《もうろう》としてくるわけ。そして冷えるわけだから、さらにお腹も痛くなるでしょ。

小学校三年生の図工でのときに描いた絵はどんな絵も色が濃くぬれず白っぽい絵となっていた。それを心配した先生が家庭訪問に来たが、先生に告げ口をしたのではと言いがかりをつけられた。先生の帰宅後、伯母たちに角材や平手で殴られたり、口をつねりあげるなどされたという。耳を叩かれ、痛くて台所のタオルで耳を冷やしたら、従姉が伯母に「叩くところを考えないと、これで耳でも聞こえなくなって」、「今はそういう言葉は使いませんけど、つんぼ（耳の聞こえない人）にでもさせたら私たちはなおさら困るのよ。だから叩くところはちょっと考えて叩いたほうがいいよ」と話していたのが聞こえた。

食事でも残飯処理をさせられていた。

当然ですけど切り身があったらしっぽが決まり。それも前の日に残ると、残ったものが私が食べる食事ですから、例えば鯖の塩焼きが今日のおかずだとするじゃないですか。そしたら、昨日は違う鱈の煮たものが残ったとするじゃない。そしたらその鯖の塩焼きを食べたいけど、前の日の残ったのをおまえが食べてくれっていうふうにして。子どもにとって家族と違う食べ物の差別は悲しすぎました。

A県では祭りの際に親類を招待する慣習があり、お伝いとして接待や片づけなどをさせられたが、手のひどいしもやけをみた叔母たち（引き取られた伯母の妹たち）は「何で姉さんはあなたばっかり使って、自分の娘を使わないんだろうね」とか、「手がしもやけで崩れて、これでは痛かろうに」と同情してくれたが助けはなかった。伯母に対して一言いったら「それならこの子を引き取って連れて行け」といわれるのが怖かったのではないかと、由美子さんはいう。由美子さんはそのときも今も、同情されるのが一番つらく嫌だと語った。

自殺未遂

小学生のときは遊ぶ時間をもらえなかったため、なじめなかった。由美子さんは当時を次のように振り返る。

朝、学校に行くときに普通だったら「いってきます」って私は家を出ます。でも「いってらっしゃい」という言葉は一度も聞いてない。「ただいま」って帰って来たって「おかえり」はない。下手すれば「遅かったじゃないか」って。「これからすぐ畑に行くんだから、支度してくれ」って。もう休む間がない。だから、遊んだっていう記憶がない。

小学校六年生くらいになると、仕事も要領を得るようになったからか、伯母たちからの暴力は減っていった。「従順に働くいいお手伝いさん」としての役割を担っていた。中学では畑仕事や肥え桶を背負ったりということにも耐えられるようになった。

中学二年生のときに進路調査があり、伯母から「〝就職〟に丸をつけて出すように」といわれたので、そのように書いて出したら、校長先生と担任の先生が自宅に来て、伯父に「この子の力をなんとか伸ばしてもらうわけにはいかないだろうか」と説得をしてくれた。伯父は先生には理解を示すような態度をとったものの、帰宅後、「俺に恥をかかせやがった」と伯父からひどい虐待を受けた。伯父に相談せず、伯母が一人で由美子さんの進路を決めていたが、伯父は由美子さんが勝手に就職を決めたと誤解をし、腹を立て、虐待にいたった。その後、伯父は先生から薦められた手前、進学を許した。家の仕事で勉強時間がなかったが、暗記するものを野良着のポケットに入れて、肥え桶を担ぎながら、縄が肩にくい込み痛いのを我慢しながら中間・期末テストに必死で臨んでいた。結果、高校に合格することができた。伯母からすると面白くなかったのか、合格したときにはじめて父の学費を伯母が払っていたことを聞かされる。中学校の義務教育ですら勉強する時間が足りないのに高校ではもっと厳しいのではと心配も強くなり、「自分の命を絶ったら学費の心配もしないで済む。親子二代の学費をなぜ我が家で払わないといけないのかと嫌味を聞くのも辛くなって、迷惑をかけないためには死ぬしかない。死ねば父と母の所に行ける。死ななければ会えない。早く行こう……」と自殺を考えるようになった。夜中に貨物列車に飛び込もうと線路際に立ったときに、女性の声で「死んじゃダメ！　死んじゃダメ！　生きるのよ！」と「頭のなかを叩かれた」ような声がした。直後に汽車が来て、風圧で飛ばされたことで事なきを得ている。

結婚後も続く関係

当時、A県では進学と就職は半々という時代だったため、いろんな先生の支えがあり進学できたことは本当によかったという。就職を考える際に、自らの孤児体験から、神奈川県大磯《おおいそ》で沢田美喜《さわだみき》が創立したエリザベスサンダースホームで働くことを考え、書類を同施設に出した。エリザベスサンダースホームについては、本シリーズ一巻Ⅱ部第四章の上田論考に詳しいので参照されたい。しばらくして施設から高校に連絡があったことで、就職指導の先生が知るところとなり、呼び出された。先生からは孤児としての経験から少し離れてものをみつめるよう諭された。施設とのかかわり方はさまざまであるため、大磯近くの平塚のデパートへの就職をすすめられた。デパートでは上司にも同僚

図5　控訴審第3回口頭弁論後の報告集会で記念写真に納まる弁護団，原告団役員と原告の2人（2011年2月28日）
前列左から2人目が由美子さん．

にも恵まれ、自分ががんばった分だけ評価してもらえるのが嬉しかったという。ベビー用品売り場の責任者になり、二三歳で結婚するまで勤めた。一方で伯母や従姉から洋服などの要求がくるようになり、給料はそうした仕送りで消えていた。結婚をしてから自分が本当に解放されたと語る。しかし伯母たちとの関係は終わらず、自宅に来て数ヵ月滞在することもあった。夫はすべて理解し、協力してくれた。

裁判へ「三歳から変えられた人生」

二〇〇七年、民間の空襲被害者一三一名が国を相手に謝罪と補償を求めた東京大空襲の裁判を東京地裁に起こした。由美子さんはこの裁判に原告として加わることとなる。

加わるきっかけを由美子さんは次のように語る。

いじめられたりしてる分だけ、親が恋しすぎちゃって……親の無念さを私は果たしてやりたいと。だから代弁者になろうと思ったの（中略）悔しかっただろうなと。無念だっただろうなと。そういう親の痛み……みたいなものが、子どもの私の心に入って、それが全部私を動かしてきているような気がするんです。

東京地裁での裁判期間は乳がんで闘病中であり、地裁が始まったころはほとんど出ることができなかったが、二〇一一年二月の東京高裁の第三回口頭弁論では裁判長に孤児となっておかれた立場や苦痛を陳述し、国に対して求めたい事柄を訴えた（東京大空襲訴訟原告団、二〇一五）。裁判が始まるようになってから「やっぱり私は人生を変えられたな」と思い、陳述書のタイトルは「三歳から変えられた人生」とした。そのときの思いを次のように語る。

小さければ小さい分だけそうやって大人たちに翻弄されて、空襲なんてなんだか理解できない子どもが、家族をパッと亡くされちゃうわけでしょ。この衝撃っていうのはないですよ。だからその無念さが、どこかにすごく根深く心に残り、それを乗り越えてきてるかな……みたいな。それだけ悔しかったし、寂しかったんでしょうね。

裁判では繰り返し「自分が選んだ道ではない」ことを訴えてきた。しかし、地裁も高裁も負け、最高裁にも上告したが却下となり、六年間の裁判が終わった。

その後も由美子さんたちは弁護士らとともに衆議院と参議院の議員会館をいく度も訪ね、超党派による議員連盟への参加の依頼と、擁護法の制定を一刻も早くと頼んで回っている。二〇二〇年六月一七日に国会開期が延長されることなく閉会となった。過去、何度も廃案を繰り返してきた擁護法の法案提出を強く望んできたが、またしても進まなかった。「国はなにを望んだって、なにをお願いしたって本当に反応がありませんよね。本当に待たされてるだけ。じれったいだけなんです」と由美子さんは語る。

以下に院内集会などで由美子さんが話した内容（一部）を紹介したい。

米軍のB29爆撃機が落とした焼夷弾で、民間人の命が奪われたのは間違いありませんが、国策を誤った日本政府にも殺されたと思っています。死なずに済んだ多くの人たちは、無駄死をさせられました、大切な命を奪われ、生きることのできなかった人たちに、一番先に申し訳なかったと謝ってもらいたいです。

戦後七五年の節目の年を迎えています。あの日から空襲被害者は、国から一度も謝罪も補償も受けることはありませんでした。直ちに実行してほしいです。そして空襲死者の遺骨は、大正時代に起こった関東大震災の死者の遺骨と一緒に東京都慰霊堂に今も祀られているのです。なぜ、独立した納骨堂を造れないのでしょうか？　傍らに刻銘碑を是非お願いしたいのです。沖縄の「平和の礎《いしじ》」のように死者の名前を刻み、人々の目にふれてこそ戦争の愚かさを、後世に伝える大きな力となり、残された者の心の支えにもなるのです。遺骨もない者にとっては、家族が生きていた証と死んだ証を残したいのです。戸籍のなかだけでは空襲死者は忘れられてしまいます。それだけは絶対に許すことはできません。戦争は大切な人たちの命を奪うばかりでなく残された人たちの人生も変えました。私も三歳から人生を変えられました。家族には生きていてほしかったです。両親に育ててもらいたかったし、甘えてみたかったです。私は甘えるということを知りません。妹とは一緒に学校へ通いたかったです。遊んでもみたかったですね。くやしいです。戦争は当たり前にできたことが、当たり前にできなくされてしまいます。悲しいことが続き、なにもよいことがありません。長い間、悲しい涙ばかりを流し続けて、辛さに耐えて生きてきましたが、笑顔をぜひとも取り戻したいのです（中略）私たちは本当の戦後を迎えたいのです。私たちが使える時間には、もうゆとりはありません。

最近繰り返しみる夢について、由美子さんは次のように話す。「その夢のなかでは、亡くなっていった人たちに『なにを望みますか？　教えてください』って、私は夢のなかで叫んでるんです。次に見た夢のなかでも亡くなった人に対して『皆さんは、今生き残ってる私たちに対してなにを望んでいるか教えてくれませんか？』って。『助けてください』って泣いて、泣きじゃくって目が覚めるんです（中略）もうそこまで追い詰められている」。

話を聴いて

本稿は二〇一八年の聴き取り調査と、院内集会などで由美子さんが話した文章をもとにまとめたものである。本シリーズ一巻Ⅰ部第四章でも一部を紹介しているので合わせて参照されたい。

由美子さんは東京大空襲による空襲被害孤児である。東京大空襲は一九四五年三月一〇日、下町を主な目標地域とし、推定約一〇万人の犠牲者を出したとされる。その後、新たに発見された遺体を加えると約一〇万五四〇〇人（東京都慰霊協会）といわれ、これに数えることのできなかった遺体を加えると実際の死者数はこれを上回る（吉田ほか編、二〇一五）。

同じ敗戦国の旧西ドイツでは一九五〇年で戦争被害者全体に医療サービスや年金を給付する連邦援護法をつくり、給付を始めている。二年後には民間の戦災者向けに負担調整方を実施、軍民差別のない制度が成立している（伊藤、二〇二〇）。軍人・軍属には戦後五四兆円余の巨費を投じた救済・補償をしながら、一方で民間人の空襲被害者には救済も補償もないまま戦後七五年を迎えた日本とは大きな違いがある。

二〇一七年四月に超党派の衆参国会議員でつくる空襲議連が救済法案素案をつくったが実現には至っていない（二〇二一年一月二二日現在）。由美子さんは裁判の原告として、両親を含む声をあげられない犠牲者の想いを背負い、援護法成立に向けて声をあげ続けている。

松澤弘子さんの話を聴いて

艮　香織

満洲での暮らし

一九四〇年七月一二日、弘子さんは満洲で長野県出身の父母のもとに生まれた。ちえ（母）は牟礼村《むれむら》（現飯綱町《いいづなまち》）出身、文市（父）は松尾村《まつおむら》（現飯田《いいだ》市）である。文市は単身で「満洲で一旗揚げるぞ」と満洲に渡った。ちえの父親は村長をしており、村会議員より満洲の視察報告の際に、満洲を案内した文市に村の娘で誰か結婚相手はいないかといわれる。その後、弘子さんの祖父は文市に会い、文市の人柄を認めることとなり、ちえは「開拓花嫁」として満洲に渡った。

図6　松澤弘子さん

父親は体格がよく、穏やかな性格だった。弘子さんが近所の子どもに窓辺から手を振っており、窓から飛び降りたら尿をもらしてしまい、母に叱られお灸をすえられたことを覚えている（図7）。

父母の参加した黒台信濃村《こくだいしなのむら》開拓団が入植した場所はソ連国境に近い位置にあった。弘子さんは高い山の国境の向こうはロシアだと聞いていた。関東軍の兵士が二、三人おり、毎日パトロールをしていたという。兵士が遊んでくれた記憶もある。土地に「元々いた中国人は家と田畑をとられ働くところがない」ということで、日本人の家庭に手伝いに来ていた。その子どもたちと遊んだこともある。鶏や豚、蜜蜂を飼ったり、広大な畑を営んでいた。畑は草がきするだけでも半日が終わるような広さだった。冬にはマイナス三〇度くらいの厳しい寒さで、閉じこもっていた。田んぼを見に行って、青々とした田んぼに落ちたこともある。収穫前には逃避行となったため、弘子さんは何度か「その稲を刈り取ることはできなかったけどね」と語る。

図7　文市・ちえと弘子さん
初節句で雛人形を前に（1941年4月6日）.

逃避行と弟の死

一九四五年八月初旬、弘子さんははしかになっていたが、だいぶよくなり、八日ごろに厠《かわや》に行ったときに飛行機がいくつも飛んでいるのをみた。八月八日、庭におとなが大勢集まっており、文市がみんなに話をしていた。残るか逃げるか、逃げるのであればどうやって逃げるかという相談をしていたのではないかと、弘子さんは話す。少年兵も何人かおり、その後の逃避行でも行動をしていた。開拓団のほとんどの男性は徴兵で国境沿いに行っていたが、文市は四〇歳くらいで「ギリギリのところで残っていた」という。ほとんどが女性と高齢者と子どもの逃避行となった。

牡丹江《ぼたんこう》まで行けば日本人が多いから、なんとかなるというので目指して出発した。荷車に詰めるだけの荷物を詰め、弘子さんはその上にのせられて上から布団をかぶせられた。それを馬にひかせるが、大渋滞となっていた。夜は村はずれの大きな倉庫に休むことになったが、次々にあちこちの村から逃げてきた人々が入ってきて、子どもたちは恐怖で泣き叫んでいた。夜のうちに少しで

図8　弟泰文さん（3歳）とちえさん（33歳）（1945年5月3日）

も動いた方がよいのではないかということで出たが、雨が降っており、泥濘で動けなくなるため、次々に荷物を投げ出し子どもと食料のみとなった。さらに日中は、旋回していた戦闘機が高度を下げ、馬も馬車も攻撃された。昼間は山の中に潜み、暗くなってから行動したという。弘子さんは次のように振り返る。

昼も夜も。昼なんだか、夜なんだか（中略）そこらここらに死んでいる人はいっぱいいいたし（中略）子どもたちはぎゃーぎゃー騒ぐし、泣き叫ぶし、「泣いたら置いてくよ！」って、置いていかれちゃ困るから必死なんですよ。必死。もう自分が生き抜くためにね。死んでる人はそこらへんにやたらにいるから……怖いとも思わずにね。子どもはただただ必死でついていく。何かにつまづいたと思ったら死んでいる人につまづいていたりね……

弟は母が背負っており、最初は「おろして」とか「まんま」とかいっていたのが静かになって、ぐったりとしていた（図8）。

だけど、ぬくもりのあるうちは背負ってやりたいという母心だと思うんだけれど、ぐったりした子をしばらくおんぶしていたけどね。畑の土手に穴を掘って、お花を添えて、ただそれだけ。

弟は衰弱死で、逃避行の途中で埋葬した。

逃避行の際にさまざまな集落を通ったが、かわいそうだと食べ物を分けてもらったこともあった。日本人が来たというので長いカマで襲ってくることもあったが、日本兵が威嚇して追い払った。逃避行の先がみえないなか、絶望して死を望む者もいた。ある幼子を連れた若い母親が「これ以上は逃げられないから殺してくれってね」と懇願していたのを覚えている。また逃避行の途中で怪我をした人が、「ソ連軍の戦車の下敷きになるよりいいから殺してくれって（中略）何人もそういう人たちがいたね。私たちじゃどうすることもできないでね……悲惨だね。地獄だね。生き地獄」と、弘子さんは振り返る。

終戦を知る

弘子さん一行は、鶏寧《ケイネ》へ行けば日本人が沢山いるだろうと向かっていた。そこは火力発電所があり、高い煙突があると聞いていた。しかし逃避行中に、鶏寧では反乱が起きているので行かない方がよいと知らされる。また鶏寧を避けて山を越えて行くようにいわれる。しかし山越えには一、二週間を要し、子どもでは難しいことが話し合われた。そこで「かわいそうだけど、子どもに犠牲になってもらおう」との相談があった。馬を殺して料理をし、子どもたちは久しぶりの食事で喜んでいた。子どもたちが寝たら手榴弾をたき火に入れて、おとなは逃げる予定だったことを後から聞いたという。しかし、そこに将校が来て終戦を知らされる。攻撃されることはないから山ではなく普通の道を行っても大丈夫だが、ソ連兵はそこら辺に潜んでいるから気をつけるように助言された。

父母の死

牡丹江に着くとソ連兵がいて、父親は連れていかれた。残された人々は物置のような場所に入れられた。その後、貨物列車に押し込まれた。列車での移動中に亡くなる人もおり、遺体はごみのように土手に投げ出された。弘子さんも車中で瀕死の状態となった。「暗闇のなかでうろうろしていると名前を呼ばれて、うっすら目を開けると人の顔がいっぱい」あり、目を開けたことで歓声があがったという。そして途中で降りて収容所をいくつか移動する。寒くなるので南にということで北京へ行き、奉天《ほうてん》の収容所へと入った。建物は学校のようなつくりだったと記憶している。寒くなると次々に引き揚げてくる人が詰め合っていた。南といってもとても寒いため、くっついていた方があったかくていいと思ったという。

布団はなく、麻袋のようなものをかぶって寝ていた。父親はじき解放され、奉天収容所で再会できた。しかし、当時、流行していた腸チフスに父親は感染しており、やせ細って「見る影もなく」なっていた。収容所では「ミイラみたい」になって横になっていた。母親に促されて「父ちゃん、父ちゃん」というと、「最後だねぇ。すーっと一筋涙を流して。それが最後だったけどね。どんなにか無念だったろうねって。一旗揚げるぞなんて勢いつけて行ったんですけどね……」と弘子さんは振り返る。弘子さんは、今でも父親のそのときの顔を思い出すという。

母親と二人きりとなり、食べ物もコーリャンばかりだった。

弘子さんには、うっすらとだが、奉天に住む日本人宅に物乞いに行った記憶がある。女性のなかには農家の手伝いにでる者もいた。弘子さんがいたはずの母親がおらず、女性が指をさす方向をみたら、戸板に乗せて運ばれる母の姿があった。母はすでに息絶えていた。死因はわからないという。父が亡くなって約一ヵ月後の朝、弘子さんは母と仲のよかった隣家の女性に「起きて、起きて！」と起こされた。隣にいたはずの母親がおらず、

「かあちゃーん」って。泣き叫んだってもんじゃないけどね。ただただ泣くことしかできなかったね。広い中国大陸で一人っきりになっちゃったんです。

奉天の孤児収容所での暮らし

奉天に住んでいた日本人の組織があり、近くに孤児ばかり収容する施設があるということで、弘子さんはそこへ入った。高い塀にめぐらされて、二〇〜三〇人くらいの孤児がいた。ぐったりしている子もいれば、けがをして包帯だらけの子もいた。

収容所の子どもたちはみんな似た状態なので、悲しいとか気持ちはなくなってしまったんじゃないかと思う。収容所では兄弟みたいな感じ、友だちのような感じで一緒にいたと。

二、三日前まで遊んでいた子が奥の暗い部屋に寝かされていたこともある。すぐには遺体を処理できず、数日のう

ちに蛆《うじ》が湧き、廊下に転がっていることもあった。日本人で孤児のお世話をする女性が二人ほどおり、その人に「おばちゃん！　虫！」と知らせると箒ではいてくれた。食事はほとんど記憶にないが、お菓子か御煎餅を食べたことがあった。

中国人が日本人を欲しがって連れて行くことがあるというので、子どもたちは高い塀の下から外をみて来客者を確認し、日本人と分かれば「お客さんだよー」と女性たちに知らせていた。中国人が「歩けるような歩けないような（幼ない）子どもを欲しい」といってくることもあった。この先、連れて帰れるかどうかわからないため、生きてさえすれば機会があればまた逢えるのではないかと、子どもを託す母親を何人かみたという。また、若い母親のなかには生き延びるために子どもとともに現地の家庭に入った方もいた。

日本へ

弘子さんは葫芦島《ころとう》から博多《はかた》まで船で引き揚げることになった。輸送船のような船で「ゴロゴロと寝る」状態で、おとなも子どもも沢山いたという。弘子さんは年少であったこともあって、日本赤十字の看護師が寄り添ってくれていた。隣家の女性が見送りに来てくれたときのやりとりを覚えている。

「日本に帰るんだね。がんばってくんだよ」って言ってくれたの覚えてるから。ただただ「うん」っていって。「がんばる」って。どうがんばっていいかわからないけれど……かける言葉もなかったからそういう風にやってくれたんだと思うけどね。

日本へは一度、母親の里帰り（満洲で亡くなった母親の兄の遺骨を届けるために帰国している）に同行したことがあるが、「帰る」という意味があまりつかめていなかった。博多港では「なにか検査があるとかで」すぐには上陸できず、一週間くらいは船のなかで過ごした。そこから各県に分かれ、名古屋経由で長野に移動した。

図9　長野に到着した弘子さん一行（『信濃毎日新聞』1946年7月20日）
『信濃毎日新聞』は孤児部隊の先道隊12人が長野県に下車した様子を伝えている．手前左が弘子さん．写真を撮られるのは「鉄砲で撃たれるような」怖さがあり，下を向いていたのを覚えているという．県厚生課，日本赤十字の看護婦長とともに帰国．

長野での暮らし

一九四六年七月、弘子さんは、ほかに一一人の孤児と、日本赤十字の女性とともに長野に到着する（図9）。その後、善光寺《ぜんこうじ》付近にあった三帰寮《さんきりよう》で過ごした。

母の実家（井沢家）ではこの記事をみて、伯母が写真を持って三帰寮を訪ねて来た。すでに父母を亡くし孫三人を抱えていたため、母の実家での暮らしは厳しかった。「おまえはここのうちのもんじゃねぇ」とよくいじめられた。寒くてもこたつに入れてもらえず、しもやけだらけだった。小学校一年まで母の実家におり、その後、父の実家、親戚を転々とする。最終的にまったく面識はないが親戚筋の子どもがいない夫婦（松澤家）の養女となる。ここでは毎日のように「いろいろありました……毎日のように育ててやった育ててやった育ててやったっていわれ」たという。星空をみて「なんで私だけおいてったの？　私だって連れてってくれればよかったのにって。戦争さえなかったらな。私だってみんなと同じように親兄弟と過ごせたのになって……」と泣くことも多かった。松澤家では義母の実家や近所の子守に出ていた。おむつの洗濯で手がひびだらけだった。

学校は義母に「学校は中学まで行けば充分。ありがたいと思え」といわれ、進学は断念した。似た境遇の子どもがクラスに一名おり、風越寮《ふうえつりょう》から通っていたが、後に山向こうに養女に行った。

弘子さんは、個人経営の縫製に二年、メリアス編みの会社で三年努めた後、一九歳からは三七年間は時計会社の下請けで定年まで働いた。給料はほとんど家に入れていた。常に「あたりまえ」「育ててやったんだから」といわれた。貧乏を脱出したいという思いと、家を建てなければという思いが強くあった。二七歳で親戚の紹介で結婚した。夫は婿養子となり、働きながら二人の子どもを育てた。養父母とのつらい関係は亡くなるまで続いた。

引揚体験を話すようになったきっかけ

戦没者の慰霊祭で、親戚より、話してみてもらえないかといわれたのがきっかけで、弘子さんは五年ほど前から引揚体験を話すようになった。これまで話せなかったのは、一つは哀れみの目でみられたくないという想いがあった。世間では「孤児に対する哀れみ」があり、「ああいう風に思われるかなって」と知られたくない気持ちがあった。二つ目に「暮らしが大変だった」というのもあった。そして話そうとしても経験を言葉にすることは「苦しくなってくる、切なくなってくる」ので踏み出せなかったという。そして今、話せるようになったのは「もう死んじゃう、年齢的にといわれて、いくらかずつ言い出したね」と語る。また最近の社会情勢からまた戦争が始まるのではないかという危機感を覚えたことも理由であることが、次の語りからうかがえる。

最近の世の中をみていると、今にそこらでドンパチ始まるんじゃないのって傾向があるね（中略）権利を与えるからおまえたち義務を果たせって（中略）絶対これは阻止しなければと。争い事はあってほしくないなって思ってね。どっかで世界中で飢えと恐怖におののいて生活している人たちもいるじゃない。自分たちもそれ経験してきたんだけど、絶対に戦争ってあっちゃいけないことだし。嫌だなぁって。

話を聴いて

自分が……なんでわたし一人、残ったんだろうって思っちゃうよね。

これは弘子さんが話を終えた後につぶやいた言葉である。この言葉に対し、筆者はなにもいえなかった。弘子さんの壮絶な記憶を共有し、最大限の想像を働かせ、なぜこのようなことが起きたのか、そして「前事不忘・後事之師（中国の故事。過去を忘れず、未来の教訓とするの意）」（満蒙開拓平和記念館、二〇一八）とするにはなにができるかを突きつけられた。

長野県の満洲への県別送出数は三万七八五九人（開拓団三万一二六四人・義勇軍六五九五人）と、他県に群を抜いて多い。黒台信濃村開拓団は全国初の県単独の開拓団であり、人数は一六一〇人であった。ソ連国境に近い位置から直接攻撃を受けながらの壮絶な逃避行によって、終戦後の収容所での犠牲を合わせると九六七人が死亡、九一人が残留となっている。当時、五歳になって間もない弘子さんは、逃避行の詳細は把握できていないにしても一つひとつの場面は鮮明に記憶しており、「衝撃的な出来事だったからこそ覚えている」という。帰国後は辛酸を舐める日々が続いたが、現在になってようやく落ち着き、人生を振り返るなかで語ることができるようになっている。戦争は国家による暴力であり、人権侵害である。そして脆弱な立場にいる者にその矛先は向かい、その影響は一人ひとりの人生に深く、そして長く続く。

伊藤智章「いまだ保障ゼロ　民間戦災被害者―見過ごしてきたメディア―」『ジャーナリズム』（通巻三六三号）八月号（特集それでも「あの夏」に向き合う）二〇二〇年
東京大空襲訴訟原告団『東京大空襲訴訟原告団報告集―援護法制定めざして―』二〇一五
満蒙開拓平和記念館『満蒙開拓平和記念館図録』二〇一八年
吉田裕ほか編『アジア・太平洋戦争辞典』吉川弘文館、二〇一五年

Ⅳ部　これからの戦争孤児研究のために

第一章　戦争孤児問題の研究方法と課題をめぐって

浅井春夫

一　戦争孤児問題の研究方法

戦争孤児問題の研究上の制約

戦争孤児問題の研究状況や残存史資料に関して整理をしておきたい。

第一は、もともと戦争孤児・孤児院（現在の児童養護施設）に関する記録が少ないことがあげられる。戦時体制下では軍事労働力予備軍の確保対策としての福祉政策であり、社会防衛的な政策の側面が色濃く投影されており、紙そのものが不足していたことも相まって、記録として残されることがきわめて少ないのが実際である。

第二に、戦争を推進してきた日本政府の国家的犯罪といえる〝証拠隠滅〟が行われたことである。戦中期の公文書・機密資料・行政書類などが敗戦を期して一斉に全国で焼却処分の対象となった。重要文書類の焼却は、一九四五年八月一四日の閣議決定を受け、連合国軍進駐までの約二週間に、政府・各自治体や旧日本軍が組織的に廃棄処分を実施したのである（吉田、一九九七、一二七〜一四一頁）。

第三として、第二の点とともに、日本政府が戦争の記録と史料を正確に残す努力を怠ってきたこと、そうした余力もなかったことがあげられる。

第四に、敗戦直後の「戦災孤児等集団合宿教育所」（文部次官通牒、一九四五年九月一五日）、「児童保護施設」（厚生省社会局長通牒「浮浪児その他の児童保護等の応急措置実施に関する件」一九四六年四月一五日）、「児童収容保護所」（一九四六年厚生省発社第一一五号「主要地方浮浪児等保護要」）、「収容施設」（「全国孤児一斉調査に関する件」一九四七年一二月六日）、「児童福祉施設」「養護施設」（児童福祉法、一九四七年一二月一二日）などの施設では、職員側にも余裕がまったくなかったことがあげられる。またそうした記録を残すことに関する行政からの指示も徹底されなかった。くわえて、少なくない施設で一九六〇～七〇年代にかけての高度成長期に施設の建て替えが行われ、その際に廃棄・焼却処分された記録・史資料がかなりあることも残念な事実である。

第五に、当事者もまた自らの体験を語ることを避けてきたことがある。社会的排除の圧力を招かないために、孤児であったことを口外しないことが〝仲間の掟〟として孤児の間の暗黙の了解となってきたのである。

第六として、逸見勝亮「第二次世界大戦後の日本における浮浪児・戦争孤児の歴史」（『日本の教育史学』三七、一九九四年）などの一連の研究成果以外に、戦争孤児にフォーカスした論考があまりみられず、戦後の歴史学研究において戦争孤児問題は一種のエアポケットになってきたことがあげられる。その後の主な研究成果として、戦争孤児の当事者である金田茉莉の地道な史料蒐集と出版による社会的発信（『東京大空襲と戦争孤児』二〇〇二年、『終りなき悲しみ』二〇一五年など）、平井美津子・本庄豊による史資料の発掘と論述（『シリーズ　戦争孤児』全五巻、二〇一四～一五年）をみることができるが、歴史学と教育学・社会福祉学・児童福祉研究の専門家がつながることは少なかったのである。

最後に、研究会の未組織という状況もあげられる。東京を中心につくられた当事者組織である「戦争孤児の会」は二〇一七年八月に解散となった。そうした時代の局面で「戦争孤児たちの戦後史研究会」が果たすべき役割を自覚せざるを得ない。

これらの多くの諸条件が重なり合って、戦争孤児問題は研究の片隅に放置されてきた。研究をすすめるうえでさまざまな制約はあるが、制約のまったくない研究など存在しない。その点では文字として記録化されている数少ない文書の隙間を埋めていく役割とともに、真実を発掘していくことが当事者からの聴き取り調査の使命である。戦争孤児体験者の声を聴く残された時間が少ないなかで、研究の組織化と深化が求められている。

戦後七五年を経過した現在においても、「戦争孤児問題研究センター」（仮称）を開設する必要があると思っている。想定される役割として、①関連文献・史資料などの収集、②戦争孤児体験者の聴き取り調査の実施、③聴き取り調査のＤＶＤなどによる保存、④出版の企画、⑤学校などで活用できる教材の作成、⑥元戦争孤児の方々の交流の場の確保などをあげておく。

研究方法の模索

先行研究の整理をふまえて、研究を進める手法などを検討しておきたい。

第一に、「戦争孤児」当事者・施設従事者・地域の関係者などの証言を、この数年で掘り起こす作業は必要不可欠であり、直接に生の声を聴くことのできる最後の残された期間となっている。

聴き取りのための参考資料として、本章の末尾に「「戦争孤児」体験者の方々へのインタビュー調査項目（案）」を添付した。筆者が考えたインタビュー項目の試作である。さらなるインタビュー項目の精緻化と聴き取り方法の習熟をしていきたい。なお、インタビュー調査に関しては、石原昌家「聴き取り調査の基本的スタンスと方法」（浅井・川満編、二〇二〇）を参考にされたい。

また、ホスピス緩和ケアの音楽療法を専門とする米国認定音楽療法士である佐藤由美子の著書『戦争の歌がきこえる』のなかにこのような文章があるので、関連して紹介しておきたい。

戦後、人々はつらい記憶を胸に秘め、未来に向かって歩むしかなかった。そういう意味では、日本もアメリカも似たような風潮があったのだと思う。

そのため、戦争経験者の多くは戦後、その記憶を語らずに生きてきた。でも、そのような記憶は人生の最期によみがえる。『（戦争のことを）昔は考えなかったけど、いまは考える』という言葉を、私は患者さんから何度聞いたかわからない。人間は死に直面したとき、過去を必ず振り返る。そして、長いあいだ逃れようとしてきた記憶こそ、頭に浮かぶものなのだ。私たちは人生の最期、過去から逃れることはできない（佐藤、二〇二〇、一〇頁）

人生の最期を向える人々をみつめてきた、現場からの生の証言である。

第二に、児童養護施設などの各施設史（『〇〇年の歩み』『〇〇周年記念誌』など）には、当時の個別の施設がおかれた状況のもとで戦争孤児を受け入れてきた歴史が記述されている。戦後直後に開設されたり、再開されたりした施設も少なくない。具体的な生活状況が書き残されていることも多く、戦争孤児たちがどのように戦後の再出発をしたのかを把握することのできる記録である。また、その記録の原史料が施設などに現存している場合、研究に協力をお願いすることも重要である。現在、敗戦直後から戦争孤児などを受け入れてきた施設の歴史として、『愛児の家 史料集成』（不二出版、全五巻と別巻）をまとめており、『退所措置児童指導記録簿』（第一回配本）、『卒園生感想文』（第二回配本）などを順次発行している。

第三に、自治体史にも貴重な史資料・記録が残されている。『東京都戦災誌』（一九五三年）、『読谷村史 第五巻資料編四・戦時記録下巻』（二〇〇四年）、『沖縄県史 各論篇六・沖縄戦』（二〇一七年）、『沖縄市史 第五巻・戦争編―冊子版―』（二〇一九年）などが戦争孤児・孤児院の歴史を扱っている。

第四として、戦争孤児の個人史も貴重な文献である。時代背景を基調としつつも、年齢、地域、施設、職業、家族・親戚関係、支援者との出会いなどによって、人生は大きく変わることになる。一人ひとりの人生は、まさにそれぞれ固有の歩みでもある。個々の戦争孤児の方によって、どのような社会環境の影響を受けてきたのか、またどのように現実に向かいあってきたのかを学ぶことができる。同じ人生の歩みなど一つもない。

第五として、国の政策がいかなる内容であったのかについて、戦争孤児対策がどのような政策意思と観点で具体化されようとしたのかを、国会での論議から把握すること、通知や要綱などに示された方針の本質を読み取ることが必要といえよう。

第六に、各自治体での政策がいかなる内容であったのかも、国の施策と同じように重要な解析対象となろう。

第七に、宗教者などによる支援組織・施設づくりと処遇内容の工夫なども記録されるべき理念と実践であり、戦争孤児の救済にかかわっていく思想的な背景を学ぶことも重要である。

第八として、米軍を中心とした占領政策とりわけ住民訓育政策がいかなる目的を持ち、どのような内容であったのか、米軍の方針を史料のなかで読み取ることが必要になってくる。まだまだ埋もれた記録・歴史的史料が多くある。

これらの研究の切り口を組み合わせながら、戦争孤児問題の多角的な解明が求められている。

戦争孤児と「孤児院（児童養護施設）」での体験的記憶の二重構造に関しても補足的に書いておきたい。それは聴き取りのなかで感じたことだが、孤児体験者の記憶は厳しさを実感したなかでの語りであるが、ケアの従事者の記憶には施設での暮らしはやや自己評価の高い記憶として残っている場合も少なくない。その点で同じ空間と暮らしを共有しながらも、両者の記憶は二重構造となっている。同じ時期の共有空間に関する聴き取りであっても、ケアする側とされる側では感じ方と記憶の呼び戻し方には大きな開きがある。その点をどう記述に反映させていくのかは留意すべき課題である。

二　戦争孤児問題研究の課題

当面する研究課題の第一に、戦中および占領期の各地の状況をふまえたうえで戦争孤児の実態を把握し、占領期だけではない戦後史を孤児たちがどう歩んできたのかを総合的に把握することがめざされる。まさに個人史の観点から、戦争孤児体験はどのような意味を持っていたかを包括的に解明する課題である。

第二に、占領期においては戦争孤児をケアする環境条件の整備は乏しいものであったが、古い孤児院の体制から、戦後の養護施設における新たな子ども観の形成や援助論の萌芽を見出すことも重要である。旧態依然とした施設体質の戦前からの連続性という全般的問題とともに、いくつかの施設によっては新時代の児童養護施設の萌芽という要素を持っていることにも着目したい。その点では、特色のある施設実践に注目し、どのようなケア内容と運営の発展があったのかを分析することも課題となっている。

第三に、戦中における「英霊の遺児」から、敗戦を機に「戦災孤児」「浮浪児」への位置づけの変容はどのような状況のもとでなされてきたのか、歴史研究のなかで整理・検討する必要がある。戦争の状況がどのように子どもの人生を変えてしまうことになったのかを、インタビュー調査と戦争孤児政策の分析を通して追究していくことが重要であろう。

第四として、戦争遺児たちの戦後史における利用のされ方も研究すべき課題である。戦後もまた、戦争遺児たちは「少国民」として利用された現実がある。一九五〇年代は戦争遺児の靖国への集団参拝が六〇年代前後まで全国の遺児たちが一巡するまで実施されたのである（松岡、二〇一九、一四六〜一四七頁）。こうした動きと連動して、旧軍人・軍属や遺族には恩給法（一九五三年制定）による軍人恩給（遺族には扶助料）が復活・支給され、恩給法の対象にならない軍人・軍属および準軍属とその遺族の場合は「戦傷病者戦没者遺族等援護法」（一九五二年制定）による遺族年金が支給されている。特に軍人恩給による支給総額は二〇一六年時点で累計六〇兆円を超えている。この一九五〇年代は、サンフランシスコ講和条約と旧・日米安全保障条約の締結が行われる日本の進路の大きな分岐点となっている。そのうえで戦争遺児の靖国集団参拝、軍人恩給の復活と「戦傷病者戦没者遺族等援護法」による遺族への統制が用意周到に具体化される。その意味では、戦後の反動攻勢は五〇年代初頭から準備し具体化されているとみることができる。

第五は、戦争孤児・浮浪児への国民の集団的記憶がどのように形成されてきたのかを考えることである。それは政策的に意図された面がある。さらにマスコミ（写真・ニュース映像・ドラマなど）の戦争孤児の描き方の問題も分析してみる必要があろう。また意図的にそぎ落とされた集団的記憶はどのようなものであったのかも解明していくことが求められている。

各地の戦争孤児体験者の聴き取り調査を実施することで、それぞれの地方・地域・施設によって戦争孤児を生みだすプロセスと生活実態は大きく異なっているのがわかる。そうした各地の戦争孤児の実態解明を積み上げることを通して、戦争孤児問題の全体像と本質にどう迫っていくことができるかである。戦争被害者としての子どもへの着目を通して、なにを解明していくのかが問われている。

最後に「戦争をいかに語り継ぐか」という観点から、戦争孤児問題を位置づけていくことも必要である。戦争孤児問題をどのように語り継ぎ、学びの対象としていくことができるのかを考えることも課題となっている。そこでは問い直すこと自体が持つ落とし穴の存在も意識しなければならない。「継承」することの重要性はいうまでもないが、その継承プロセスが政策的につくられた記憶である場合もあるし、「さまざまな忘却を経た『上澄み』のようなものであるとすれば、（中略）『継承』自体が『忘却』の再生産を促すことになる」（福間、二〇二〇、一二頁）という指摘は重要である。

戦争孤児問題を探求していくことを通して感じていることは、一つの井戸を途中まで掘ると、言葉は悪いが〝芋づる式〟に次の課題が引き寄せられ、みえてくるということである。次々にあらわれる課題から逃げないで、その課題を探求していく決意を新たにしている。

参考文献

浅井春夫・川満彰編『戦争孤児たちの戦後史一　総論編』吉川弘文館、二〇二〇年
平井美津子・本庄豊編『戦争孤児たちの戦後史二　西日本編』吉川弘文館、二〇二〇年
福間良明『戦後日本、記憶の力学』作品社、二〇二〇年
松岡　勲『靖国を問う―遺児集団参拝と強制合祀―』航思社、二〇一九年
水島久光『戦争をいかに語り継か』NHK出版、二〇〇〇年
吉田　裕『現代歴史学と戦争責任』青木書店、一九九七年

「戦争孤児」体験者の方々へのインタビュー調査項目（案）

インタビューの日時：　　年　月　日（　）：　〜　：
インタビュー場所（　　）

※インタビュー内容を録音させていただくことのお願いと確認

インタビュー内容に関しては、基本的にテープおこしの文書の確認をしていただく。

お名前：　　（男・女）
現在の年齢：　（生年月日：　年　月　日、出生地：　　）
現在の住所&連絡方法
住　所：
電話番号：
携帯番号：
ファックス：
メール：

これまでの人生の歩みについて

1．戦争孤児となった経緯
生まれたところ：どこで生まれたか、その後の記憶で残っているところを聞く
当時の家族構成：
「当時」とは＝一九四（昭和二　）年　月当時

どんな子どもであったのか：自らの記憶で印象的なことはなにか
被災の記憶：（昭和　）年　月　日　何時ころ　どこで
（昭和　）年　月　日　何時ころ　どこで
記憶にある場面・情景など：
家族との別離の記憶：どんな状況で別離を体験したのか
父：
母：
兄弟・家族：
その他の方：
戦争孤児になったことで、どんなことを体験されたか
つらかった経験・記憶：
いじめられた経験・被害経験：
不自由だったこと：
生きるためにしたこと：
死を覚悟したことはありますか：（どこまで聴けるか留意が必要）
他に語っていただくこと：
助けられた、親切にされた経験・記憶：

2．住居・暮らしの場と仕事の変遷（親戚などでの作業補助・家事手伝いを含む）
居場所・住居の変遷：変遷の記憶をできるだけ具体的に
何年生のこと、どこからどこへ：
どうして住居が変わったか：

仕事状況と転職過程：はじめての「就職」は何であったか、それはどのような経過で就職となったかなど、当時の社会背景なども含めて聴く。
生きるための糧・仕事などの変遷：どんなことに従事したか
自分自身は：
他の子どもはどんなことをしていたか：
はじめて正式に給料・収入を得たのはどんな仕事でしたか：
仕事を辞めたときの理由は（転職している場合は記憶のある範囲で）：
生活歴（表を作成し、記入）
生年／生地／家族構成／父母・家族の仕事など

3．被災のときの記憶、家族との別離の場面の記憶、孤児になってからの記憶
被災地／被災の記憶（いつ・どこで・どのような状況で被災したか）：
被災されたときに、特に強烈な印象として残っていること：
居場所・住居の移動（どんなところにいたか）：
学校生活・教育機会の中断はあったか：
児童養護施設（孤児院）・孤児収容所・一時保護施設などの入居経験：
「狩込」にあった体験はあるか：
無断で施設から出て移動したことはあるか：

4．結婚・家族生活：結婚にいたる経過
周囲の反対などの声、さまざまな反応などは：
子どもをもうけることに対しての感情：

当時の心情はどのようなものがあったか‥
家族の一番の思い出となっているのは‥

5. 自らの信条・信念について‥
これまでを生きてきて、自分を支えてきた信条や信念とはなんであったのか‥

6. 私たち・子どもたちに伝えたいこと
戦争に対すること‥
言い残しておきたいこと‥

7. 【自由項目】自然なやり取りのなかでお聴きしたことなど

第二章　戦争孤児問題に関する文献紹介

浅井春夫

はじめに

戦争孤児は国家間の最大の暴力である戦争の結果、生みだされた犠牲者である。敗戦直後の一時期だけではなく、少なくない人たちが社会的排除と貧困、切ない思いを抱えたままに戦後を生きてきたのが実際である。その厳然たる事実は、日本の戦後史のなかで共有されてきたであろうか。敗戦直後の混乱期には、国民総懺悔論とともに困難の受忍論が国民の意識に浸透し、結局のところ孤児たちは放置されてきた。国家によるネグレクトによって、〝野垂れ死に〟の状態におかれたのである。

戦争孤児・浮浪児たちはそうした現実のなかで生き抜いてきたサバイバー（生存者）である。無権利状態のなかで生き抜いてきた戦争孤児体験者の記録はさまざまな内容で残されてきた。ただ、現在にいたっては、そうした記録や手記を残せる人／残す人はきわめて少数となっている。そうした現状において、『戦争孤児たちの戦後史』（全三巻）は、記録の断片をつなぎ合わせることで、戦後七五年の節目における戦争孤児問題研究の集約であり、戦後一〇〇年をめざした研究の再スタートの決意の表明であると思っている。

この「文献案内」では、リアルタイムで書かれた論稿や実践記録、戦争孤児当事者の手記などを紹介し、今後の戦争孤児の戦後史研究の共通基盤を押さえておきたいと思う。実際には入手困難な文献が多いが、図書館で検索すれば出版されている書籍・記録などにアクセスすることができる。

戦争孤児の方々の生の声を聴いて、当事者の体験と当時の暮らしの実際を学ぶ機会も、残り少なくなっている。そして、戦争孤児に関する記録をリアルタイムで書く時代には終止符を打ちたいものである。

「文献紹介」をするうえで、年代ごとに順を追って紹介することも可能だが、出版年と記述で取り上げた時代が一致しているわけではないのが一般的である。したがって出版年で整理することは意味がないわけではないが、本章では一定の分類をすることで紹介することにしたい。それは戦争孤児問題へのかかわり方と記録する側の立ち位置を軸にした分類ということになる。

具体的には次の柱で分類している。「戦争孤児に関する総論的文献・課題別文献」、「戦争孤児・浮浪児体験を綴った本人の手記」、「施設実践・援助の記録」、「児童養護施設史などの記録」、「児童福祉関連の団体史」、「戦争孤児の記述がある自治体史・文献」、「現在、入手が比較的可能な文献」などをあげておくことにした。紙幅の関係で、各施設史などはほとんど割愛せざるを得なかったが、いずれ別稿で全国の児童養護施設の施設史・記念誌などをふまえて、戦争孤児の受け入れ状況に関する整理をしておきたいと考えている。

分類した項目のなかでは、文献は出版年の古い順に紹介している。また紙幅の関係ですべての文献に解説文をつけることはしていない。ここで紹介する古書のいくつかの復刊を準備しており、ぜひ当時の記録を生のままで目を通していただきたいと願っている。

一　戦争孤児に関する総論的文献・課題別文献

・島田正蔵・田宮虎彦編『戦災孤児の記録』（文明社出版部、一九四七年）。後に「シリーズ・戦争の証言〈二〉」で、田宮虎彦編『戦災孤児の記録』（太平出版社、一九七一年）として所収。各施設で生活する戦争孤児が、被災と親との別れの記憶、その後の暮らし、施設にくることになった状況などを、子どもたち自身の文章で記述されている。

・小林文男『家なき児—ある浮浪児の手記—』（文明社出版部、一九四八年）。執筆時は朝日新聞東京本社記者であり、後に東京都中野区にある「愛児の家」の常務理事となる人物の記録である。冒頭の「ことば」にあるように、「この一篇は、ある浮浪児のきびしい生活の実録」（一頁）である、「作家でも、文学者でもないわたしは、ただ彼の思い出の糸のままに、この稿をつづりました」（二頁）とある。本人からの聴き取りを踏まえて、「主人公の伊藤君」の魂がのり移ったように、小林が筆を動かした記述となっている。飾りのない文章のなかにリアリティがみえる。

・辻村泰男「戦災孤児と浮浪児」厚生省児童局編『児童福祉』（東洋書館、一九四八年）

・小林文男『問題児』（民生事業研究会、一九五三年）。「問題児とは、戦争の犠牲を、あまりにもきびしく受けた、気の毒な子供たちの総称である」（七頁）という立場で、混血児・基地の子・学校へ行けない子・売られた子・街頭の子・犯罪の子・浮浪児・水上の子（日常的に船上生活をしている子ども）などについて、統計数値も紹介しながら論じられている。

・沢田美喜『混血児の母—エリザベス・サンダース・ホーム—』（毎日新聞社、一九五三年）

・沢田美喜『黒い十字架のアガサ』（毎日新聞社、一九六七年）

・上坪　隆『水子の譜—引揚孤児と犯された女たちの記録—』（現代史出版会、一九七九年）

・社団法人日本戦災遺族会編（総理府委託）『全国戦災史実調査報告書―戦災孤児特集―（一九八二年度）』（同、一九八三年）。戦争孤児問題について、その概要、県史・市史や新聞からみる戦争孤児、法律・政府通達や国会関係資料、関係調査資料などが網羅されている。ただ沖縄県については、一九七二年のいわゆる〝本土復帰〟から一〇年が経っているのに、調査の対象から除外されている。

・中村健二『戦争って何さ―戦災孤児の戸籍簿―』（ドメス出版、一九八二年）

・渡辺珠江『遥かなる祖国への道―中国残留日本人孤児の叫び―』（大阪書籍、一九八六年）

・児玉克哉『原爆孤児 流転の日々』（汐文社、一九八七年）

・逸見勝亮『学童集団疎開史―子どもたちの戦闘配置―』（大月書店、一九九八年）

・沢田　猛『空襲に追われた被害者たちの戦後―東京と重慶消えない記憶―』（岩波書店、二〇〇九年）

・和田　登『望郷の鐘―中国残留孤児の父・山本慈昭―』（しなのき書房、二〇一三年）

二　戦争孤児・浮浪児体験を綴った本人の手記

・全国孤児綴方選集『父母よ いずこに』（日本孤児援護協会、一九五二年）。作文六一・図画二八が所収されている。

・佐野美津男『浮浪児の栄光』（三一書房、一九六一年）。初版のみで絶版したが、一九八三年に小峰書店版で児童書として復刊されている。初版の改訂稿と『現代の眼』（一九六二年新年号～五月号）の五回分の論稿を再録して、同『浮浪児の栄光／戦後無宿』（辺境社、一九九〇年）が刊行されている。

・山本克己『記録小説 非行少年』（文理書院、一九六七年）

・創価学会婦人平和委員会編『平和への願いを込めて⑲ 戦争孤児（東京）編―孤児たちの長い時間―』（第三文明社、

一九九〇年）
・桜田鈴男『戦災孤児の六〇年―孤児院に育った子供達の記録―』（新風舎、二〇〇六年）
・金田茉莉著、浅見洋子監修『終わりなき悲しみ―戦争孤児と震災被害者の類似性―』（コールサック社、二〇一三年）
・星野光世『もしも魔法が使えたら―戦争孤児一一人の記憶―』（講談社、二〇一七年）
・白井勝彦『哀しみに寄りそって生きる―戦後は続いているある物語―』（友月書房、二〇一九年）

三　施設実践・援助の記録

・積　惟勝『子らをまもる―或る養護学園の生活記録―』（東文館、一九四四年）
・積　惟勝『疎開学園物語』（帝都出版、一九四五年）。戦時中に積によって出版された二冊である。いかに良心的な実践者であっても、戦時体制のなかでの実践と運営は戦争体制に従属することを余儀なくされる現実がある。
・積　惟勝『青空を呼ぶ子供たち―戦災孤児育成記―』（銀杏書房、一九四九年）。戦時中から一九四七年四月までの約二年間の「戦災孤児育成記」である。
・本庄しげ子『人身売買―売られゆく子供たち―』（同光者、一九五四年）。「人身売買」という用語が本書の出版当時、「ジャーナリズムに氾濫するようになった源は、昭和二十三年の十二月に明るみに出された、上野の地下道にいた戦災浮浪児を、周旋人が栃木県の農村に売りとばした事件に始まる」（二二四頁）と記述されており、戦争孤児が「人身売買」の対象となっていたことは想像に難くない。当時の労働省婦人少年局では、一九四八年末から五一年六月までの二年半の間に、「人身売買」に関する三回の調査を実施しているが、年齢も住居も不明の戦争孤児・浮浪児が調査の網にかかることなく、すり抜けていることも少なくないであろう。

・宮本旅人『灯をともす少年たち』（山ノ手書房、一九五七年）。〝事実小説〟ともいえる記録であり、青年・清水康彦《しみずやすひこ》が中心になって戦争孤児への支援活動から青少年愛護運動を展開した「友愛クラブ」（出版当時で三〇〇〇人の青少年の団体）の活動を紹介している。

・品川　博『光の中を歩む子ら』（講談社、一九五八年）。静岡の浮浪児収容所で働いていた品川がそこにいた五人の子どもを連れて社会的な活動を模索したうえで、「鐘の鳴る丘少年の家」（一九四八年に養護施設認可。当初の名称は「愛誠会少年の家」）の創設の経緯と一九五〇年代中盤までの実践と運営の格闘を記録したものである。品川が感銘を受けた、菊田一夫《きくたかずお》作のＮＨＫラジオドラマ「鐘の鳴る丘」は架空の物語（一九四七年七月～五一年一二月まで放送回数は七九〇回）であったが、菊田の支援もあり、「鐘の鳴る丘少年の家」は設立されたのであった。

・久保　喬『千人の孤児とともに―戦災孤児をそだてた石綿さだよ―』（ＰＨＰ研究所、一九八二年）

四　児童養護施設史などの記録

戦中・敗戦直後から孤児院・児童養護施設を運営している施設史は、戦争孤児・浮浪児の記述抜きに編むことはできない。

・佐藤利雄『陽なたの孤児』（日本出版協同株式会社、一九五二年）。仙台基督教育児院の戦前からの五〇年の記録である。戦争孤児・浮浪児を迎え入れての状況を、大坂鷹司《おおさかたかし》院長の手記のなかに「『そよかぜ』は、いつしか暴風となり、台風と荒れ廻り、そして風と共に去った」という一句があり、著者（小説・歴史の随筆家）はその句が気にかかったと書いている（二一八頁）。その句の真意はわからないが、さまざまな困難を体験し苦汁をなめてきた子どもたちが逃亡・反抗・問題行動を通して、ここは安心して暮らし向きあってくれるおとなたちがいるのかという

〝試し行動〟がくり返され、それに誠実に向きあった職員たちの姿を想う。そこには戦争孤児・浮浪児と暮らしを共にした実践者の信念が表現されている。

・東京都養育院編『養育院八十年史』(同、一九五三年)
・東京都養育院編『養育院百年史』(同、一九七四年)
・餅田千代『ひまわりの記─児童福祉こと始め、長崎県立向陽寮─』(私家版、一九九〇年)
・仙台キリスト教育児院一〇〇年史編纂実行委員会編『仙台キリスト教育児院一〇〇年史』(同、二〇〇六年)
・新田光子『広島戦災児育成所と山下義信─山下家文書を読む─』(法蔵館、二〇一七年)

五　児童福祉関連の団体史

・厚生省児童局編『児童福祉十年の歩み』(日本児童問題調査会、一九五九年)。児童福祉法施行後、約一〇年間の歴史をまとめたのが本書である。「第三章　児童の保護」「第一節　養護に欠ける児童の福祉」(六七～七七頁)のなかで、「一　養護施設における保護、二　里親および保護受託者による保護、三　引揚孤児の保護、四　家で児童の保護、五　混血児の対策、六　親探し運動」の戦後の個別の領域の到達点と課題が統計的な数値を紹介しながら示されている。
・全社協養護施設協議会(全養協)調査研究部編『全養協二〇年の歩み』(全養協、一九六六年)。一九四二年当時は全国の施設数一一七(入所児童数九七〇〇名)であったが、敗戦時には八六施設(同五六〇〇名)に減少していた(二九頁)。その実態と、「急増する孤児と応急施策」および全養協のとりくみが記述されている。
・全養協「養護施設三〇年」編集委員会編『養護施設三〇年』(同、一九七七年)

・岸千年編『愛は国境を越えて―基督教児童福祉会小史―』（基督教児童福祉会、一九七四年）。戦後の「ＣＣＦ」クリスチャン・チルドレンズ・ファンド（Christian Children's Fund, Inc.）の日本における一九六〇年度の時点で、加盟施設数六一ヵ所、援助児童数三六八〇人、援助総額約五八〇〇万円である。日本における東京事務所は一九四八年以来、二六年間の活動をもって一九七四年末に終了した。

・全国疎開学童連絡協議会編『学童疎開の記録（全五巻）』（大空社、一九九四年）

・沖縄県生活福祉部編『戦後沖縄児童福祉史』（同、一九九八年）

六　戦争孤児の記述がある自治体史・文献

・東京都編『東京都戦災誌』（同、一九五三年）。「終戦後の社会状勢の変化」「治安状態とヤミ取締り」「終戦後の浮浪者・浮浪児対策」「浮浪児対策」（五一一～五二六頁）に、戦争孤児にかかわる内容が詳述される。

・大阪市編『大阪市戦災復興誌』（同、一九五八年）

・広島市編『広島原爆戦災誌（全五巻）』（同、一九七一年）

・長崎市編『ナガサキは語りつぐ―長崎原爆戦災誌―』（岩波書店、一九九一年）

・沖縄県教育庁文化財課史料編集班編『沖縄県史　各論編六・沖縄戦』（沖縄県教育委員会、二〇一七年）。「第四章　占領と住民」のなかの「第四節　戦災孤児」が、県史の編纂ではじめて戦争孤児に関する独立の節が設けられている。

・ひめゆり平和祈念資料館編『生き残ったひめゆり学徒たち―収容所から帰郷へ―』（同、二〇一二年）

・名護市史編さん委員会編『名護市史　本編三・名護・やんばるの沖縄戦』（名護市役所、二〇一六年）。建物が現存していない孤児院があった場所を特定することは困難な調査活動であるが、本書では瀬高《せだけ》集落（四八二頁）・久志《くし》集落（五一二頁）にあった孤児院の場所を特定している。戦場の様相・民間人収容地区の暮らしが記述されており、貴重な記録となっている。

・沖縄市総務部総務課市史編集担当編『沖縄市史　第五巻・戦争編―冊子版―』（沖縄市役所、二〇一九年）。「コザ孤児院」についての独立の節が設けられている。また、あえて書いておきたいが、ここまでに紹介した沖縄の最近の歴史の発掘と県史・市史の研究が語りかけていることは、歴史の事実・現実・真実から目をそらせては、住民自治と自治体の未来を描くことはできないし、自らの郷土を愛する力は育めないということである。国・各自治体は沖縄の姿勢から本気で学ばなければならないと思う。

・日本の空襲編集委員会編『日本の空襲（全一〇巻）』（三省堂、一九八〇～八一年）

七　現在、入手が比較的可能な文献

・戦争孤児を記録する会編『焼け跡の子どもたち』（クリエイティブ21、一九九七年）
・金田茉莉『東京大空襲と戦争孤児―隠蔽された真実を追って―』（影書房、二〇〇二年）
・吉岡英二郎『「焼き場に立つ少年」は何処へ』（長崎新聞社、二〇一三年）
・本庄豊・平井美津子『シリーズ　戦争孤児（全五巻）』（汐文社、二〇一四～一五年）。第一巻：戦災孤児（本庄編）、第二巻：混血孤児（本庄編）、第三巻：沖縄の戦場孤児（平井編）、第四巻：引揚げ孤児と残留孤児（本庄編）、第五巻：原爆孤児（平井編）。
・平井美津子『原爆孤児―「しあわせのうた」が聞える―』（新日本出版社、二〇一五年）
・本庄　豊『戦争孤児を知っていますか？―あの日、〝駅の子〟の戦いがはじまった―』（日本機関紙出版センター、二

〇一五年）
・本庄　豊『戦争孤児―「駅の子」たちの思い―』（新日本出版社、二〇一六年）
・浅井春夫『沖縄戦と孤児院―戦場の子どもたち―』（吉川弘文館、二〇一六年）
・藤井常文『戦争孤児と戦後児童保護の歴史―台場、八丈島に「島流し」にされた子どもたち―』（明石書店、二〇一六年）
・石井光太『浮浪児一九四五―戦争が生んだ子供たち―』（新潮社、二〇一七年）
・下山正晴『忘却の引揚げ史―泉靖一と二日市保養所―』（弦書房、二〇一七年）
・上田誠二『「混血児」の戦後史』（青弓社、二〇一八年）
・吾郷修司著、友田典広証言『原爆と朝鮮戦争を生き延びた孤児』（新日本出版社、二〇一九年）
・白井勝彦・藤原伸夫『神戸の戦争孤児たち』（みるめ書房、二〇一九年）
・中村光博『「駅の子」の闘い』（幻冬舎、二〇二〇年）
・金田茉莉『かくされてきた戦争孤児』（講談社、二〇二〇年）
・竹内早希子、石井勉（イラスト）『命のうた―ぼくは路上で生きた十歳の戦争孤児―』（童心社、二〇二〇年）。一〇歳のときに神戸空襲で両親をなくした山田清一郎さんの半生を中心に、路上で暮らした戦争孤児の声なき声を聴くことのできる渾身のノンフィクションである。

戦争孤児の詩

小林信次

駅の子

長く続いた戦争
そして夏
炎天にさらされ
透明な空がゆらいで
戦いは終わった
家も焼け学校も焼け
町も消えて
何にも残されなかった
父も母さえも残されてなかった

あの子たちは
焼け野原を野良犬みたいに
（明日の命はわからない）
さまよいながらねぐらを探した

あの暑い夏
どこからともなく
「そこ」へやってきた
戦火の屍の上をこえてきた
家族の死を見てきた
おそろしいものばかり見てきた
生きている心地がしなかった
（いっそ死んでいた方がよかったのかも）

あの子たちは二人になった
姉は五歳、弟三歳の手を引いて
父も母もなく、身寄りもなかった

ただただ食べ物を求めてやってきた
飢えをしのぶためにやってきた
あの子もあの子もやってきた
秋になっても
あちらこちらに蟻のようにあふれた

衣服は汚れ手足も汚れ
身体全体が臭っていた
あの子の足には破れた靴
あの子は靴もなくて裸足だった

ある子は
野良猫のようだった
髪も顔も人の顔ではなかった。
ある子はじっと身構え
野良犬のようだった
目だけがギヨロギョロとして

辺りをうかがった
周りには大勢の仲間がいた
すべて子どもだった

冬になり
あの子たちはどこからともなくやってきて
そこのすみっこで寝っ転がった
そこの地下トンネルで
猫のように寝っ転がった

寝るときは群がり固まり
背中合わせになって
寒さをしのいだ

春がめぐってきた
どこからともなくやってきた
生きるために集まり
食べ物を求めた

あの子どもたちは
闇市の中へ
ある子どもは雑踏の中から
生きる知恵をさずかった
ある子どもは親切な人に
食べ物をもらい受けた

だが
多くの道行く人は
立ち止まったが
ちらっと横目で立ち去った

夏がやってきても
相変わらず
あの子たちはそこに棲みついて
そこで生きていた
来る日も来る日も
堅いコンクリートの上に

ゴザを敷いて眠った
頭にはしらみも
かゆくて眠れない夜

あの子たちは夢をみた
夢があの子を苦しめた
あの子は空襲の闇の中にさまよい
あの子は炎の中を逃げ迷い
あの子は原爆の焼け跡で泣きつづけている
あの子は満洲から命からがら海を渡ってきた
あの子たちは夢をみた
父を呼び
母を呼び
姉弟を呼び
遊んだ友を呼んだ
夢の中で叫んでいた
母に抱かれている夢だった
夢の中で涙があふれ出た

目覚めると夜明けの太陽に向かって
「母さんも父さんもきっとどこかに生きているよ。
だって、死んだって証拠もないから、きっと迎えにくる」
と呟く子もいた

ある冬の日も
相変わらず
その子は枝のように細く痩せていた
どこを探しても食べるものが手にはいらなかった
苦しみ、悲しみでおかしくなる子もいた
ある子は一日一日とやせ細り栄養失調で死んだ
死体置き場に置かれたままになる子もいた

だが
あの子たちは
たくましく生きた
あの子らは何でもする
靴磨きは朝飯前

タバコの残りカス「もく拾い」も
乞食のまねも
かっぱらいも
闇市の手伝いも
アメリカの兵隊から
支援物資をもらう
おねだりは「ギブミーチョコレート」
もらったものは分け合い
おにぎりもみんなで分け合って
命をつないだ

いくつか季節が変わっても
そこが故郷、そこが家
ここがまさにホームだった

あの子らは「駅の子」
と呼ばれた
浮浪児とも呼ばれたが

駅に住み着いた子
れっきとした「駅の子」だった

生きるために
駅にとどまった
生きるために
たくましくなった

何年か経ち
やがて、街はバラックから
新しい建物に変わり
人々が安らぎをえ始めた頃
あの子たちは
罪人のように
追い立てられ
警官からも
人々からも
追い立てられて

もう逃げる場所は無かった
施設へ投げ込まれ
拾われて預けられ
そこが住み処になった
が長くは住みつけなかった
福祉施設も少なかった
大勢の子が収容所に押し込められた

めぐる季節
新しい季節がやってきたのに
多くの駅の子には
ずっと家族がなかった
行く当てもなかった
それでも幸い
引き取られた子もいた
そこで生き延び
苦労を重ねて飛び出した

数年経って
街がネオンで輝く頃
あっちこっちで
あの子らは成長し
生きていく知恵を見つけ
生きる道を見いだしていった

いつまでも
駅の仲間が懐かしく
「あいつら、ねぐらを見つけたかな」
「あのちび、ねしょんべんしてないかな」
自由気ままに生きたあの子らは
普通の家庭での味がかえって邪魔になった

やがて、すっかり駅が綺麗になり
駅の子はすっかり追いはらわれ
駅の子はどこかへ引き取られた
矯正施設へ

運がよいと養子縁組
養護施設に入れられた子は
畳の上、せんべい布団も
駅の子には天国

施設から学校へ行った
でも
差別される孤児たち
あいつらの傍に行ったらしらみがうつる
鼻水を垂らしている
目やにを出している
栄養不足で頭には「しらくも」が
いじめに遭うととことん萎縮して
死を見つめる子もいた
せっかく生き延びた命なのに
みずから命をたった子もいた
また孤児院を逃げ出す子どももいた

犯罪に走らず
あるいは犯罪に走っても
温かい導きによって
孤児の収容施設で更正していく子もいた
施設の子は団結していった
まっとうに生きることは闘いだった

何年も何年も経って
青年になった
社会の荒波に飲み込まれそうになったが
闘った者は仕事を見つけ
愛する人らに巡り会った

戦後をたくましくまっとうに
生きてきた「駅の子」
戦争孤児たち

その人は仕事をみつけ

（やっとあの子の背中に幸せの光りが）
その人はりっぱな大人になった
しかし
自分が戦争孤児で、駅の子で
生きたことを
忘れようとしても忘れられず
最愛の人に巡り会い
結婚し子どもを得たのに
その人は「駅の子」だったことを
話せなかった

語れなかった悲しみ怒り
野良犬のように追い立てられた過去
「何よりもほしかったのは人の温もり」
「子どもに責任があるのか、戦争したのは大人だ」
高齢になって
再び戦火のくすぶりを知り
「駅の子」がようやく語りはじめた

その人は「駅の子」
その人は生きぬいてきた
たくましく生きて道を切り開いた
その人は浮き沈みしながら
立派に生きぬいてきた

「駅の子」
戦争があの子らをつくり
あの子らを駅へ導いた
戦争が終わって
親を亡くした孤児たちが日本に溢れていた

戦争孤児は一二万を超えた
この国にはあの駅にもこの駅にも
あの子らが棲みついた時代があった
それは忘れてはならない記憶

戦争により
つないでいた親子関係は引き裂かれた
父母がだれなのか
肉親とはなればなれになった駅の子
自分が何者なのかもわからない駅の子

戦争は
罪のない犠牲者をつくりだす
歴史は物語る
「駅の子」は二度とつくってはならないと

青い海のむこうに

君は飛行機の窓から
見ている
海はどこまでも青く続き
点々と島が見え
やがて本島へ

君はその島を訪れて
何を見るのだろうか

観光客で賑わっている
本通りは南国
そこには基地も見えない
オスプレイも飛んでいない

もし君が

嘉数高台公園に登るなら
普天間基地をのぞめるだろう
そこに飛び交う戦闘機を見るだろう

もし君が
平和祈念資料館へ入るなら
激しい沖縄戦と集団自決の跡を見るだろう
平和の礎を見たら
数え切れないほどの名前が読めるだろう
おびただしい人々の嘆きを聞くだろう

君のナップサックの中の
観光パンフレットには
沖縄戦のことは書かれていない
辺野古の埋め立て地も
載ってはいない

君はその島を訪れて

何が見えたのだろうか

君が買った土産の
パインもマンゴーも重たいが
それより君はずっしりと重たい
南国の島を見たのだ

沖縄の青い海と
美しい島の嘆きを

彼は沖縄に生まれた。
アジア・太平洋戦争
日本の敗戦がみえていた頃
そう「無条件降伏」四ヵ月前。
一九四五年四月一日、米軍が沖縄本島に上陸した。
沖縄では地上戦が続いていた。
沖縄の人々は戦争の渦中
母親も彼も戦争の中にいた。

彼の一家は、那覇市から着の身着のままで歩き出した。

母はまだ小さい子どもたちといっしょに。

兄の手を引き、彼を大事に背負って逃げた。

父は南方で戦死していた。

日本軍は食料不足に苦しんでいた。

友軍、日本軍のはずなのに、

「貴様らは敵の捕虜になりさがって。それでも日本人か！」

日本軍から手りゅう弾が投げられた。多くの人々は日本軍は日本人を守ったと。

しかし、日本軍に殺された日本人がいたことも。


彼は二歳、戦争孤児。

戦争のことは、ぼんやりと。

「母の背中にいて、逃げ回っていたのでしょう」

母は、銃で撃たれた。

「だが、母の死はいつまでも知らなかった」

ずっと後まで、知らせてもらえなかった。

負ぶわれたまま母は死んでしまった

という記憶がいつまでも残り、苦しみ続けた。
そして大人になってからも「ＰＴＳＤ」で、
夜尿がずっと続いた。

彼は、やがて兄の家で暮らしはじめた。
朝早くから夜遅くまで働きづめだった。
芋掘り、豚の世話、山羊の草刈り、牛の草取り
何でもやった。
小学校には眠りに行った。
勉強はもちろんできなかった。
「兄がむちゃくちゃこき使い差別と分かるぐらいいじめられた」
中学校が終わって、家を飛び出した。
なぜ飛び出したのか。
父も母もいない。
肉親なのに、二人しかいない兄弟なのに。
兄が優しくできなかったのはなぜなのか。
「兄も戦争の犠牲者だった。片腕を失った。
そのひがみで、弟につらく当たった」

そういう身体になって財産を取られたくないという思いが。
彼はベトナム戦争も忘れられない。
沖縄には、戦闘機が飛び、戦車が走り負傷者が運ばれてきた。
「軍隊の戦車を見ると、機関銃を見ると体が震えた」
沖縄は戦場に最も近かったのだ。
戦争の傷跡が、ずっと残りいつでも吹きだす。
ベトナム戦争の攻撃基地に利用された沖縄では、
沖縄住民もベトナム戦争に加担した加害者だ
と自責の念も残った。

彼は、一人でさまよい、いくつもの仕事を変わり
働きつづけた。
その後もあっちこっちとさまよった。
幸い、巡りあった女性と結婚もした。
だが、ずっと戦争のトラウマはつづいた。
彼は結婚したが……。

ついに子どもをつくらなかった。
「戦争の怖さ、孤児としての生い立ちが、
生まれる子どもの不幸を思うとつくれなかった」
彼の焼けた皺のある顔、華奢な体
とつとつとした語りに
戦争孤児として生き抜いた全てがあった。

彼だけではない。
沖縄の戦争孤児は大勢いた
戦争末期までに沖縄の住民は
四人に一人の割合で亡くなっている。

戦後も続く沖縄住民のトラウマの深さ
戦争の傷跡は残りつづける。
今でもそれが深く残り、吹き返す。
すべての孤児たちは戦後も長く過酷な生活を強いられた
「孤児トラウマは、戦後トラウマなのだ」
すべての住民が平和を願って今も闘っている。

平和への願い

ひとりひとりはみんないい人でも戦争は人を狂わせる
だから、どんな戦争もしてはならない

愛を信じるものも
信じないものも
神を信じるものも
信じないものも
武器の力を信じるものも
信じないものも

争いがなく自由に暮らせる世界
赤ちゃんも老人も
みんなの願い

が
かなえられる世界

平和とは
空気のようなもの
太陽の光のようなもの

「対馬丸記念館」から、戦争で亡くなった子どもたちが訴えている。

「今を生きているきみへ」
「ぼくたちは沈んでしまったあのときのまま、今きみの目に前に広がる海の中にいるんだ。ぼくたちはどうして死ななくちゃいけなかったの？　ぼくたちは、なにか悪いことをしたのかな。ぼくらのような思いをする子がもう二度とでないように、今、僕らに約束してほしいんだ、平和に生きるって」

執筆者紹介（生年／現職）―執筆順

水野喜代志（みずの　きよし）↓別掲
山辺昌彦（やまべ　まさひこ）一九四五年／公益財団法人政治経済研究所主任研究員
矢部広明（やべ　ひろあき）一九三八年／元東京都養育院職員
酒本知美（さかもと　ともみ）一九七二年／日本社会事業大学通信教育科講師
浅井春夫（あさい　はるお）↓別掲
藤井常文（ふじい　つねふみ）一九四九年／東京都児童相談センター児童福祉相談業務指導員
宮田昌明（みやた　まさあき）一九七一年／一燈園資料館「香倉院」職員
瀬戸雅弘（せと　まさひろ）一九六六年／佐竹音次郎に学ぶ会事務局員
艮香織（うしとら　かおり）一九七五年／宇都宮大学共同教育学部准教授
髙曲雅子（たかまがり　まさこ）一九五九年／ケアセンター宇品介護福祉士
谷平仄子（たにひら　ほのこ）一九四五年／元北海道札幌東豊高等学校教諭
小林信次（こばやし　しんじ）一九四六年／元日本福祉大学子ども発達学部特任教授

編者略歴

浅井春夫

一九五一年　京都府に生まれる

一九七八年　日本福祉大学大学院社会福祉学研究科博士課程前期修了

現在、立教大学名誉教授

〔主要著書〕

『沖縄戦と孤児院』（吉川弘文館、二〇一六年）

『戦争をする国・しない国』（新日本出版社、二〇一六年）

水野喜代志

一九五三年　愛媛県に生まれる

一九七八年　日本福祉大学社会福祉学部卒業

現在、社会福祉法人友の会　なかま共同作業所施設長

〔主要論文〕

「留岡幸助の人間観についての一考察」（『福祉研究』三四、日本福祉大学社会福祉学会、一九七八年）

「介護福祉教育の現状と課題」（『松山東雲短期大学研究論集』四五、二〇一五年）

「『舵子』の資料と研究方向」（『えひめ近代史研究』七〇、二〇一六年）

戦争孤児たちの戦後史3

東日本・満洲編

二〇二一年（令和三）三月一日　第一刷発行

編者　浅《あさ》井《い》春《はる》夫《お》

水《みず》野《の》喜《き》代《よ》志《し》

発行者　吉川道郎

発行所　株式会社　吉川弘文館

郵便番号一一三―〇〇三三

東京都文京区本郷七丁目二番八号

電話〇三―三八一三―九一五一〈代〉

振替口座〇〇一〇〇―五―二四四番

http://www.yoshikawa-k.co.jp/

印刷＝株式会社　東京印書館

製本＝株式会社　ブックアート

装幀＝黒瀬章夫

ISBN978-4-642-06859-8